취업 성공 시크릿 A to Z

NCS 취업 가이드 Ⅰ

NCS 취업 가이드 I

발 행 일 : 2021년 5월 1일 초판 1쇄
지 은 이 : 강승혜 · 김영식
감　　수 : 김시태
발 행 인 : 이동선
발 행 처 : 한국표준협회미디어
출판등록 : 2004년 12월 23일(제2004-000350호)
주　　소 : 서울특별시 강남구 테헤란로69길 5, 3층(삼성동)
전　　화 : 02-6240-4890
팩　　스 : 02-6240-4949
홈페이지 : www.ksamedia.co.kr

ISBN 979-11-6010-051-8　13370

정가 25,000원

서 문

블라인드 채용은 2017년 하반기부터 모든 공공기관에 도입되었으며, 이후 지방공기업, 지방공공기관 전체로 확대되었다. 2015년부터 적용해오고 있던 NCS 기반의 직무능력중심 채용의 맥을 이어오고 있으며, 보다 더 엄격하게 직무수행 잠재력과 관련 없는 요인들을 통제하는 방식이다. 그럼에도 불구하고 여전히 블라인드 채용이 주먹구구식의 모호한 평가기준을 지닌 채용 방식이라고 오해하고 있는 지원자들이 있는 것 같아 안타깝다. 블라인드 채용은 지원자들에게 또 다른 스펙을 요구하며, 명확한 기준이 없는 채용 방식이 아니다. 오히려 오래 전부터 그렇게 해왔어야 하는 과학적 채용 방식이라고 할 수 있다.

직무수행에 영향을 미치는 요인들, 우수한 직무수행을 예측해 줄 수 있는 요인들을 채용에서 평가하고, 직무수행과 관련 없는 요인들을 채용에서 평가하지 않는 방식이다. 다시 말해 '블라인드'는 지원자에 대해 정확히 알 수 없도록 많은 부분을 가리는 것을 의미하는 것이 아니라, 직무수행과 관련 없는 요인들을 가리고 채용 청탁이나 채용 비리를 방지하기 위해 직무수행과 관련 없는 지원자의 인적정보를 더욱 철저히 가리는 방식이다.

블라인드 채용에서는 NCS 기반 직무능력중심 채용의 맥을 이어오면서 채용 전반에 NCS 직업기초능력과 직무수행능력을 적용 및 활용하고 있다. 즉, 서류전형, 필기전형, 면접전형의 주요 평가 요소로 반영하고 있으며, 많은 지원자들이 이에 맞춰 채용을 준비하고 있다.

그러나 블라인드 채용에 대한 오해와 잘못된 정보로 인해 지원자들이 제대로 이해하고 있지 못하거나 잘못 이해하고 있는 경우를 종종 보게 된다. 많은 취업 준비생들이 잘못된 정보, 편향된 정보들을 믿고 불필요한 비용과 시간을 많이 들이는 것을 보았다.

이 책을 집필하게 된 것은 바로 그런 점 때문이다. 취업 준비생들이 블라인드 채용에 대해 정확히 이해하고, 각 채용 단계별로 직업기초능력이 어떻게 반영되어 평가되고 있는지를 이해하여 제대로 된 준비를 할 수 있도록 하기 위한 것이다.

직무수행능력도 직업기초능력만큼 채용에 중요하게 반영되고 있으나, 공공기관의 추진 사업 및 직무는 매우 다양하고, 지원 조직의 사업 및 직무에 맞춤화된 전략이 필요하기에 이 책에서는 모든 공공기관에서 공통적으로 중요하게 평가하고 있는 직업기초능력에 초점을 맞추었다.

NCS 기반의 능력중심 채용, 블라인드 채용이 도입된 이래 60여개 기관의 채용컨설팅을 수행하면서 가장 안타까웠던 것 중에 하나는 지원자들이 본질적인 직업기초능력 향상보다는 스킬 습득에 초점을 맞추고 있다는 점이었다.

직업기초능력은 직업인으로서 원활하게 직무를 수행하기 위해 공통적으로 갖추어야 할 능력이다. 이러한 직업기초능력을 향상시키기 위해서는 별도의 교육훈련을 받아야 하는 것이 아니며, 학교생활을 하면서 전공 공부나 기타 학과 외에 다양한 경험을 통해 함양이 가능하다. 직장생활을 해보아야만 쌓을 수 있는 능력이 아니라는 것이다.

많은 지원자들이 채용전형별로 서류전형, 필기전형, 면접전형에 어떻게 대비해야하는 지에만 초점을 맞추고 있지만, 단순히 필기전형 문제 풀이를 많이 해보고 숙련된 면접 스킬을 지니고 있는 것만으로는 취업에 성공하기 어렵다.

직업기초능력이 무엇인지에 대한 명확한 이해를 바탕으로 본질적인 직업기초능력 함양을 위해 노력해야 한다. 학교 및 학과 외의 다양한 경험을 통해 직무를 수행할 수 있는 기본적인 자질과 잠재력을 쌓는 것이 중요하며, 그러한 자신의 자질이나 잠재력을 어떻게 보여줄 수 있을지를 고민해보는 것이 바람직하다. 이에 이 책에서는 실질적인 직업기초능력의 향상을 강조하며, 각 채용전형별 특성에 따라 어떻게 준비를 해야 하고, 자신의 능력을 어떻게 효과적으로 보여줄 수 있는지에 대한 가이드를 제공하고자 한다.

많은 채용 대비책에서는 문제 예시와 문제 풀이법, 면접의 언어적 및 비언어적 스킬, 면접 시 대응 방안 위주로 가이드를 제시하고 있다. 각 전형에 대한 이해, 방법에 대한 숙지를 위해서는 도움이 될 수 있지만, 그것만으로는 합격을 기대할 수 없다. 많은 취업 컨설팅이나 책에서 합격을 보장할 수 있을 것처럼 이야기하지만, 이제 많은 지원자들이 비슷한 수준의 이해도와 스킬을 갖추고 있다. 이런 방식의 채용을 준비하게 되면 지원자들 입장에서는 시간이나 비용의 낭비일 수 있다.

본질적인 직무수행 잠재력을 향상시키는 데 초점을 맞추어야 한다. 이 책에서는 서류전형, 필기전형, 면접전형에서 보다 더 점수를 잘 받을 수 있는 기교를 알려주지는 않는다. 각 전형별 특징에 대해 정확하게 이해할 수 있도록 정보를 제공하는 데 목적이 있다. 기본적으로 개인의 직업기초능력 향상을 위한 노력이 일차적으로 선행되어야 한다. 그러한 노력을 해왔는데도 불구하고 자신의 능력을 제대로 표현하는 방법을 몰라서 불합격되는 일이 없도록 가이드를 제공하는 데 목적이 있다.

또한, 각 전형별 특징에 대해 정확하게 이해하지 못해 잘못된 방향으로 준비하는 일이 없도록 가이드를 제공하고자 한다. 이를 위해 이 책에서는 직업기초능력을 이해할 수 있도록 직업기초능력이 무엇인지 학습모듈 내용을 제시하고 있으며, 그러한 직업기초능력이 서류전형, 필기전형, 면접전형에서는 어떻게 평가가 이루어지며, 어떻게 준비해야 할지에 대해 중점적으로 다루었다.

한편, 직업기초능력은 개발 이후 약 13년 이상의 시간이 경과됨에 따라 개발 이후 제정된 법령, 산업 변화, 사회적 통념 변화 등을 고려하여 최근에 현행화(최신화)가 이루어졌다. 직업기초능력 현행화에 따라 기본적인 직업기초능력의 구조, 정의, 하위요소의 틀은 변경되지 않았으나 다음의 사항들이 변경되었다.

첫째, 직업기초능력에 대한 기본적인 가이드북으로서의 역할을 할 수 있도록 학습자용 워크북은 학습자 가이드북, 교수자용 매뉴얼은 교수자 가이드북으로 명칭이 바뀌었다. 또한, 기존에 학습자용 워크북 및 교수자용 매뉴얼에 포함되어 있던 '학습평가' 자료는 '학습내용 확인하기'로 별도 분리되었다.

둘째, 직업기초능력 영역 간 중복된 내용을 분석하여 학습활동을 187개에서 132개로 통폐합하였다.

셋째, 직업기초능력 학습활동에 제시되었던 이론, 사례 등을 4차 산업혁명 등 현 시대를 반영하여 새롭게 변화된 이론 및 정의 등을 적용하고 최신화된 사례를 제시하였다.

이와 같은 직업기초능력의 현행화에 따라 변화된 학습 모듈에 대해 정확히 이해하여 취업을 준비할 수 있도록 내용을 구성하였으며, 책은 상권과 하권으로 되어 있다. 직업기초능력 중 인지적 능력과 관련 깊은 '기술능력, 문제해결능력, 수리능력, 자원관리능력, 정보능력'은 상권으로, 인성적 측면과 관련 깊은 '대인관계능력, 의사소통능력, 자기개발능력, 조직이해능력, 직업윤리'는 하권으로 구성하였다.

한편 '정보능력'의 하위능력 중 하나인 '컴퓨터활용능력'과 '의사소통능력'의 하위능력 중 하나인 '기초외국어능력'은 서류전형의 자격 요건에서 주로 검증하는 요소로 이에 대해서는 학습모듈 내용만 다루었다. 또한 '수리능력'은 필기전형에서 주로 검증하고 서류전형과 면접전형에서 검증하는 경우는 매우 드물기 때문에 필기전형 중심으로 기술하였다. '대인관계능력'의 하위능력 중 '협상능력'과 '리더십능력'은 주로 경력직에게 요구되는 능력이기에 필기전형 중심으로 기술하였다.

직업기초능력 향상을 위해서는 우선 직업기초능력의 정의 및 세부요소에서 강조하고 있는 측면들을 이해하고 있어야 한다. 이를 보다 수월하게 할 수 있도록 부록1에는 직업기초능력의 정의, 세부요소를 카드 형태로 만들어 제공하였다.

전체 공공기관 중 자신의 전공 분야 또는 관련 지식 및 경험 보유 정도에 적합한 기관을 찾아서 그 기관에 맞는 취업 전략을 세우는 것도 매우 중요하다. 대규모의 공기업 외에도 훌륭한 근무 조건, 나의 성향이나 가치관에 맞을 수 있는 공공기관들이 있다. 이에 자신에게 적합한 공공기관을 선택하여 전략을 세울 수 있도록 부록2에는 공공기관의 채용 직무 분야 정보와 그 기관에서 필기전형을 통해 평가하는 직업기초능력이 무엇인지에 대한 정보를 담았다.

이 책에는 직업기초능력과 관련된 다양한 사례를 제시하고 있다. 일반적으로 특정과업을 수행하거나 직무를 수행할 때, 특정한 하나의 직업기초능력만 발휘하는 것이 아니다. 어떤 일을 하든 다양한 직업기초능력을 복합적으로 발휘하게 된다. 하나의 경험에는 다양한 직업기초능력이 관련되어 있을 수 있다.

이에 따라 일부 사례는 직업기초능력명은 다른데 사례 내용은 비슷하다고 느낄 수도 있다. 즉, 문제해결능력에 제시된 경험사례가 문제해결능력만 관련되어 있는 것이 아니라 대인관계능력, 자원관리능력, 정보능력 등과도 관련되어 있을 수 있다. 예를 들어, 고객의 불만을 해결했던 사례는 대인관계능력과 관련이 있기도 하고, 문제해결능력과 관련이 있을 수 있다.

이 경우, 자기소개서 문항이나 면접위원의 질문 의도를 정확하게 파악하여 맥락에 맞는 해당 직업기초능력 관련 경험을 집중적으로 강조하는 것이 중요하다. 즉, 자기소개서 문항과 면접 질문에서 문제해결능력에 대한 답변을 요구하고 있는데 의사소통능력과 관련된 측면을 강조해서는 안 된다는 것이다. 이에 유념하여 각 직업기초능력의 적용사례, 자기소개서 문항 사례, 경험면접 질의응답 사례를 살펴보기 바란다.

목 차

서문   / 3

NCS 직업기초능력과 채용전형에 대한 이해 / 13

1) 블라인드 채용과 NCS 직업기초능력 ································· 13

2) 직무 탐색 및 직무설명서 ·· 17

3) 블라인드 채용에서의 서류전형 ····································· 20

4) 블라인드 채용에서의 필기전형 ····································· 26

5) 블라인드 채용에서의 면접전형 ····································· 27

01 기술능력

● 학습모듈 ·· 38

● 적용사례 ·· 45

● 서류전형 ·· 46

　■ 주요 평가 방안 ·· 46

　■ 준비 방안 ·· 46

　■ 자기소개서 사례 ·· 46

● 면접전형 ·· 49

　■ 주요 평가 방안 ·· 49

　■ 준비 방안 ·· 49

　■ 경험면접 사례 ·· 49

1) **기술이해능력** ·· 55
- 학습모듈 ·· 55
- 필기전형 ·· 61
  - NCS 직업기초능력 평가 문항 예시 및 해설 ················ 61
- 자가진단 ·· 63

2) **기술선택능력** ·· 64
- 학습모듈 ·· 64
- 필기전형 ·· 71
  - NCS 직업기초능력 평가 문항 예시 및 해설 ················ 71
- 자가진단 ·· 73

3) **기술적용능력** ·· 74
- 학습모듈 ·· 74
- 필기전형 ·· 78
  - NCS 직업기초능력 평가 문항 예시 및 해설 ················ 78
- 자가진단 ·· 80

02 문제해결능력

- 학습모듈 ·· 82
- 적용사례 ·· 86

1) **사고력** ·· 87
- 학습모듈 ·· 87
- 서류전형 ·· 90
  - 자기소개서 사례 ··· 90
- 필기전형 ·· 93
  - NCS 직업기초능력 평가 문항 예시 및 해설 ················ 93

● 면접전형 ·· 95

　■ 주요 평가 방안 ······································ 95

　■ 준비 방안 ··· 95

　■ 경험면접 사례 ······································ 95

● 자가진단 ··· 102

2) **문제처리능력** ··· **103**

● 학습모듈 ··· 103

● 서류전형 ··· 110

　■ 자기소개서 사례 ··································· 110

● 필기전형 ··· 113

　■ NCS 직업기초능력 평가 문항 예시 및 해설 ········· 113

● 면접전형 ··· 115

　■ 주요 평가 방안 ······································ 115

　■ 준비 방안 ··· 115

　■ 경험면접 사례 ······································ 116

● 자가진단 ··· 122

03 수리능력

● 학습모듈 ··· 124

● 적용사례 ··· 126

1) **기초연산능력** ··· **127**

● 학습모듈 ··· 127

● 필기전형 ··· 129

　■ NCS 직업기초능력 평가 문항 예시 및 해설 ········· 129

● 자가진단 ··· 131

2) **기초통계능력** ·· **132**
- 학습모듈 ··· 132
- 필기전형 ··· 136
  - NCS 직업기초능력 평가 문항 예시 및 해설 ············· 136
- 자가진단 ··· 138

3) **도표분석능력** ·· **139**
- 학습모듈 ··· 139
- 필기전형 ··· 141
  - NCS 직업기초능력 평가 문항 예시 및 해설 ············· 141
- 자가진단 ··· 145

4) **도표작성능력** ·· **146**
- 학습모듈 ··· 146
- 필기전형 ··· 151
  - NCS 직업기초능력 평가 문항 예시 및 해설 ············· 151
- 자가진단 ··· 156

04 자원관리능력

- 학습모듈 ··· 158
- 적용사례 ··· 161
- 서류전형 ··· 162
  - 주요 평가 방안 ··· 162
  - 준비 방안 ··· 162
  - 자기소개서 사례 ··· 163
- 면접전형 ··· 166
  - 주요 평가 방안 ··· 166
  - 준비 방안 ··· 166
  - 경험면접 사례 ··· 166

1) 시간관리능력 ·· 175
  ● 학습모듈 ·· 175
  ● 필기전형 ·· 180
    ■ NCS 직업기초능력 평가 문항 예시 및 해설 ····························· 180
  ● 자가진단 ·· 182

2) 예산관리능력 ·· 183
  ● 학습모듈 ·· 183
  ● 필기전형 ·· 187
    ■ NCS 직업기초능력 평가 문항 예시 및 해설 ····························· 187
  ● 자가진단 ·· 189

3) 물적자원관리능력 ·· 190
  ● 학습모듈 ·· 190
  ● 필기전형 ·· 193
    ■ NCS 직업기초능력 평가 문항 예시 및 해설 ····························· 193
  ● 자가진단 ·· 196

4) 인적자원관리능력 ·· 197
  ● 학습모듈 ·· 197
  ● 필기전형 ·· 200
    ■ NCS 직업기초능력 평가 문항 예시 및 해설 ····························· 200
  ● 자가진단 ·· 202

05 정보능력

  ● 학습모듈 ·· 204
  ● 적용사례 ·· 209

1) 컴퓨터활용능력 ·· 210
 ● 학습모듈 ·· 210
 ● 자가진단 ·· 217

2) 정보처리능력 ·· 218
 ● 학습모듈 ·· 218
 ● 서류전형 ·· 226
  ■ 주요 평가 방안 ·· 226
  ■ 준비 방안 ·· 226
  ■ 자기소개서 사례 ·· 226
 ● 필기전형 ·· 229
  ■ NCS 직업기초능력 평가 문항 예시 및 해설 ·· 229
 ● 면접전형 ·· 231
  ■ 주요 평가 방안 ·· 231
  ■ 준비 방안 ·· 231
  ■ 경험면접 사례 ·· 231
 ● 자가진단 ·· 240

부록 1. 직업기초능력 카드 ·· 241

부록 2. 주요 공공기관 채용 현황(2020년 기준) ·· 247

NCS 직업기초능력과 채용전형에 대한 이해

1) 블라인드 채용과 NCS 직업기초능력

블라인드 채용은 채용 과정에서 편견이 개입되어 불합리한 차별을 야기할 수 있는 출신지역, 가족관계, 학교, 연령, 외모 등의 요소를 배제하고 직무능력을 평가하는 방식을 의미한다.

'블라인드'라는 이름 때문에 블라인드 채용 시, 지원자에 대한 중요한 정보를 가리고, 지원자에 대한 평가 기준이 모호하다고 생각하는 것은 오해다. 블라인드 채용은 실제 조직에서의 성공적 직무수행을 예측해주는 요인들을 채용 과정에서 평가하는 과학적인 방식이라 할 수 있다. 즉, 직무수행에 영향을 미치는 요인에 집중하고, 직무수행에 영향을 미치지 않는 요인들을 가리는 객관적인 평가 방식을 적용하고 있다.

특히, 공공기관의 경우 채용 청탁이나 비리를 방지하기 위해 지원자를 식별할 수 있는 정보, 인적사항 관련 정보를 엄격히 통제하고 있다. 이러한 정보들은 직무수행에 영향을 미치지 않으면서, 채용 청탁이나 비리 과정에서 이용될 수 있는 정보로 서류전형부터 면접전형까지 엄격하게 블라인드 처리한다.

즉, 블라인드 채용은 기존의 NCS 기반 직무능력중심 채용에서 강조했던 직무수행 예측 요인만 평가하는 것에서 한 단계 더 나아가, 채용 청탁이나 비리 방지를 위해 개인정보를 보다 더 엄격하게 블라인드 처리하는 방식이라고 할 수 있다.

그렇다면 블라인드 채용 시 지원자의 직무수행 잠재력을 평가하는데 왜 NCS(National Competency Standards ; 국가직무능력표준)를 활용할까? 지원자들은 NCS를 국가고시의 교과목처럼 인식하기도 한다. NCS는 표준적인 직무능력 정보 시스템의 일종으로, 표준적인 직무 분류 체계에 따라서 직무의 내용부터 직무 요구 지식, 스킬, 태도 등에 대한 정보를 담고 있다. 이러한 표준적인 직무 정보 체계가 없다면, 300여 개의 공공기관은 직무능력 중심의 채용을 진행한다고 해도 기관마다 제각각의 다른 평가 기준을 바탕으로 평가를 진행할 것이다. 또한 공공기관 중에서는 직무분석을 통해 직무수행에 영향을 미치는 요인들, 직무수행 시 요구되는 지식, 기술, 태도 등을 규명한 기관도 있지만, 그렇지 못한 기관도 있기에 NCS를 활용하고 있다. NCS는 민간 및 공공기관의 인사관리, 교육훈련, 국가자격시험 등 다양한 분야에서 활용되고 있는데, 채용에서 주로 활용하고 있는 영역은 직업기초능력과 직무수행능력이다.

직업기초능력은 모든 직업인에게 공통적으로 요구되는 능력으로, 어떤 직업을 가진 사람들이든 직무를 수행하는데 필요한 기초적인 능력이라고 할 수 있다. 직업기초능력은 전체 10개지만 모든 조직과 직무에서 10개 모두를 요구하지는 않는다. 직업기초능력은 대개 조직의 특성이나 추진하는 사업 분야에 따라 다르며, 채용공고문의 직무설명자료에 명시한다. 보통 기관마다 신입사원에게 4~6개의 직업기초능력을 요구하는데, 기관마다 조직 내 직무 현직자를 대상으로 설문조사 또는 직무전문가 회의, 그룹 인터뷰 등의 방식을 통해 직업기초능력을 도출한다.

[직업기초능력의 정의와 하위능력]

직업기초능력	정의	하위능력
기술능력	업무를 수행함에 있어 도구, 장치 등을 포함하여 필요한 기술에는 어떠한 것들이 있는지 이해하고, 실제로 업무를 수행함에 있어 적절한 기술을 선택하여 적용하는 능력	기술이해능력, 기술선택능력, 기술적용능력
문제해결능력	업무를 수행함에 있어 문제 상황이 발생하였을 경우, 창조적이고 논리적인 사고를 통하여 이를 올바르게 인식하고 적절히 해결하는 능력	사고력, 문제처리능력
수리능력	업무를 수행함에 있어 사칙연산, 통계, 확률의 의미를 정확하게 이해하고 이를 업무에 적용하는 능력	기초연산능력, 기초통계능력, 도표분석능력, 도표작성능력
자원관리능력	업무를 수행하는데 시간, 자본, 재료 및 시설, 인적자원 등의 자원 가운데 무엇이 얼마나 필요한지를 확인하고, 이용 가능한 자원을 최대한 수집하여 실제 업무에 어떻게 활용할 것인지를 계획하고, 계획대로 업무 수행에 이를 할당하는 능력	시간관리능력, 예산관리능력, 물적자원관리능력, 인적자원관리능력
정보능력	업무와 관련된 정보를 수집하고, 이를 분석하여 의미 있는 정보를 찾아내며, 의미 있는 정보를 업무 수행에 적절하도록 조직하고, 조직된 정보를 관리하며, 업무 수행에 이러한 정보를 활용하고, 이러한 제 과정에 컴퓨터를 사용하는 능력	컴퓨터활용능력, 정보처리능력
대인관계능력	업무를 수행함에 있어 접촉하게 되는 사람들과 문제를 일으키지 않고 원만하게 지내는 능력	팀워크능력, 리더십능력, 갈등관리능력, 협상능력, 고객서비스능력

직업기초능력	정의	하위능력
의사소통능력	업무를 수행함에 있어 글과 말을 읽고 들음으로써 다른 사람이 뜻한 바를 파악하고, 자기가 뜻한 바를 글과 말을 통해 정확하게 쓰거나 말하는 능력	문서이해능력, 문서작성능력, 경청능력, 의사표현능력, 기초외국어능력
자기개발능력	업무를 추진하는데 스스로를 관리하고 개발하는 능력	자아인식능력, 자기관리능력, 경력개발능력
조직이해능력	업무를 원활하게 수행하기 위해 국제적인 추세를 포함하여 조직의 체제와 경영에 대해 이해하는 능력	국제감각, 조직체제이해능력, 경영이해능력, 업무이해능력
직업윤리	업무를 수행함에 있어 원만한 직업생활을 위해 필요한 태도, 매너, 올바른 직업관	근로윤리, 공동체윤리

출처 : NCS 사이트 https://www.ncs.go.kr/th03/TH0302List.do?dirSeq=152

직무수행능력은 직무를 수행하는 데 요구되는 지식, 기술, 태도를 의미한다. 각 공공기관마다 조직의 기능 및 목적, 추진 사업에 따라 수행하는 직무가 다르며, 이에 따라 요구되는 지식, 기술, 태도도 다르다.

NCS는 24개의 대분류, 80개의 중분류, 257개의 소분류, 1022개의 세분류로 구성되어 있으며, 세분류는 능력단위들로, 능력단위는 능력단위 요소들로 구성되어 있다. 세분류가 직무에 해당되며 능력단위 요소별로 지식, 기술, 태도가 명시되어 있다.

그러나 NCS가 공공기관의 직무들에 맞춰서 개발된 것이 아니라, 표준적인 정보들을 제공하고 있어 그 기관이 수행하고 있는 직무 내용을 포괄하지 못하거나, 특정 직무수행 시 필요한 지식, 기술, 태도 등의 정보를 담지 못하는 경우들도 있다. 그럴 경우, 기관 자체 조사 시 도출된 직무수행 내용, 직무수행 요구 지식, 기술, 태도 등의 정보를 제시하기도 한다.

이러한 직무수행능력의 경우, 인턴이나 아르바이트 외에 이전 직무 경험이 없는 신입 채용 지원자들의 수준을 고려하여 채용에 반영한다.

직업기초능력과 직무수행능력은 서류전형부터 면접전형에 이르기까지 단계적으로 평가에 반영되는데, 이를 위해 지원자들이 별도의 스펙을 쌓거나 별도의 교육 과정을 이수해야만 하는 건 아니다. 성실하게 학교생활을 하며 자신만의 능력을 개발하고, 전공 관련 지식이나 기술을 쌓아왔다면 직무수행 잠재력이 충분하며 긍정적인 결과를 얻을 수 있다. 그러나 학생으로서 우수한 사람과 직업인으로서 우수한 사람은 다를 수 있기에 학교 교과과정을 이수하면서 자신의 적성, 흥미, 경력 니즈에 따라 적절한 방향으로 전략적인 준비를 하는 것이 필요하다.

직업기초능력과 직무수행능력이 워낙 다양하여 준비해야 할 게 많다고 느낄 수 있지만, 학교생활을 하면서 준비할 수 있는 건 크게 직무 관련 경력이나 경험, 직무지식 관련 교과목 이수, 직무기술 관련 자격증 취득이 대표적인 방안이라 할 수 있다. 이런 노력을 통해서 직업기초능력과 직무수행능력을 개발한다면, 서류전형부터 면접전형까지 긍정적인 결과를 기대할 수 있다. 그러나 공공기관에서 직무 잠재력을 가진 모든 지원자를 채용할 수는 없다. 채용 인원은 제한되어 있고, 제한된 인원을 놓고 수많은 지원자들과 경쟁해야 하는 상황에서 자신만의 경쟁력을 확보하는 것은 필요하다. 그러기 위해서는 어떻게 해야 할까? 채용 준비단계부터 세세하게 살펴보자.

[블라인드 채용전형 단계별 준비 방안]

채용 준비 방안	NCS 직업기초능력과 직무수행능력	블라인드 채용 전형
직무 관련 경력/경험	**직업기초능력** 기술능력 문제해결능력 수리능력 자원관리능력 정보능력…	**서류전형** 입사지원서 자기소개서
직무지식 관련 교과목 이수	**직무수행능력** 직무 요구 지식 직무 요구 기술 직무 요구 태도	**필기전형** 직업기초능력검사 직무지식검사 인성검사 …
직무기술 관련 자격증 취득		**면접전형** 경험면접 상황면접 발표면접 토론면접 …

2) 직무 탐색 및 직무설명서

많은 지원자들은 입사하고 싶은 공공기관을 정한 후, 자신의 지원 가능 직무 분야를 확인하고 취업 준비를 시작한다. 그러나 지원 직무나 조직에 대해서는 충분히 탐색하지 못하는 경우가 많다. 당장의 취업이 중요하고, 고용안정성의 강점이 크게 보여서 내가 지원 분야의 직무를 지속적으로 수행할 수 있을 지, 지원조직에 잘 적응할 수 있을지에 대해서는 충분히 고려하지 못하는 경우가 많다.

이렇듯 많은 지원자들이 어렵게 준비하여 입사를 했는데도 불구하고 1년 이내 퇴사하는 신입사원은 매년 10명 중 1명 정도이다. 퇴사의 가장 큰 이유는 적성에 맞지 않는 직무와 조직 부적응이다.

지방 근무 환경에 적응하지 못하거나, 원하는 업무와 다른 업무를 배정받아 업무에 몰입하지 못하거나, 생각보다 강한 업무 강도에 어려움을 느끼거나, 조직에서 중요하게 강조하는 가치가 자신의 가치와 달라서 어려움을 느끼는 등 다양한 상황에 직면하면서 퇴사를 고민하거나 퇴사를 결정한다.

따라서 합격비법, 필기합격 방법, 면접합격 방법에 대해서만 탐색할 것이 아니라 자신의 경력에 대해 장기적 관점에서 바라보고, 자신이 입사해서 그 조직에서 그 직무를 잘 수행하며 적응할 수 있을지에 대한 고민과 탐색이 필요하다.

입사 전에 지원 직무와 조직에 대해 세부적인 정보를 알기는 어렵고, 입사를 해야만 알 수 있는 정보들이 더 많지만 입사 전에도 충분히 확인할 수 있는 정보들도 있다.

지원하고자 하는 직무 분야의 주요 수행 직무 내용, 그 직무를 수행하는 데 필요한 지식, 스킬 그리고 태도적인 측면들이 무엇인지, 그런 부분들을 자신은 어느 정도 보유하고 있는지, 자신이 그 직무를 잘 수행할 수 있을지, 그 직무에 잘 적응할 수 있을지에 대해 심층적으로 탐색해봐야 한다.

또한, 자신의 전공 분야와 관련 깊은 직무 분야를 채용하고 있는 기관, 자신의 가치관이나 흥미와 적합한 사업을 추진하는 기관, 자신이 경쟁력을 갖고 있는 기관은 어디인지를 탐색해야 한다.

이러한 탐색이 끝난 후에 지원 예정인 공공기관의 채용 계획을 파악하고 직무설명자료(직무기술서)를 바탕으로 자신만의 취업 준비 전략을 세워야 한다.

대부분의 공공기관은 모집공고문 게시와 함께 블라인드 채용을 시작한다. 모집공고문은 지원서 접수 시작 시 올리는 기관도 있지만, 접수 시작 10일 전 또는 한 달 전에 올리는 기관도 있다.

모집공고문에서 제공하는 채용 직무 분야에 대한 직무설명자료(직무기술서)는 채용 준비단계에서 가장 중요한 자료이다. 이는 각 공공기관의 홈페이지나 채용 사이트에서 다운받을 수 있으며, NCS 블라인드 채용 사이트(https://www.ncs.go.kr/blind/bl04/JdsptList.do)에서도 공공기관별 직무설명자료(직무기술서)를 확인할 수 있다.

직무설명자료(직무기술서)의 경우 이전 채용공고문에서 올렸던 자료와 크게 다르지 않다. 필기전형이나 면접전형의 방법이 달라질 수는 있지만 수행 직무 내용, 요구 직업기초능력, 요구 직무 지식, 스킬, 태도는 크게 달라지지 않는다. 이에 장기적 관점에서 취업을 준비하는 지원자들은 미리 직무설명 자료를 검토하여 대비할 필요가 있다.

직무설명자료(직무기술서)를 검토할 때는 다음 측면들을 확인해야 한다.

우선, 지원 기관의 세부 채용 절차 및 방법을 확인해야 한다. 동일하게 블라인드 채용을 적용하고 있지만, 세부적인 채용 절차 및 방법은 기관에 따라 다르다. 예를 들어, 필기전형의 경우 직무지식 시험만 보는 기관도 있고, 면접전형의 경우 실무면접과 임원면접을 동시에 보는 기관도 있고 별도로 보는 기관도 있다.

채용 분야에서 실제 수행하는 직무 내용을 확인해야 한다. 입사 후 수행하게 될 직무가 어떤 것인지 파악하고, 자신이 그와 같은 직무를 수행할 수 있을지, 적응할 수 있을지에 대해 스스로 판단할 필요가 있다.

그 다음에는 채용 직무 분야에서 요구하는 직업기초능력을 확인해야 한다. 이러한 직업기초능력은 자기소개서의 항목으로 구성되기도 하고, 필기전형 또는 면접전형의 평가요소로 활용될 수도 있다.

그 다음에는 채용 분야에서 요구하는 직무수행능력, 즉 지식, 기술, 태도를 확인해야 한다. 이와 같은 지식, 기술, 태도 등은 서류전형, 필기전형, 면접전형에 걸쳐 평가요소로 활용된다. 한편, 대체로 현직자들이 보유하고 있는 지식, 기술을 작성해 두어, 현업 경험이 없는 지원자들에게는 어렵게 느껴질 수 있다. 그러나 채용 장면에서는 지원자들의 수준을 고려하여 직무설명자료(직무기술서)에 명시된 지식, 기술의 기초적인 수준을 요구한다.

직무설명자료(직무기술서)의 상단에는 대체로 채용 직무 분야와 관련된 NCS 분류체계를 능력단위 수준까지 제시하고 있다. NCS 사이트에서는 능력단위별로 상세한 직무 요구 지식, 스킬, 태도에 대한 내용과 함께 능력단위에 따른 학습 자료를 제공하고 있다.

[경영일반 분야 직무기술서 예시]

채용 분야		경영일반		
NCS 분류 체계	대분류	02. 경영 · 회계 · 사무		
	중분류	01. 기획사무	02. 총무 · 인사	03. 재무회계
	소분류	01. 경영기획	02. 인사 · 조직	02. 회계
	세분류	01. 경영기획	01. 인사	01. 회계 · 감사
	능력단위	예산관리 경영실적분리	인력채용 인력이동관리 임금관리	회계정보 시스템 운용 결산관리 자금관리
추진 사업		–		
채용전형 절차 안내		서류전형 : 채용직무분야별 교육사항, 자격사항, 경력 및 경험사항 검증 필기전형 : 직업기초능력검사 면접전형 : 직업기초능력기반 경험면접		
직업 기초능력		대인관계능력, 조직이해능력, 문제해결능력, 수리능력, 정보능력		
직무 수행내용		(경영기획) 경영 목표를 효과적으로 달성하기 위한 전략을 수립하고 최적의 자원을 효율적으로 배분하도록 경영진의 의사결정을 체계적으로 지원 (인사) 조직의 목표달성을 위해 인적자원을 효율적으로 활용하고 육성하기 위하여 직무조사 및 직무분석을 통해 채용, 배치, 육성, 평가, 보상, 승진, 퇴직 등의 제반사항을 담당하며, 조직의 인사제도를 개선 및 운영하는 업무를 수행함 (회계 · 감사) 기업 및 조직 내 · 외부에 있는 의사결정자들이 효율적인 의사결정을 할 수 있도록 유용한 정보를 제공하며, 제공된 회계정보의 적정성을 파악하는 업무		
필요지식		(경영기획) 예산계획 수립, 예산편성 지침, 원가관리개념, 국제회계기준 및 재무회계 관련 법 (인사) 관련법률에 대한 지식(근로기준법, 소득세법, 사회보험법 등), 전략적 인적자원관리, 직무분석법, 경력개발방법론 및 교육과정설계방법 (회계 · 감사) 회계 관련 규정, 계정과목에 대한 지식, 외부감사 규정, 재무제표 및 재무분석 관련 지식		
필요기술		(경영기획) 회계계정세목분류기술, 원가계산법, 예산속익산출기술, 예산편성 기준 (인사) 관련프로그램 활용능력, 문서작성능력, Spread Sheet 기술, 비전 및 중장기 사업전략 분석 (회계 · 감사) 회계프로그램 활용 능력, 계정과목별 명세서 작성 능력, 자산 · 부채에 대한 평가 능력, 재무제표 작성 · 검증 능력		
직무 수행태도		(경영기획) 적극적 의사소통, 원칙 및 기준을 준수하려는 태도, 업무처리에 있어 정확성을 기하려는 자세, 주인의식과 책임감 있는 태도 (인사) 정확성, 개방적 의사소통, 분석적 태도, 윤리의식 및 공정한 태도 (회계 · 감사) 적극적인 협업 태도, 관련 규정 준수, 수리적 정확도를 기하려는 자세, 판단력		
참고 사이트		www.ncs.go.kr		

3) 블라인드 채용에서의 서류전형

채용전형의 첫 번째 관문인 서류전형에서는 입사지원서와 자기소개서를 주로 평가한다. 입사지원서에는 NCS 직무수행능력 즉, 직무 분야에서 요구하는 지식, 기술적인 측면을 주로 평가하며, 자기소개서에서는 직업기초능력을 주로 평가한다.

입사지원서는 크게 인적사항, 교육사항, 자격사항, 경력사항, 경험사항으로 구성되어 있다.

[블라인드 채용 입사지원서 예시]

1. 인적자원

지원구분	신입 ( ), 경력 ( )	지원직무		접수번호	
성명	(한글)				
현주소					
연락처	(본인휴대폰)	전자우편			
	(비상연락처)				
최종학교 소재지	* 지역인재 우대 응시자	가점항목	□ 장애대상		□ 보훈대상

2. 교육사항

* 지원직무 관련 과목 및 교육과정을 이수한 경우 그 내용을 기입해 주십시오.

교육구분	과목명 및 교육과	교육시간
□ 학교교육 □ 직업훈련 □ 기타		
직무관련 주요내용		

3. 자격사항

* 지원직무 관련 국가기술/전문자격, 국가공인민간자격을 기입해 주십시오.

자격증명	발급기관	취득일자	자격증명	발급기관	취득일자

4. 경험 혹은 경력사항

* 지원직무 관련 경험 혹은 경력사항을 기입해 주십시오.

구 분	소속조직	역할	활동기간	활동내용
□ 경험 □ 경력				

* 지원직무 관련 국가기술/전문자격, 국가공인민간자격을 기입해 주십시오.

직무관련 주요내용

출처 : NCS블라인드 채용사이트 https://www.ncs.go.kr/blind/rh13/bbs_lib_list.do?libDstinCd=07

인적사항에는 지원자를 식별하고 관리하기 위한 최소한의 정보로 구성되어 있다. 보통 성명, 연락처, 이메일 주소 등과 같은 기본 정보만 요구하므로 따로 준비할 것은 없다. 다만, 공공기관 채용 우대사항과 관련하여 가산점을 받는 대상자라면 관련 서류를 꼼꼼히 확인하여 제출해야 한다. 각 공공기관마다 채용 시 우대하는 사항들은 다르며, 아래의 표는 주요 우대사항을 정리한 것이다.

[공공기관 채용 우대사항 예시]

구분		내용
사회형평적 채용	취업지원 대상	「국가유공자 등 예우 및 지원에 관한 법률」 제29조, 「독립유공자 예우에 관한 법률」 제16조 및 「5.18 민주유공자 예우에 관한 법률」 제20조에 의한 취업보호 및 취업지원대상자로서 국가보훈처 발급 취업지원대상자 증명서 상 기재된 가산률(5~10%)로 확인 후 가산점 부여
	장애인	「장애인복지법」 제32조에 따른 등록 장애인
정부 지침 활용	청년 인턴	청년고용촉진 특별법 제5조 제1항에 의거 15세~만34세 이하 지원 가능
	지역인재	혁신도시법 개정에 따라 지역인재 육성을 위해 해당지역 최종 학교(대학원 제외) 졸업자 지원 가능
	비수도권 인재	지방대학 및 지역균형 인재 육성에 관한 법률에 의거 비수도권 학교 졸업자 가점 우대
	여성 과학인재	여성과학기술인 육성 및 지원에 관한 법률 시행령 제13조에 따른 여성과학기술인 우대

출처 : 취업준비생을 위한 블라인드 채용 가이드북(고용노동부/한국산업인력공단, 2020)

교육사항에는 보통 학교교육, 직업교육, 기타교육 사항을 작성하도록 되어 있다. 학교교육, 직업교육, 기타교육을 모두 이수해야 하는 것은 아니다. 학교교육이 부족할 경우, 보완적으로 직업교육과 기타교육을 이수하라는 의미이다. 학교교육은 교과목과 관련하여 요구하는 항목을 확인해야 한다. 이수학점을 요구하는 경우도 있고, 이수시간을 요구하는 경우도 있고, 교과목명 및 교과 내용만 요구하는 경우도 있다. 직업교육의 경우, 학교교육처럼 교과목과 관련하여 요구하는 항목을 확인해야 한다.

자격사항에는 보통 직무 분야와 관련된 자격증 목록 중 자신이 보유하고 있는 직무 자격증을 기술하도록 되어 있다. 지원기관의 채용 분야에서 요구 자격증이 무엇인지, 어느 정도로 요구하는지를 확인해야 한다. 채용 분야마다 요구하는 자격증이 다르고, 지원 기관마다 자격증 요구 방식이 다르다. 필수 자격증만 갖추어도 되는 기관도 있고, 최대 작성 가능 개수를 한정하는 기관도 있다.

경력사항에는 직무 분야와 관련된 경력을 기술하도록 되어 있다. 경력을 쌓는 기업이나 기관 규모의 중요성은 낮은 편이다. 인턴 채용의 문이 낮은 중소 또는 중견기업에서라도 경험을 쌓는 것이 도움 된다. 10인 미만 기업이나 기관이라도 상관없다. 단, 객관적으로 증명할 수 있는 경력증명서 발급이 가능한 곳에서 최소 3개월 이상의 경험을 쌓아야 한다.

경험사항에는 직무 관련 기타 활동을 기술하도록 되어 있다. 정량적 평가에 반영하는 경우는 드물고, 참고용으로 활용하는 경우가 많다. 가끔은 면접 시 기술한 직무 관련 기타 활동과 관련하여 질문을 하는 경우도 있다. 경력 및 경험을 모두 쌓아야 하는 것은 아니다. 경력사항이 부족할 경우, 보완적으로 경험을 쌓으라는 의미이다.

직무능력소개서에는 경력 및 경험사항과 관련하여 상세한 내용을 기술하도록 되어 있다. 대체로 입사지원서에 작성한 경력사항 또는 경험사항 중 하나의 사항에 대해 작성하는 것을 요구하고 있다. 기관에 따라 입사지원서에 작성한 경력 및 경험사항 둘 다에 대해 작성하는 것을 요구하기도 한다. 주로 경력 및 경험사항에 기술한 내용의 질을 확인하기 위한 용도로 사용되며, 대체로 직무능력소개서에 대한 별도의 평가는 실시하지 않는다. 면접위원들이 지원자들의 경험에 대해 보다 더 잘 알기 위해 질문의 참고 자료로 활용하는 경우는 가끔 있다.

[직무능력소개서 예시]

직무능력소개서

□ 입사지원서에 기술한 직무관련 경력사항 및 직무관련 기타 활동 사항과 관련하여
  구체적으로 본인이 수행한 활동 내용을 아래 항목을 참고하여 기술해 주십시오.

- 경험 · 경력 활동을 하였던 조직 · 단체 · 모임 / 본인이 맡은 주요 역할
- 주요 수행 업무 및 성과
- 업무성과를 높이기 위해 본인이 기울인 노력 행동
- 성과로 인한 조직 기여 내용 및 기여 정도
- 공사의 입사지원 분야 업무 수행 시 기여할 수 있는 측면

자기소개서는 보통 4~5개의 문항으로 구성되는데, 직업기초능력 관련 문항으로만 구성되는 경우도 있고, 조직의 인재상이나 지원 동기와 관련된 문항과 함께 구성되는 경우도 있다. 자기소개서는 보통 이전 연도에 사용했던 양식에서 크게 변경되지는 않는다. 일정 기한을 두고 항목을 모두 새롭게 구성하는 경우도 있지만, 이전 연도에 적용했던 양식 및 항목과 유사한 형태를 유지한다.

지원 직무 분야 및 기관을 어느 정도 정했다면, 미리 지원 예정 기관의 이전 채용에 사용되었던 자기소개서 항목을 확인해봐야 한다. 이전에 사용되었던 자기소개서를 찾기 어렵거나 매년 자기소개서 항목을 새롭게 바꾸는 기관이라면 직무설명자료(직무기술서)에 명시된 직업기초능력과 기관의 인재상 등을 확인하면 된다.

자기소개서 구성 가능 항목을 확인한 후에는 그 항목들과 관련된 자신의 능력발휘 경험을 일기 쓰듯이 평소에 구체적으로 기록해두는 것이 도움이 된다. 그 이유는 첫째, '과거 경험'에 대한 것은 일정 시간이 지나면 기억하기 어렵기 때문이며, 둘째, 자기소개서에 작성한 경험과 관련된 질문을 면접에서 하는 경우가 있는데, 긴장된 면접 상황에서는 과거 경험에 대한 구체적인 질문에 답변하기 힘들기 때문이다. 또한, 직무능력소개서든 자기소개서든 작성할 때 가장 중요한 점은 화려한 미사여구를 써서 세련되게 작성하는 것보다 다소 투박하더라도 자신의 경험을 솔직하고 구체적으로 작성하는 것이다.

블라인드 채용 도입 이후, 강조하는 부분 중 하나는 개인을 특정할 수 있는 이름, 성별, 출신 학교 등을 언급하지 못하게 하고 있다. 이는 부정 청탁의 이슈를 차단하기 위한 것으로, 개인을 특정할 수 있는 정보 기재 시 불이익이 있을 수 있음을 강조하고 있다. 블라인드 채용과 관련하여 엄격한 정책을 취하고 있는 기관에서는 '블라인드 채용 위배'라는 이유로 서류전형에서 탈락시키는 경우도 있으니 작성 시 유의해야 한다.

자기소개서는 보통 내부의 현업 팀장과 외부 전문가들이 평가하는데, 개인을 특정할 수 있는 정보들을 블라인드 처리하고 평가를 진행한다.

[블라인드 채용 자기소개서 예시]

자기소개서

□ 최근 3년 이내 소속 조직에 기여하기 위해 가장 많은 노력을 기울였던 경험에 대해 구체적으로 작성해 주시기 바랍니다.

□ 최근 3년 이내 본인 또는 소속 조직이 당면한 문제 상황을 해결하기 위해 가장 많은 노력을 기울였던 경험에 대해 구체적으로 작성해 주시기 바랍니다.

□ 자신의 대인관계능력이 우수하다고 입증할만한 대표적 사례를 3가지 기술해 주시기 바랍니다.

4) 블라인드 채용에서의 필기전형

필기전형은 지원자들이 초등학교 때부터 익숙한 지필고사 형태로 평가하는 전형이다. 컴퓨터를 활용한 웹기반 평가, 온라인 평가 방식을 일부 적용하는 기관도 있으나, 지원자들의 부정행위 가능성이 있기에 여전히 오프라인 방식의 지필고사 형태를 주로 실시하고 있다.

블라인드 채용에서 필기전형은 다양한 방식으로 실시되고 있는데, 직업기초능력검사, 직무지식검사, 인성검사 등이 있다.

직업기초능력검사는 민간기업에서 실시하는 적성검사, 공무원 채용 시 실시하는 PSAT(Public Service Aptitude Test ; 공직적격성평가)와 유사하다. 다만, 출제되는 문항의 배경이 일반 상황이 아니라 대부분 직무수행 상황이라는 점이 다르다. 일반적인 상황을 기반으로 한 문항들도 있지만, 직무 맥락을 기반으로 한 문항들이 주로 출제된다는 게 핵심적인 특징이다. 그러나 직무경험이 없다고 해서 문제를 못 푼다거나, 직무경험이 있다고 해서 문제를 푸는데 유리한 것은 아니다. 직무경험이 없더라도 충분히 문제를 풀 수 있도록 출제하는 것이 주요 원칙 중 하나이다.

직업기초능력 10개 중 채용 직무 분야에서 주요하게 요구되는 직업기초능력에 대해 검사를 실시하는데, 직업기초능력의 반영 방식은 기관마다 다르다. 채용 직무 분야에 구분 없이 공통된 영역에 대한 검사를 실시하는 기관도 있고, 채용 직무 분야별로 시험 영역이 다른 기관도 있으며, 채용 직무 분야별 공통 영역 일부와 채용 직무 분야별 고유 영역 일부에 대한 검사를 실시하는 기관도 있다.

동일한 직업기초능력에 대한 검사를 실시한다고 하더라도 필기전형을 실시하는 기관, 문항을 출제하는 기관에 따라 필기전형 문항의 유형은 다르다. 크게 구분하자면 모듈형, PSAT(또는 적성검사형)형, 모듈과 PSAT(또는 적성검사형)의 혼합형이 있다.

모듈형은 직업기초능력 학습모듈 내 이론 내용을 바탕으로 문제의 보기, 지시문, 5지선다를 구성하며 직업기초능력에 대한 이해도를 확인하는 문항이 주를 이룬다.

PSAT형(또는 적성검사형)은 공직적격성평가나 일반 기업의 적성검사와 유사한 형태의 문항, 특정 직무 상황에 대해 어떻게 판단하여, 문제를 해결해나가는 지와 관련된 문항이 주를 이룬다.

한편, 필기전형에서 때때로 인성검사를 실시하기도 한다. 인성검사에서는 그 조직에서 요구하는 인재상과의 부합도, 조직 적응력 등에 대해 평가를 실시하는 것이며, 주로 PASS 또는 FAIL 방식으로 결정이 된다.

공공기관별로 전문성이 강하게 요구되는 직무 분야의 경우, 직무지식검사를 실시하기도 한다. 전공시험, 논술시험, 외국어시험이 대표적이다.

NCS 직업기초능력 또는 직무수행능력 검사를 시행해온 지 5년 이상이 지남에 따라 일부 기관에서는 최종 합격자를 대상으로 사후 조사를 실시하였는데, 그 결과 필기전형 문제를 많이 풀어보지 않았다 하더라도 자신의 능력 개발을 위해 다양한 경험을 쌓은 사람이 필기전형에서 고득점을 받는 경향이 있었다. 문제풀이 뿐만 아니라 실제적인 직업기초능력 및 직무수행능력 함양을 위한 노력이 필요한 이유다.

이 책에서는 필기전형에서 가장 많이 적용하고 있는 직업기초능력 검사에 대한 이해를 높이고자 직업기초능력 하위영역별로 모듈형과 PSAT형의 문항 예시와 해설을 제공하고 있다.

5) 블라인드 채용에서의 면접전형

면접전형은 채용의 마지막 관문으로 지원자들이 가장 어려움을 느끼는 단계이기도 하다. 면접전형에서는 다수의 면접위원들, 때로는 다른 지원자들과 상호작용하면서 자신의 강점을 보여줄 수 있어야 한다. 실제 필자가 면접위원으로 참여해봤을 때 안타까움을 느꼈던 점은 지원자들이 면접 스킬 중심으로 훈련되어 있다는 점이다. 많은 면접위원들이 면접에서 보여주는 지원자들의 모습들이 비슷하며, 면접 스킬은 뛰어나지만 실제 직무 잠재력이 있는지 의문이 든다는 이야기를 종종 한다.

지원자들이 면접을 통해 자신의 강점을 보여줘야 하는 입장이라면, 면접위원들은 지원자의 직무 잠재력을 정확하게 평가해야 하는 입장이다. 면접위원은 실제로 함께 일을 해야 하는 과·차장 이상의 실무 관리자들이 주로 참여하고, 역량평가 전문가, 직무 분야 전문가들이 함께 참여하는 경우도 많다. 실무 관리자들은 함께 일할 수 있을지를 고민하다보니, 지원자들이 면접에서 보여주는 모습도 고려하지만, 그들이 실제 회사에 들어와서 어떻게 일을 할 것인지에 대한 고민을 많이 한다.

공공기관에서 대표적으로 많이 쓰고 있는 면접 기법은 경험면접, 발표면접, 토론면접, 상황면접 4가지이다. 이중 가장 많이 쓰고 있는 기법은 경험면접이며, 경험면접에서는 주로 직업기초능력을 검증한다. 이 책에서는 경험면접 사례를 다루며, 직업기초능력별로 일련의 질문 및 답변 샘플에 대한 GOOD POINT와 BAD POINT를 제시하고 있다.

■ 경험면접 기법의 특징과 준비 방안

경험면접 기법은 평가하는 요소와 관련된 과거의 경험 행동에 대해 심도 깊은 질문을 하는 방식이다. NCS 기반의 직무능력중심 채용, 블라인드 채용이 도입되기 전에는 '어떻게 할 것인지'에 대한 질문을 해왔다면, 경험면접에서는 '어떻게 해왔는지'에 대한 질문을 한다는 게 큰 차이점이다. 경험면접을 통해서는 직업기초능력 중에서도 인성적인 측면을 주로 평가하기에 인성면접으로 부르는 기관도 있다.

경험면접 기법에 대해 지원자들이 어느 정도 익숙해져 있고, 기법에 맞춰 면접을 준비하긴 하지만 여전히 자신의 경험에 대한 심층적인 질문에는 쉽게 답변하지 못하는 경우를 종종 보았다. 의사소통 스킬에 가까운 질문이나 답변은 유창하게 하지만, 면접 질문에서 평가하고자 하는 평가요소, 즉 직업기초능력과 관련된 자신의 경험에 대해서는 충분히 답변하지 못하는 것이다.

경험면접 기법을 적용하고 있다고 하더라도 기관마다 평가요소가 다르고, 자기소개서 활용 여부가 다르다. 기관마다 지원자들에게 요구하는 직업기초능력 영역이 다르고, 어떤 기관은 직업기초능력에 대해서만 평가하고 어떤 기관은 직업기초능력과 함께 조직의 인재상을 평가하기도 한다. 또 자기소개서에 작성한 내용과 연계하여 심층적인 질문하는 기관이 있고, 자기소개서와 별개로 지원자의 경험에 대해 질문하는 기관이 있다.

어떤 방식을 취하든 경험면접에 대해 대비하는 방법은 크게 다르지 않지만, 경험면접에 대비하기 위해 면접위원의 질문에 답변하는 방식을 연습하는 것은 이제는 크게 도움이 되지 않는다. 다른 지원자들과 차별화된 자신만의 능력을 보여주기 위해서는 다른 노력을 기울여야 한다. 냉정하게 말하자면, 실제 직무수행 잠재력을 보유하고 있지 않거나, 직무수행 잠재력을 향상시키기 위한 노력을 기울이지 않은 채 면접 대응 스킬, 답변 스킬만 익혀서는 좋은 점수를 받기 어렵다는 것이다. 지원자들은 이제 본질적으로 직업기초능력을 향상시키는 데 초점을 맞추어야 한다.

실무 관리자급 면접위원들은 지원자들이 면접에서는 유창하게 말은 잘했지만 실제 일을 시켜보면 기대만큼 일을 잘하지 못한다거나, 기대만큼 성실하지 않다거나, 기대만큼 팀워크 의식이 있지 않다는 경우를 많이 봐왔다는 이야기를 종종 한다. 그리고 많은 지원자들이 이야기하는 경험들이 대부분 비슷하고, 모두가 리더로서 팀을 잘 이끌었다고 하는데 차별화된 뛰어난 강점을 보유하고 있는 지원자들이 별로 없다는 이야기도 종종 한다. 이러한 상황에서 많은 기관에서는 실제 우수한 직무 잠재력을 지닌 지원자를 뽑을 수 있도록 면접위원들에게 질문 스킬이나 평가 스킬에 대한 교육 훈련을 실시하고 있다.

그렇다면 지원자들은 어떻게 준비해야 할까? 많은 지원자들이 오해하는 부분 중 하나가 직업기초능력을 평가하는 것을 또 다른 스펙을 쌓는 것으로 생각한다는 점이다. '직업기초능력'이란 이름 때문에 직업인에게 요구되는 능력을 학교에서 어떻게 향상시킬 수 있느냐고 오해하기도 한다. 그러나 신입 채용 장면에서는 현직자 수준의 능력을 요구하지 않고, 현직자 수준의 경험을 요구하지도 않는다. NCS 기반의 능력중심 채용, 블라인드 채용을 도입할 때 중요하게 고려했던 점 중 하나가 지원자의 성공적인 직무수행을 예측하지 못하는 불필요한 스펙을 쌓지 않게 하자는 것이었다. 학교를 다니면서 학업 및 다양한 학과 외 활동을 성실하게 한 지원자들이 어학연수, 어학성적, 봉사활동 시간 같은 스펙을 쌓지 않아도 좋은 결과를 얻을 수 있도록 하자는 것이었다. 이러한 취지에 맞춰 블라인드 채용 면접에서는 직업기초능력과 관련된 지원자의 경험에 대한 질문이 주를 이루고 있다.

바꿔 말하면, 직업기초능력을 향상시킬 수 있는 경험을 쌓는 게 가장 중요하고, 그러한 경험을 잘 정리할 수 있어야 한다. 이것이 가장 효과적인 준비 방안이다. 그렇다면 직업기초능력을 향상시킬 수 있는 경험은 무엇일까? 일차적으로는 성실한 학업 경험이다. 교과목을 듣는 과정에서의 다양한 팀 프로젝트 활동 경험, 개인적으로 학업 성적을 올리기 위해 노력했던 경험, 전공 외 관심 분야에 대한 지식을 쌓기 위해 공부했던 경험 등이다. 그리고 학업 외 다양한 동아리 활동 경험이나 인턴, 아르바이트 경험을 통해서도 직업기초능력 향상이 가능하다. 동아리 활동의 경우, 단순 취미활동보다는 학업과 관련되어 있거나, 직무 관련 경험을 쌓을 수 있는 동아리 활동 경험을 해보는 것이 직업기초능력 향상에는 더 효과적이다.

이러한 경험들을 많이 해보면 직업기초능력을 향상시키고, 면접에서 좋은 결과를 얻을 수 있을까? 그렇지 않다. 이러한 경험들을 어떻게 쌓아가는지가 중요하다. 경험을 해보는 것이 경험을 해보지 않는 것보다는 중요하지만 단순히 경험을 해봤다는 것, 그 자체가 중요한 것은 아니다. 경험을 해봤다고 해서 직업기초능력이 저절로 향상되는 것은 아니다. 그런 경험 속에서 어떻게 행동하는 게 바람직하고 적절한지 고민해보고, 자신의 능력을 향상시키기 위해 노력하는 것이 중요하다. 어떻게 노력했는지가 더욱 중요하다. 그런 경험 속에서 보다 더 나은 결과를 얻기 위해 끊임없이 고민해보고, 시행착오를 통해 얻은 교훈을 적용해나가면서 노력해가는 게 더욱 중요하다는 것이다. 면접 장면에서 보통 가장 많이 이야기하는 경험이 리더로서 팀 프로젝트를 이끌었던 경험이나, 학과나 동아리를 이끌었던 경험이다. 그러나 경험을 해보긴 했지만 직업기초능력을 우수한 수준으로 보유하고 있는지 의문이 드는 경우가 종종 있다. 단순한 경험만 이야기할 뿐, 보다 더 나은 결과를 얻기 위해 고군분투했던 경험, 수많은 고민과 노력 행동이 드러나지 않기 때문이다. 즉, 학업 및 학업 외 다양한 활동을 하면서 보다 더 나은 결과, 바람직한 결과를 얻기 위해 끊임없이 고민하고 실천 행동을 하는 노력이 필요하다는 것이다.

이런 경험을 쌓았다면, 그 다음에 중요한 것은 자신의 경험을 효과적으로 잘 정리하는 것이다. 3~4년 뒤에 취업을 계획하고 있다면 일기처럼 꾸준하고 지속적으로 자신의 경험, 노력 행동들을 기록하는 게 도움이 된다. 2년 내로 취업을 계획하고 있다면 아직 직업기초능력 향상을 위한 경험이 충분한지를 스스로 살펴보고 다양한 경험을 해보기 위해 노력하고, 그것을 기록해 나가야 한다. 취업 준비 기간이 1년 정도 남았다면 지금까지 자신의 경험들을 체계적으로 정리를 하는 것이 중요하다. 자신의 경험을 직업기초능력별로 정리하되 그 경험과 관련하여 배경, 과정, 주요 이슈, 나의 노력 행동, 결과 등에 대해 구체적으로 작성해두어야 한다. 경험면접 질문의 초점이 과거 경험이다 보니, 과거 기억을 떠올려서 답변을 해야 하는데, 긴장된 면접 상황에서 과거 기억이 잘 떠오르지 않을 수도 있다. 또한, 그 질문의 의도에 따라 핵심적인 내용 중심으로 답변을 해야 하는데 부수적인 내용 중심으로 중언부언할 수도 있다. 예를 들어, 문제해결능력과 관련해서 정리를 한다면, 언제 있었던 일이고, 어떤 문제에 직면했었고, 그 문제를 해결하기 위해 어떤 노력을 했는지, 왜 그렇게 했는지, 그 결과는 어땠는지에 대해 구체적으로 정리해둘 필요가 있다. 경험면접의 경우, 질문을 통해 평가요소 관련 경험 여부와 함께 보유 능력 수준, 답변의 진실 여부 등을 확인하기 위해 추가적인 질문을 하기 때문이다.

■ 발표면접 기법의 특징과 준비 방안

발표면접은 지원자들이 가장 잘 알고 있는 면접 기법이지만, 가장 어려움을 느끼는 면접 기법이기도 하다. 발표면접은 기관의 규모가 큰 곳에서는 대체로 적용하고 있는 만큼 중요한 기법이기도 하다. 발표면접을 통해서는 직업기초능력뿐만 아니라 직무수행능력을 평가하는 경우도 많아서, 기관에 따라 직무면접으로 부르기도 한다. 발표면접의 기본적인 방식은 특정 주제 및 이슈에 대한 지원자의 생각을 발표하는 것인데, 주요 평가 요소, 주제 분야, 과제 제시 방식, 발표 준비 및 진행 방식, 면접위원 질의 여부 등은 기관에 따라 다르다.

발표면접의 기본 방식은 비슷하지만 각 기관마다 차이가 나는 부분이 있다. 기관마다 다른 발표면접 방식에 대해 정확히 숙지하기 위해서는 다음의 4가지 측면에 대해 살펴보아야 한다.

첫째, 발표면접의 주제 분야에 대한 고려가 필요하다. 발표면접의 주제는 지원 직무 분야와 관련된 일반적인 트렌드부터 조직 내 이슈에 이르기까지 발표 주제는 기관마다 다르다. 최근에는 일반적인 시사 이슈보다는 직무 및 조직과 관련된 이슈를 다루는 경우가 많다. 때로는 신입사원, 입사 2·3년차 사원으로서 조직 내 당면한 문제를 해결할 것을 요구하는 경우도 있다. 단순 일반 시사 이슈보다는 지원 직무와 관련된 트렌드, 지원 조직이 당면한 이슈들에 대해 이해하고 있어야 한다.

둘째, 발표면접의 과제 제시 방식이 기관마다 다를 수 있음에 유의해야 한다. 발표면접에서 과제를 제시한다고 해서 모든 기관이 동일한 방식으로 과제를 제시하지는 않는다. 보통 2~3페이지 정도의 주제 관련 자료를 제시한다. 기관마다 다르지만 짧게는 1페이지, 길게는 7~8페이지 정도의 자료를 제시하는 경우도 있다. 때로는 5~7줄 내외의 지시문 정도만 제시하는 경우도 있다. 발표면접 과제 지시문과 함께 제공되는 관련 자료들은 일정한 목적이나 의도에 따라 구성되어 있다. 이에 따라 발표 과제 자료 내의 다양한 정보들을 종합적으로 분석하여 해결 방안을 제시해야 한다. 과제 자료를 검토하여 발표를 준비하는 시간은 보통 30~50분 정도이며, 이보다 더 적거나 많을 수도 있다. 제한된 시간 내에 과제 주제와 관련된 다양한 정보들을 검토하여 해결 방안에 대해 발표할 수 있도록 준비하기에는 시간이 부족하다고 느낄 수 있다. 제한된 시간동안 다양한 자료를 읽고 해결 방안을 마련하는 연습이 필요하다.

셋째, 발표 준비 및 진행 방식은 기관마다 차이가 크지는 않다. 발표 과제 자료를 읽고 수기로 발표 자료를 만드는 곳도 있고, 파워포인트 프로그램을 이용하여 발표 자료를 만드는 곳도 있다. 대개는 수기로 1~2페이지 내외로 제공된 양식에 맞춰서 발표 자료를 작성하게 한다. 지원자들이 작성한 발표 자료를 면접위원들에게 제공하는 경우도 있고, 그렇지 않은 경우도 있는데 면접위원들에게 지원자들이 작성한 발표 자료를 제공하지 않을 경우에는 발표 자료 내용을 명확히 전달하는데 조금 더 신경을 써야 한다. 발표를 할 때는 본인이 준비한 자료를 보고 앉아서 편하게 발표하는 곳도 있고, 실제 회의에서 발표하듯이 서서 발표하는 곳도 있다.

넷째, 지원자의 발표가 끝난 후에 면접위원의 질의가 이어지는 경우도 있고, 그렇지 않은 경우도 있다. 최근에는 발표면접 시 5~10분 정도의 지원자 발표가 끝난 후에 5~10분 정도의 면접위원의 질의가 이어지는 경우가 대부분이다. 면접위원들은 보통 발표한 내용과 관련된 질문을 하는데, 이 질문에 적절히 답변하는 것이 중요하다. 이 과정에서도 답변 스킬이 중요한 것이 아니라 답변 내용의 질이 중요하다.

발표면접 장면에서 가장 안타까운 경우는 지원자들이 발표 자체에 초점을 맞춰 발표 스킬만 발휘할 때이다. 발표면접에서 발표 시작이나 중간, 마무리에서 보여주는 지원자들의 멘트가 비슷한 경우가 많다. 최근에는 발표면접을 통해 발표력을 평가하는 기관은 드물며, 의사소통능력을 평가하는 경우는 있지만, 뛰어난 발표 스킬을 요구하기보다 기본적으로 주제나 발표 내용을 명확하게 전달하는지를 보는 경우가 많다. 발표 내용의 전달 방식보다는 발표 내용에 초점을 맞추어야 한다.

그렇다면 발표면접에 대해 지원자들은 어떻게 준비를 해야 할까?

발표면접의 경우, 짧은 시간 내에 면접 스킬만 훈련한다면 좋은 결과를 기대하기 어렵다. 학과 발표 수업 시 긴장감이나 불안이 커서 제대로 발표를 못했다거나, 평소 자신의 의사를 명확하게 전달하는데 어려움을 겪고 있다면 발표 스킬을 훈련하는 것도 중요하다. 그러나 그것보다는 문제해결능력을 기르는 것이 중요하다. 문제해결능력은 많은 의미를 내포하고 있는 능력이다. 직업기초능력에서 명시하고 있는 문제해결능력이 될 수도 있고, 기술능력, 정보능력, 대인관계능력 등을 발휘하여 문제를 해결하는 능력으로 볼 수도 있다.

이를 위해서는 평소에 자신의 지원 직무 분야와 관련된 트렌드, 지원 조직 관련 이슈에 관심을 가지며 관련 자료들을 읽고, 다양한 이슈들에 대한 자신의 생각을 정리해보는 것이 도움이 된다. 트렌드나 이슈는 가장 최신의 것뿐만 아니라 최근 2~3년 전부터 지속적으로 이어져 오고 있는 트렌드나 이슈에 대해서도 관심을 가져야 한다.

지원 직무 분야나 지원 조직을 정하지 않은 상태라면 전공 분야와 관련된 트렌드, 정부 정책에 관심을 가지고 현실에서 발생한 문제를 해결할 수 있는 나름의 방안을 정리해보는 노력을 지속적으로 기울이면서 실질적인 문제해결능력을 향상시키는 것이 가장 효과적인 방법이라 할 수 있다.

지원 직무 분야나 지원 조직이 정해져 있다면 직무 분야와 관련된 최신 지식, 기술, 정보, 트렌드 등과 함께 직무 분야에서 중요한 문제 이슈를 파악하여 나름의 해결 방안을 만들어 보는 노력이 필요하다. 또한, 지원 조직에서 추진하고 있는 사업과 관련된 트렌드, 관련 정책 동향 등을 파악하여 그 조직이 당면한 문제 또는 이슈별로 해결 방안을 정리해보는 노력이 필요하다.

이와 더불어 평소에 학업 및 과외 활동을 하는 과정에서 발생한 문제를 해결하는 과정에서 문제 원인을 규명하고, 문제를 해결하는 데 가장 효과적인 방안을 탐색해보고, 여러 대안 들이 지닌 강점과 제약점에 대해 고민해보고, 문제를 해결하는데 발생가능 한 장애요인을 예측하고 대응방안을 마련해보는 연습을 지속적으로 하는 것도 효과적이다.

■ 토론면접 기법의 특징과 준비 방안

토론면접 기법은 채용 규모가 일정 수준 이상으로 큰 기관에서 많이 적용하고 있는 기법이 다. 토론면접 기법은 집단 과업을 통해 다수의 지원자들과 상호작용하는 과정에서 어떻게 행동하는지를 볼 수 있어 많은 기관에서 선호하는 기법 중 하나이다.

토론면접 시에는 1페이지 내외의 토론 주제 및 주제 관련 상황에 대해 정리되어 있는 자료 를 제시하는 경우도 있고, 2~5페이지 내외의 토론 주제 관련 자료를 제시하는 경우도 있 다. 토론면접은 대개 발표면접에 비해 자료 검토 및 준비 시간이 짧은 편이며 보통 20~30 분 정도가 주어진다. 토론 인원은 3~6명 정도이며, 토론 시간은 보통 30~60분 정도 진행 된다. 토론에서 논의해야 할 안건 및 이슈는 보통 2~3개 정도이다.

토론면접은 토론 형식에 따라 역할이 없는 토론과 역할이 있는 토론으로 구분할 수 있다. 주로 역할이 없는 토론 형식을 많이 적용하고 있는데, 토론 주제와 관련하여 자유롭게 자 신의 의견을 제시할 수 있다. 반면 역할이 있는 토론은 자신에게 임의로 주어진 역할에 따라 입장과 의견을 제시해야 한다. 역할이 있는 토론은 토론 과제의 설계가 복잡하고, 개발의 난이도가 높으며, 비용과 시간이 많이 소요되어 일부 기관에서만 적용하고 있다. 그러나 역할이 있는 토론을 통해 보이는 지원자들의 발언 내용이나 행동들이 비슷하고 열 띤 논쟁이 일어나지 않아 지원자들 간 수준 차이에 대한 변별이 어렵다는 의문을 제기하는 기관들도 늘어나고 있는 추세다. 역할 없이 자유롭게 자신의 의견을 개진하는 기존의 방식 에서 벗어나 변주된 다른 방식, 또는 역할 있는 토론 방식을 적용하는 기관들이 늘어날 가능성이 높다.

토론면접의 주제 유형에 따라서는 문제해결형, 찬반형, 아이디어 산출형, 대안선택형과 같은 네 가지로 구분할 수 있다.

문제해결형은 토론을 통해 당면한 문제 상황에 대한 해결 방안을 마련하는 형태로 가장 많이 사용하고 있다.

찬반형은 토론의 특정 주제와 관련하여 찬성 또는 반대의 반향으로 토론하는 것이다. 토론면접 기법 도입 초기에는 찬반형의 토론을 많이 실시했으나, 임의로 찬성과 반대 입장을 나누다 보니 토론이 원활하지 않은 경우가 발생하고, 찬반 토론을 통해 평가할 수 있는 요소가 한정적이어서 최근에는 많이 사용하고 있지는 않다.

아이디어 산출형은 토론을 통해 특정 주제와 관련하여 기존에 없던 새로운 방안을 마련하는 형태로 종종 사용하고 있다.

토론면접에 대해 지원자들이 오해하고 있는 부분이 있다.

첫째, 토론면접에서 토론을 이끌어가는 리더 역할에 대한 오해다. 토론의 리더 역할을 맡는다고 하여 가점이 되거나 감점이 되는 것은 아니다. 상황에 따라 다를 수 있다. 토론면접 장면에서 토론 리더 역할을 맡아서 진행하는 데 신경 쓰느라 자신의 아이디어를 충분히 제시하지 않는 경우가 있는데 이는 바람직하지 않다. 리더 역할 자체보다 자신의 아이디어를 논리적으로 설명하고, 다양한 의견을 개진하는 것이 훨씬 더 중요하다.

한편, 토론진행 시 누군가는 나서서 이끌어줘야 할 때도 있다. 토론면접 시 토론이 원활하게 진행되지 않거나, 적절하지 않은 방향으로 진행되면 면접위원이 개입하는 경우가 있지만, 면접위원이 전혀 개입하지 않는 경우도 있다. 면접위원이 개입하지 않는 경우에는 토론 참여자들 중 한 명이 바람직한 방향으로 이끌어야 한다.

그렇게 해야만 할 때는 언제일까? 주제에서 벗어난 방향으로 논의되거나, 토론에서 다루어야 할 이슈를 충분히 이야기하지 못하고 특정 이슈에 대해 지나치게 논의가 길어지는 것 같을 때이다. 이런 상황에서 적극적으로 나서서 토론 주제에 대해 환기시키면서 토론 주제 안에서 논의할 수 있도록 이끌거나, 특정 이슈에 대한 합의를 독려하면서 다음 이슈로 넘어갈 수 있도록 이끌어가는 행동은 면접위원들에게 긍정적으로 인식될 수 있다. 이런 상황에서는 오히려 가만히 있으면, 토론 주제에 대한 자신의 의견을 충분히 이야기하지 못하는 부정적인 결과를 낳을 수도 있다. 면접 장면에서 토론 이슈 2개 중 1개에 대해서도 결론을 내리지 못한 채 끝나는 경우도 보았다.

둘째, 토론면접에서 타인의 의견을 수용하는 행동이 항상 긍정적인 것은 아니다. 면접 장면에 가보면 많은 지원자들이 기계적으로 타인의 의견을 인정, 수용, 긍정하는 반응(예 : 네, ○○○님의 의견 좋다고 생각합니다)을 보여주는데, 이런 행동들로 인해 가점이 되진 않는다. 토론 내내 자신의 의견만을 고집하는 것보다는 나은 행동이지만, 기계적이고 무조건적인 의견 수용도 바람직하지 않다. 토론에서는 타인의 의견을 수용할 때도 그 근거가 명확해야 한다. 어떤 점 때문에 타인이 제시한 의견이 좋다고 보는지를 언급하며 인정, 수용, 긍정하는 반응을 보여야 한다.

셋째, 토론면접에서 타인의 의견에 대해 반박한다고 해서 감점이 되진 않는다. 토론이 진행되는 동안 여러 사람들이 의견을 제시하는데, 의견을 듣다 보면 누군가가 제시한 의견의 약점, 한계, 제약점 등이 있다고 느껴질 때가 있을 것이다. 이럴 때는 주저하지 말고 의문을 제기하거나 반박하는 반응을 보여도 된다. 단, 감정적인 반응을 보여준다거나 무조건적인 반박은 부적절하다. 어떤 점 때문에 우려가 되는지, 어떤 점 때문에 부적절하다고 생각되는지 등을 설명하면서 반박하는 행동은 긍정적으로 인식될 수 있다.

그렇다면 토론면접에 대해 지원자들은 어떻게 준비를 해야 할까?

우선, 토론면접에 참여하는 면접위원들은 어떤 생각을 하는지에 대해 이해하고 있을 필요가 있다. 토론면접에서는 발표면접처럼 직업기초능력과 함께 직무수행능력을 검증하는데, 많은 면접위원들은 토론면접을 통해 동료들과 상호작용을 어떻게 하는지, 어떻게 협업을 해 나갈지, 회의 장면에서 자신의 아이디어를 어떻게 논리적으로 전달 및 설득할지 등에 대해 가늠해보고자 한다.

따라서 평소에 팀 프로젝트 등을 하면서 동료들과 효과적으로 커뮤니케이션하면서 공동의 목표(과제)를 달성하기 위해 적극적으로 협조하고 아이디어를 개진하며 보다 나은 결과를 얻기 위해 노력하면 직업기초능력 및 직무수행능력이 향상될 수도 있고, 토론면접에서 좋은 결과를 얻을 수 있다. 이것이 가장 효과적인 토론면접 준비 방법 중 하나이다. 단순히 토론스킬을 향상시키는 데 초점을 맞추고 스터디를 하지 말라는 것이다. 발표면접과 마찬가지로 단순히 토론스킬이 좋다고 해서 토론면접에서 우수한 평가를 받기는 어렵다. 본질적으로 직업기초능력과 직무수행능력적 측면에서 우수한 수행을 보여야 높은 점수를 받을 수 있다.

한편, 토론면접을 위해 준비해야 하는 것은 발표면접과 크게 다르지 않다. 지원 직무 분야 및 조직 관련 트렌드, 주요 이슈를 파악하여 나름의 문제 분석 및 해결 방안을 만들어 보는 것이 도움이 된다.

그리고 평소 도전적으로 여러 과업을 수행해보고, 다양한 문제 상황에서 보다 나은 결과를 얻기 위해 고민해보고 다양한 시도를 해보는 노력이 필요하다. 자신에게 적합한 직무 분야를 정했다면, 그 직무 분야와 관련하여 자주 발생하는 문제 테마를 정하여 학과 친구들과 심도 있게 분석하고 공부하고 토론을 해보는 것이 도움이 될 것이다.

토론면접 기법에 익숙해지기 위해서는 스터디 그룹을 만들어 토론을 하되 일반 시사부터 전공 분야 관련 정책 이슈, 지원 예정 직무 및 조직 관련 이슈 등 다양한 이슈와 관련하여 논의를 해보는 연습을 하면 도움이 될 것이다.

■ 상황면접 기법의 특징과 준비 방안

상황면접 기법은 자주 쓰이지는 않지만, 최근에 적용하는 기관들이 늘어나고 있다. 상황면접은 특정 상황에서 어떻게 대처할지에 대해 질의응답이 이어지는 면접 방식이다. 상황면접에서는 가상의 상황에 대한 자료가 보통 1페이지 내외(대개 10줄 이내로 상황 제시함)로 제시한다. 상황을 분석하여 답변을 준비할 수 있도록 보통 10~20분 정도의 시간이 주어지며, 면접은 10~15분 정도 진행된다.

면접위원과의 질의응답 방식으로 진행된다는 점에서 경험면접과 유사하지만, 경험면접에서 과거의 실제 경험에 대해 질문을 했던 것에 비해 상황면접에서는 가상의 상황을 제시하고 그 상황에 대해 어떻게 생각하고 어떻게 행동할 것인지에 대해 질문을 한다는 점에서 다르다. 또한, 특정한 문제 상황에서의 대안을 요구한다는 점에서는 발표면접과 유사하지만, 발표면접보다 과제 자료의 분량이 적으며 구체적인 수준의 방안이나 실행 계획을 요구하지 않는다는 점에서 발표면접과 다르다. 또한, 상황면접에서 면접위원들은 주로 가상의 상황에서 어떻게 행동할 것이며, 왜 그렇게 행동하는 것인지, 어떤 점을 고려하여 행동할 것인지 등 가상의 상황에 대한 대처에 초점을 맞춘 질문을 이어 나간다는 게 핵심적인 특징이다.

상황면접에서 제시되는 가상의 상황은 학교 장면을 배경으로 할 수도 있고, 회사 장면을 배경으로 할 수도 있다. 팀 프로젝트, 동아리 활동 상황일 수도 있고, 특정 회사의 인턴, 신입사원, 대리로서 경험할 수 있는 상황을 제시할 수도 있다. 어떤 상황이든 대처 방안에 있어 정답이 있는 상황이 아니다. 대체로 상황면접을 통해서는 당면한 상황에서 다양한 측면을 고려하여 적절한 판단을 내리고, 효과적인 대응을 할 수 있는 지를 가늠하고자 한다.

상황면접은 어떻게 준비해야 할까? 상황면접을 적용하는 기관이 많지 않아 기출 문제에 대한 정보를 얻는 것이 쉽지 않아 상황면접을 준비하는 것에 어려움을 느끼는 지원자들이 많을 것이다.

앞서 다른 기법의 준비 방안에 대해서도 이야기했지만, 상황면접 기법에서 점수를 잘 받을 수 있는 특별한 방법이 있는 것은 아니다. 기법에 익숙한 지원자가 조금 더 편하게 대답할 수는 있겠으나, 단순 면접 스킬만 익혀서는 우수한 평가를 받기는 어렵다.

계속 강조하지만, 면접위원들은 면접 스킬만 익혀서 비슷한 멘트와 비슷한 행동을 하는 지원자들을 보고 진정성을 의심하며, 실제 직무수행 잠재력을 파악하는 데 초점을 맞추고 있다. 그렇기에 지원자들은 장기적 관점으로 접근하는 게 효과적이며, 면접을 통해 평가하는 직업기초능력 및 직무수행능력을 향상시키는 데 초점을 맞추어야 한다. 면접 준비 시간이 몇 개월 남지 않은 상황이라면 면접기법이나 수행방식을 숙지하고 자신의 잠재력을 적절히 표현할 수 있는 방법을 익히는 게 적절할 것이다.

상황면접의 평가요소는 공공기관마다 다르고, 평가요소에 따라 제시하는 상황이 다를 수 있다. 상황면접의 평가요소가 무엇인지 알 수 없는 상황에서 지원자들은 학업을 수행하면서, 동아리 활동을 하면서, 아르바이트나 인턴으로 일을 하면서 겪었던 다양한 문제 상황들을 정리해보고 그런 상황에서 가장 적절한, 효과적인 대처 방법에 대해 정리해보는 것이 도움이 될 수 있다. 친구들과 다양한 문제 상황을 공유해보고, 그런 상황에서 최적의 대응 방안을 마련해보는 것도 도움이 될 것이다. 문제 상황은 동시에 여러 가지 문제가 발생했을 때, 해본 적이 없던 새로운 일을 맡았을 때, 시간, 비용, 인력 등이 제한적인 상황에서 일을 처리해야 할 때, 예상하지 못했던 문제가 갑자기 발생했을 때, 지나친 고객의 요구사항에 대응해야 할 때, 업무를 함께 하고 있는 동료와 갈등이 발생했을 때, 협업이 잘 이루어지고 있지 않을 때 등 다양한 상황이 가능하다.

01

기술능력

[1] 기술이해능력
[2] 기술선택능력
[3] 기술적용능력

학습에 들어가기 전에...

기술능력의 하위능력인 기술이해능력, 기술선택능력, 기술적용능력은 보통 하위능력별로 독립적으로 평가하지 않는다. 특히, 서류전형과 면접전형에서는 통합적으로 평가하며, 필기전형의 경우 모듈형 문제에서는 하위능력별로 문항이 출제되기도 한다.

일반적으로 모든 하위영역에 대해 평가하지는 않으며, 기관마다 보다 중요하게 여기는 기술능력의 하위능력에 따라 기술능력에 대한 평가기준은 조금씩 다르다.

이에 기술능력 단원에서는 직업기초능력 단위에서 서류전형, 면접전형의 평가 방안 및 준비 방안에 대해 기술하였다.

| Chapter 01 | Chapter 02 | Chapter 03 | Chapter 04 | Chapter 05 |

기술능력

● 학습모듈

① 기술의 정의

- **기술의 개념**
  - 광의 : 모든 직업 세계에서 필요로 하는 기술적 요소들
  - 협의 : 구체적 직무수행능력 형태
  - 물리적인 것뿐만 아니라 사회적인 것으로서 지적인 도구를 특정한 목적에 사용하는 지식체계
  - 인간이 주위환경에 대한 통제를 확대시키는 데 필요한 지식의 적용
  - 제품이나 용역을 생산하는 원료, 생산공정, 생산방법, 자본재 등에 관한 지식의 집합체
  - 과거에는 know-how의 개념이 강하였으나 시대가 지남에 따라 know-how와 know-why의 개념이 결합
    - 노하우(know-how) : 흔히 특허권을 수반하지 않는 과학자, 엔지니어 등이 가지고 있는 체화된 기술. 경험적이고 반복적인 행위에 의해 얻어지는 것이며, 이러한 성격의 지식을 흔히 Technique 혹은 Art라고 함
    - 노와이(know-why) : 기술이 어떻게 성립하고 작용하는가에 관한 원리적 측면에 중심을 둔 개념. 이론적인 지식으로서 과학적인 탐구에 의해 얻어지는 것
  - 현대적 기술은 주로 과학을 기반으로 하는 기술(science-based technology)

- **기술의 특징**
  - 하드웨어나 인간에 의해 만들어진 비자연적인 대상, 혹은 그 이상
  - 기술을 설계하고, 생산하고, 사용하기 위해 필요한 정보, 기술, 절차를 갖는 데 노하우(know-how)가 필요함
  - 하드웨어를 생산하는 과정

- 인간의 능력을 확장시키기 위한 하드웨어 및 하드웨어의 활용
- 정의 가능한 문제를 해결하기 위해 순서화되고 이해 가능한 노력
- 의사소통의 속도가 증가하며, 현명한 의사결정을 내리는 것에 도움을 줌
- 사회적, 역사적, 문화적 요인에 따라 기술 활용 방향 및 방식은 상이함

■ **기술의 중요성**

- 조직의 우수한 기술 확보 및 활용이 기업의 경쟁력을 결정
- 기술이전이 빠른 산업 분야에서는 기술의 변화 및 동향에 뒤처지지 않도록 기술을 습득하는 것이 매우 중요
- 4차 산업혁명을 이끄는 사물인터넷(IoT), 클라우드, 빅데이터, 인공지능(AI) 기술 등은 기업경쟁력 강화의 중요 요소
- 스마트 기술을 활용할 수 있는 구성원 확보의 중요성 증대

■ **지속가능한 발전(sustainable development)**

- 1970년대에 기업과 정부에서 인구와 산업의 발전이 무한히 계속될 수 없다는 문제를 제기하면서 지속가능한 발전의 개념이 등장
- 경제적 활력, 사회적 평등, 환경의 보존을 동시에 충족시키는 발전을 의미
- 현재와 미래 세대의 발전과 환경적 요구를 충족하는 방향으로 발전이 이루어져야 하며, 그렇기 때문에 환경보호가 발전의 중심적인 요소

■ **지속가능한 기술(sustainable technology)**

- 자원의 질을 생각하고 자원이 생산적인 방식으로 사용되는가에 주의를 기울이는 기술
- 이용 가능한 자원과 에너지를 고려하고, 자원이 사용되고 그것이 재생산되는 비율의 조화 추구
- 태양 에너지와 같이 고갈되지 않는 자연 에너지를 활용하며, 낭비적인 소비 형태를 지양하고, 기술적 효용만이 아닌 환경효용(eco-efficiency)을 추구

② 기술능력이 뛰어난 사람과 기술능력 향상 방법

■ **기술능력의 의미**

- 직업에 종사하는 모든 사람들에게 필요한 능력

- 넓은 의미로 확대하면 기술교양(technical literacy)이라는 개념으로 사용

- 기술교양의 개념을 보다 구체화시킨 개념

  - 기술교양 : 기술을 사용하고 운영하고 이해하는 능력. 모든 사람들이 광범위한 관점에서 기술의 특성과 기술적 행동, 기술의 힘, 기술의 결과에 대해 어느 정도의 지식을 가지는 것을 의미

    ✓ 실천적 문제(practical problem)를 해결할 수 있는 생산력, 체계, 환경을 설계하고 개발해야 할 때, 비판적 사고를 가지는 것을 포함

    ✓ 기술교양을 지닌 사람들의 특징

      → 기술학의 특성과 역할 이해

      → 기술체계의 설계 · 사용 · 통제 방법 이해

      → 기술 관련 이익을 가치화하고 위험 평가

      → 기술에 의한 윤리적 딜레마에 대해 합리적으로 반응

■ **기술능력이 뛰어난 사람의 특징**

- 기술적 지식, 기술적 과정, 기술적 조건에 대한 이해를 바탕으로 적절한 체계를 선택하는 데 현명한 의사결정을 할 수 있고, 효과적으로 그것들을 활용함

  - 실질적 해결이 필요한 문제를 인식

  - 인식된 문제 위해 다양한 해결책 개발 및 평가

  - 실제적 문제해결을 위해 지식이나 기타 자원을 선택하고 최적화하여 적용

  - 주어진 한계 속에서 제한된 자원 사용

  - 기술적 해결에 대한 효용성 평가

  - 여러 상황 속에서 기술의 체계와 도구를 사용 및 학습함

■ **기술능력의 필요성**

- 기술직 종사자들에게만 필요한 것이 아니라 사회의 모든 체계에서 필요로 하며, 사회 모든 직업인이 지녀야 할 능력

■ **기술능력 향상 방안**

기술능력을 향상시키기 위한 대표적인 교육 방법으로 전문 연수원을 통한 기술과정 연수, e-Learning을 활용한 기술교육, 상급학교 진학을 통한 기술교육, OJT(On the Job Training)를 활용한 기술교육이 있다.

구분	주요 특징
전문 연수원 기술과정	• 각 분야의 전문가가 진행하는 이론을 겸한 실무중심의 교육 실시 • 다년간에 걸친 연수 분야의 노하우를 가지고 체계적이고 현장과 밀착된 교육 실시 • 최신 실습장비, 시청각 시설, 전산시설 등 교육에 필요한 각종 부대시설 활용 가능 • 연수 시설이 없어 체계적인 교육을 받기 어려운 회사의 경우, 전문적인 교육 실시 • 산학협력연수 및 국내외 우수연수기관과 협력 연수 가능 • 연수비 비교적 저렴하며, 고용보험환급을 받을 수 있어 교육비 부담 경감
e-Learning 활용 교육	• 컴퓨터 및 인터넷 기반 교육, 언제 어디서든 학습 • 개개인의 요구에 맞게 학습 시간 및 내용 개별화·맞춤화할 수 있기에 학습자 스스로 학습 조절 및 통제 • 비디오, 사진, 텍스트, 소리, 동영상 등 멀티미디어 이용 학습 • 이메일, 토론방, 자료실 등 통한 원활한 의사교환과 상호작용 • 새로운 교육에 대한 요구나 내용의 신속한 반영 가능 및 교육 소요 비용 절감 가능
상급학교 진학	• 실무중심 전문교육기관이나 전문대학, 대학 및 대학원과 같은 상급학교 진학 통한 학습 가능 • 학문적이면서 최신 기술 흐름 반영 기술교육 가능 • 산업체와 프로젝트 활동 통한 실무중심 기술교육 • 관련 분야 종사자 등 인적 네트워크 형성 가능 • 학습자간 경쟁 통한 학습효과 향상
OJT 활용	• 업무 수행에 필요한 지식·기술·능력·태도 교육훈련 • 직장훈련·직장지도·직무상 지도라고도 함 • 모든 관리·감독자는 업무 수행상 지휘감독자이자 부하직원의 능력향상을 책임지는 교육자라는 관점 • 교육자와 피교육자 사이 친밀감 조성 가능 • 조직 필요에 합치되는 교육훈련 가능

③ 산업재해 방지 방법

산업현장의 재난 발생 원인을 분석하고 발생 과정을 파악하여 산업재해에 대비함으로써 안전한 산업 활동을 통해 개인의 생명을 보존하고, 부상이나 질병의 위험으로부터 근로자를 보호하여 산업 활동을 촉진할 수 있다.

- **산업재해의 의미**
  - 산업 활동 중에 일어난 사고로 인해 사망하거나 부상을 당하고, 또는 유해 물질에 의한 중독 등으로 직업성 질환에 걸리거나 신체적 장애를 갖게 되는 것
  - 산업 안전 보건법 : 근로자가 업무에 관계되는 건설물·설비·원재료·가스·증기·분진 등에 의하거나, 직업과 관련된 기타 업무에 의하여 사망 또는 부상하거나 질병에 걸리게 되는 것

- **산업재해의 기본적 원인**

구분	내용
교육적 원인	• 안전 지식의 불충분 • 안전 수칙의 오해 • 경험이나 훈련의 불충분과 작업관리자의 작업 방법의 교육 불충분 • 유해 위험 작업 교육 불충분 등
기술적 원인	• 건물·기계 장치의 설계 불량 • 구조물의 불안정 • 재료의 부적합 • 생산 공정의 부적당 • 점검·정비·보존의 불량 등
작업 관리상 원인	• 안전 관리 조직의 결함 • 안전 수칙 미지정 • 작업 준비 불충분 • 인원 배치 및 작업 지시 부적당 등

■ **산업재해의 직접적 원인**

구분	내용
불안전한 행동	• 위험 장소 접근 • 안전장치 기능 제거 • 보호 장비의 미착용 및 잘못 사용 • 운전 중 기계 속도 조작 • 기계·기구의 잘못된 사용 • 위험물 취급 부주의 • 불안전한 상태 방치 • 불안전한 자세와 동작, 감독 및 연락 잘못 등
불안전한 상태	• 시설물 자체 결함 • 전기 시설물의 누전 • 구조물의 불안정 • 소방기구의 미확보, 안전 보호 장치 결함 • 복장·보호구의 결함 • 시설물의 배치 및 장소 불량 • 작업 환경 결함 • 생산 공정의 결함 • 경계 표시 설비의 결함 등

■ **산업재해가 개인과 기업에 끼치는 영향**

• 개인에게 끼치는 영향 : 본인 및 가족의 정신적·육체적 고통, 일시적 또는 영구적인 노동력 상실, 본인과 가족 생계의 막대한 손실

• 기업에 끼치는 영향 : 근로자 보상 부담, 노동 인력 결손으로 인한 작업 지연, 재해로 인한 건물, 기계, 기구 등의 파손, 재해로 인한 근로 의욕 침체와 생산성 저하

■ **산업재해 예방 대책 5단계**

산업재해를 예방하기 위해서는 사고 원인인 불안전한 행동과 불안전한 상태의 유형을 이해하고, 이들을 잘 분석하여 적절한 대책 수립 필요

단계		내용
1단계	안전관리 조직	안전 목표 설정, 안전 관리 책임자 선정, 안전 계획 수립, 안전 관리 시행·감독
2단계	사실의 발견	사고 조사, 안전 점검, 현장 분석, 작업자의 제안 및 여론 조사, 관찰 및 보고서 연구 등을 통해 사실을 발견함

단계		내용
3단계	원인 분석	재해 발생 장소, 재해 형태, 재해 정도, 관련 인원, 직원 감독 적절성, 공구 및 장비 상태 등의 정확한 분석
4단계	기술 공고화	원인 분석을 토대로 적절한 시정책, 기술적 개선, 인사 조정 및 교체, 교육, 설득, 공학적 조치 실시
5단계	시정책 적용 및 뒤처리	안전 교육 및 훈련 실시, 안전 시설과 장비의 결함 개선, 안전 감독 실시 등의 선정된 시정책 적용

■ 불안전한 행동 방지 및 불안전한 상태 제거를 위한 방법

- 개인에게 불안전한 행동 방지 방법 : 근로자의 불안전한 행동을 지적할 수 있는 안전 규칙 및 안전 수칙 제정, 근로자 상호 간 불안전한 행동을 지적하여 안전에 대한 이해 증진, 정리·정돈, 조명, 환기 등을 잘 수행하여 쾌적한 작업 환경 조성

- 불안전한 상태를 제거하는 방법 : 각종 기계·설비 등을 안전성이 보장되도록 제작, 항상 양호한 상태로 작동되도록 철저한 유지 관리, 기후, 조명, 소음, 환기, 진동 등의 환경 요인 관리를 통해 사고 요인 미연에 제거

● 적용사례

■ 기술이해능력 발휘 사례

A는 직장에 들어온 지 2년 차인 중소제조업 직원이다. 신입사원으로 들어왔을 때는 고등학교와 대학교에서 배운 전공 실력, 그리고 산업기사 자격증으로 나름대로 촉망받는 인재였다. 하지만 2년 동안 업무에 시달리다 보니 새로 들어오는 신입사원이 최신의 기술능력을 더 많이 알고 있는 것을 알게 되었고 자신의 능력이 뒤떨어지는 것을 느끼게 되었다. 그래서 자신의 기술능력을 신장시키고 다른 사람과 차별성을 유지할 수 있는 일을 배워 보기로 결심하였다. 자신에게 부족하고, 업무에 중요하다고 판단된 기술이 무엇인지 파악한 후, 그러한 기술을 습득할 수 있는 방법에 대해 알아보기 시작했다. 중소기업연수원에서 제공하고 있는 기술과정 연수를 신청하였다.

■ 기술선택능력 발휘 사례

B는 K건설회사에 입사한 지 2년 차 직원이다. 사수와 함께 신기술 발굴 TF에 참여하고 있다. 경쟁사 및 선두 기업들의 신기술 건설 기법들을 벤치마킹하여 K사에 적용할 수 있는 신기술을 선택해야 한다. 잘하는 기업을 벤치마크(측정기준)로 삼아, 관찰하며 그의 문제해결 방법을 익히는 방법이 후발주자에게는 효율적인 목표달성 방법이다. 그러나 벤치마킹으로는 부족하다. 단순히 관찰하고 모방하는 것만으로는 목표를 달성하기 힘들고 실행이 중요하므로 실행 방안을 마련하기 위해 사수와 함께 보고서를 작성하고 있다.

■ 기술적용능력 발휘 사례

C는 USB 저장 메모리를 생산하는 중소기업 Y사의 2년 차 직원이다. 그는 사수와 함께 USB 저장 메모리를 생산하기 위한 기술 적용 방안에 대한 보고서를 작성하고 있다. 시장 환경, 원재료 가격 등 다양한 여건을 고려해야 해서 다양한 루트를 통해 자료를 수집하여 분석하고 있다. 보고서의 핵심 이슈는 시간은 오래 걸리지만 안정성이 보장되고 견고한 종전의 방법을 그대로 고수할 것인지, 아니면 동종 업계에서 선두를 달리기 위해, 품질은 조금 떨어지지만 시간을 절약하고 대량 생산을 할 수 있는 신기술을 적용할 것인지이다.

● 서류전형

■ 주요 평가 방안

- 업무 수행에 필요한 기술에 대한 이해를 바탕으로 적절한 기술을 선택하여 적용할 수 있는지, 업무 수행에 필요한 기술을 습득하기 위해 적극적으로 노력하는지에 대해 평가한다.

■ 준비 방안

- 특정 과업을 수행하는 데 필요한 기술을 인식하여 기술을 익히기 위해 노력했던 경험을 쌓고 평소 구체적으로 기록해두어야 한다.
- 특정 과업이나 업무를 수행하는 데 적합한 기술을 탐색하여 적용해보는 경험을 쌓고 평소 구체적으로 기록해두어야 한다.
- 보통 팀 프로젝트를 통해 긍정적인 결과를 얻는 경우가 많은데, 그럴 경우 자신의 아이디어와 노력 행동, 기여도 등에 대해서 구체적으로 명시해야 한다.

■ 자기소개서 사례

[자기소개서 문항 1]

> 과업 관련 다양한 지식과 기술을 적용 및 활용하여 과업을 수행했던 경험에 대해 작성해주시기 바랍니다.

- GOOD 사례 ❶

> 전공지식과 경험을 바탕으로 3학년 2학기 때 나노바이오 분야 프로젝트 과제를 성공적으로 수행했던 경험이 있습니다. 주제 선정, 설계, 결과 분석까지 직접 해결해야 하는 전공 과제였습니다. 저는 A식물을 이용하여 센서를 만드는 것을 주제로 선정했습니다. 매일 논문과 서적을 통해 자료를 조사하고, 교수님과 대학원 선배님들의 조언을 바탕으로 센서를 구체화시킬 수 있었습니다. 그 후 의미 있는 결과를 얻기까지 많은 실패와 수정을 거듭했습니다. 특히 얻은 결과에 항상 의문을 가지며 목표한 변수의 제어에 의해서만 달라지는 게 확실한지 여러 대조군과 비교하며 결국 원하는 용액을 검출하는 데 성공하였습니다. 또한 식물이 없을 때보다 낮은 농도까지 검출해 봄으로써 식물의 흡수하는 힘을 이용한 센서를 만드는 것이 가능하다는 결과를 얻을 수 있었습니다. 그 결과, 프로젝트에서도 상위 10% 이내에 들 정도로 우수한 점수를 얻게 되었습니다.

GOOD POINT 과업 관련 지식과 기술을 파악하기 위한 과정, 과업 수행 관련 전공 지식을 적용하는 과정, 그리고 과업 수행 결과에 대해 구체적으로 작성하였다. 특히 필요한 기술에 대한 이해를 바탕으로 기술을 선택 및 적용하여 원하는 결과를 얻은 과정이 잘 드러났다.

• BAD 사례 ❶

대학교 3학년 1학기 때 유기화학을 수강하여 화학 반응 관련 개인 발표에서 우수한 결과를 얻은 경험이 있습니다. 저는 백신과 면역반응에 대한 내용으로 발표를 하였습니다. 주제에 대해 관련 논문 자료와 최근 연구 자료까지 깊게 탐구하여 이를 발표 자료에 녹여낸 결과, 최종 발표에서 발표 내용에 대해 이론에 기초하여 충분히 이해하고 있으며, 이를 전달할 수 있는 능력이 우수하다는 피드백과 함께 가장 우수한 점수를 받게 되었습니다.

BAD POINT 수행 과업 내용 및 결과에 대해서는 구체적으로 작성하였으나 과업의 성공적 완수를 위해 본인이 직접 노력했던 행동과 과업 수행 과정에 대한 내용이 모호하다. 어떤 지식이나 기술을 선택하고 적용했는지가 드러나지 않았다.

[자기소개서 문항 2]

과업 수행에 필요한 지식과 기술을 습득하기 위해 노력했던 경험에 대해 작성해주시기 바랍니다.

• GOOD 사례 ❷

대학교 3학년 때부터 4학년까지 전공 분야와 관련하여 다양한 활동을 했습니다. 심리학에는 다양한 분야가 있는데, 전공과목 수업을 통해 이론만 습득하기 보다는 관련된 실습을 통해 보다 많은 지식과 기술을 습득하고 싶었습니다.
대학교 3학년 때는 임상심리학에 대해 깊이 있게 이해하기 위해 종합병원의 심리진단센터에서 아르바이트를 실시했습니다. 제가 직접 심리진단을 하지는 않았지만 진단 결과를 정리하면서 전공 수업에서 배울 수 없었던 부분에 대해 배울 수 있었습니다. 또한 주말에는 스터디 그룹 선배들과 함께 복지센터 같은 곳을 다니면서 간이 치매검사나 어린이 지능검사를 실제로 실시해보기도 했습니다. 이러한 과정을 통해 심리검사 이론을 적용해보며 심리검사를 실시할 때 필요한 스킬을 향상시킬 수 있었습니다.

대학교 4학년 때는 범죄심리학에 대해 깊이 있게 이해하기 위해 선배들과 함께 범죄심리사 수련과정에 참여했습니다. 범죄심리 관련 교육과정을 이수하고, 경찰서에서 실습을 하기도 했습니다. 경찰서에서 비행청소년들의 재범가능성에 대해 진단하고, 리포트를 작성하여 교수님께 슈퍼비전을 받아 리포트를 수정 보완하였습니다. 이러한 과정을 통해 새로운 심리검사에 대해 배울 수 있었으며, 개인에 대해 진단하고 리포트를 쓰는 방법에 대해 배울 수 있었습니다.

이렇게 노력한 결과, 전공과목 관련하여 보다 심도 있는 지식과 기술을 쌓을 수 있었습니다.

GOOD POINT 전공과목 관련 심도 있는 지식과 기술 습득을 위해 노력했던 측면에 대해 구체적으로 언급하였다. 또한 단기적으로 지식과 기술 습득을 위해 노력한 것이 아니라 2년 이상의 장기적이고 지속적인 노력을 했던 측면이 긍정적으로 평가된다.

• BAD 사례 ❷

전 세계적으로 기후변화로 인한 문제가 심각하고, 국내에는 미세먼지로 인한 환경 문제가 부각되고 있는 상황에서 대기환경 관련 업무의 중요성이 높아지고 있습니다. 이에 저는 대기환경 관련 지식과 기술을 습득하여 대기환경산업기사 자격증을 취득한 경험이 있습니다. 대기환경산업기사를 취득하면 대기오염 물질을 제거 또는 감소시키기 위한 대기오염방지시설을 설계, 시공, 감리하며, 운영하는 업무를 수행할 수 있기 때문입니다.

저는 관련 자격증 취득에서 더 나아가 자격증 취득을 준비하는 후배들에게 제가 알고 있는 지식과 기술을 전달하며 스터디 그룹을 이끌어 가기도 했습니다. 결과적으로 스터디 그룹의 절반 이상이 자격증 취득에 성공할 수 있었습니다.

현재는 대기환경산업 기사에서 더 나아가 대기환경기사 자격증 취득을 위해 노력하고 있습니다.

BAD POINT 대기환경 업무의 중요성, 대기환경산업기사의 주요 업무 등에 대한 내용은 불필요하다. 대기환경 관련 업무에서 필요한 지식과 기술을 쌓기 위해서 구체적으로 어떤 노력을 했는지, 자격증 취득을 위해서 어떤 노력을 했는지에 대해 구체적으로 작성해야 한다. 또한, 스터디 그룹의 자격증 취득 여부는 자기소개서 문항에서 요구했던 '결과'가 아니다. 지식과 기술 습득을 위해 노력했던 행동에 대해 구체적으로 작성해야 한다.

● 면접전형

■ 주요 평가 방안

과업 수행에 필요한 기술적 원리를 파악하여 과업 수행 시 적용 및 활용을 적절히 했던 경험, 다양한 기술이나 프로그램 중 과업 수행에 적합한 기술을 선택했던 경험 등에 대한 질의응답을 통해 기술능력의 수준을 평가한다.

■ 준비 방안

기술능력은 경험면접에서 기술을 익히기 위해 노력했던 경험, 적합한 기술을 탐색하여 적용해보는 경험에 대해 질의응답하며 경험면접을 통해 평가하기도 하지만, 발표면접 과제 수행 과정에서 지원 분야와 관련된 기초 지식 및 기술을 적용하여 해결해 나가는 지를 평가하기도 한다.

지원 직무 분야의 최신 기술 트렌드를 파악하기 위한 노력을 기울여야 하며, 이런 노력을 경험면접에서 표현하고, 발표면접 과제 시 최신 기술 트렌드나 지식을 반영하여 해결할 수 있어야 한다.

■ 경험면접 사례

[면접 질문 1]

> 자신에게 주어진 과업을 수행하기 위해 전문 지식이나 기술을 적용 또는 활용했던 경험에 대해 이야기해 주십시오.

• GOOD 사례 ❶

A. 저는 OLED 디스플레이의 취약점인 Burn-in 현상을 개선하는 프로젝트를 진행한 적이 있습니다. 저는 공정 기술이 아닌 구동 방식에서 디스플레이의 Burn-in 현상을 개선하는 방법을 모색하였습니다.

Q. 언제 있었던 일입니까?

A. 작년 4월, 4학년 1학기 때 있었던 일입니다.

Q. 어떻게 과업을 수행해 나갔습니까?

A. 우선, 저는 다양한 관련 자료들을 탐색하여 문제해결에 핵심적인 기술 정보를 찾기 위해 노력했습니다. 그 결과, 저휘도와 저채도에서의 픽셀수명 연장에 대한 특허

자료와 고휘도와 고채도에서 Object를 검출하는 알고리즘에 대한 자료를 찾을 수 있었습니다. 자료에서 찾은 기술 정보들을 참고하여 실험에 적용해보고, 실험 결과를 분석하여 지속적으로 오류를 수정하고, 보완해 나갔습니다.

GOOD POINT 과업 수행 과정, 과업 수행에 적용했던 기술 원리 등을 구체적으로 이야기하였다.

Q. 다양한 관련 자료들을 탐색하였다고 했는데, 구체적으로 어떻게 했습니까?

A. 제가 원하는 자료를 찾는 게 쉽진 않았습니다. 전공 서적 만으로는 부족함을 느꼈습니다. 관련 분야에 대한 국내 연구 자료뿐만 아니라 해외 연구 자료까지 찾아보았습니다. 학회지나 학위 논문을 찾아보고, 더 나아고 학회지나 학위 논문에 제시되어 있는 참고문헌들도 찾아보았습니다. 관련 분야에 대해 연구하고 있는 대학원생 선배들을 직접 찾아가 조언을 구하거나 이메일을 보내기도 했습니다.

GOOD POINT 과업 수행에 필요한 지식, 기술을 찾기 위해 노력한 측면이 명확히 드러났다.

Q. 과업 수행 과정에서 겪은 어려움이 있다면 이야기해주세요.

A. 모든 화면의 휘도와 채도를 낮출 경우 디스플레이의 화질 자체가 저하되는 문제가 발생할 수 있습니다. 이러한 문제를 해결하는 데 어려움을 겪었습니다.

Q. 그러한 어려움을 해결하기 위해 어떻게 했습니까?

A. 저는 고휘도, 고채도 Object를 찾아내어 휘도, 채도 감소가 적용되도록 했습니다. 또한 장시간 동안 고휘도 고채도의 Object가 포함된 이미지를 틀어놓았을 때, 패널의 잔상이 얼마나 남는지 목시 평가를 진행했습니다.

GOOD POINT 과업수행 과정에서 발생가능한 문제점을 찾고, 문제를 해결할 수 있는 기술 방안을 찾아서 적용한 측면이 드러났다.

Q. 결과는 어땠습니까?

A. 결과적으로 고휘도 고채도 Object를 찾아내어 휘도와 채도를 감소시키도록 설계한 패널이 일반 패널에 비해 확연히 잔상이 적은 것을 확인할 수 있었습니다. 결과적으로 프로젝트는 성공적으로 마무리할 수 있었습니다.

- BAD 사례 **❶**

    A. 3학년 2학기 때 나노소재개론 과목을 수강할 당시, 새로운 나노 구조에 대해 연구하는 조별 과제를 받게 되었습니다. 구조를 먼저 생각해온 후 교수님께 설명을 하고, 통과를 받아야만 전체 학생들 앞에서 발표를 할 수 있었습니다. 함께 참여했던 조원들은 모두 같은 과 동기라 서로 편하게 의견을 주고받으며 과제를 할 수 있었습니다.

    Q. 조별 과제를 해결하기 위해 구체적으로 어떻게 했습니까?

    A. 수업이 끝난 후 자주 모여 서로의 의견을 교환하였고 수업시간에 나온 태양전지와 커켄달 Effect에 주목했습니다. 태양전지의 효율을 위해서는 태양빛을 받는 부분이 많아야 했는데, 커켄달 Effect가 일어나는 과정에서 나노 단위의 다리가 생겨 이 다리가 단면적을 증가시킬 수 있을 거라고 생각했습니다.

    Q. 그러한 생각은 본인이 한 것입니까?

    A. 조 구성원들과 논의를 통해 결론을 내리게 되었습니다.

    > **BAD POINT** 면접 장면에서는 논의를 통해 긍정적인 결론에 도달했던 경험보다는 자신이 제시한 아이디어로 인해 긍정적인 결론에 도달했던 경험에 대해 이야기해야 한다.

    Q. 그러한 결론을 내리는 데 본인은 어떤 아이디어를 제시하였습니까?

    A. 과제 주제와 관련하여 전공 책에 나오는 부분들을 이야기했는데, 구체적으로 생각이 나지 않습니다.

    > **BAD POINT** 해당 답변은 면접위원이 본인이 제시한 의견이 없거나, 의견을 냈다는 것에 대한 진정성에 대해 의문을 가질 수 있다. 본인이 낸 의견에 대해 구체적으로 이야기할 수 있어야 한다. 면접을 준비할 때 자신의 경험 중 자신이 제시한 아이디어, 의견 등에 대해서도 구체적으로 기록해두어야 한다.

    Q. 그 후에는 과업을 어떻게 수행해 나갔습니까?

    A. 발표를 보신 교수님께서 매우 긍정적인 피드백을 주셨습니다.

    > **BAD POINT** 전문성을 발휘하여 과업을 수행했던 과정에 대해서는 지나치게 간단하게 답변하였으며, 그 과정에서 자신의 노력 행동에 대해서는 모호하게 답

변하였다. 과업 수행 과정에 대해서는 단계별로 구체적으로 이야기해야 하며, 그 과정에서 자신이 했던 노력 행동에 대해 강조해야 한다. 또한 결과에 대해 이야기할 때는 '매우 긍정적인'과 같은 모호한 표현보다는 구체적으로 어떤 피드백을 받았는지에 대해 이야기해야 한다.

[면접 질문 2]

> 전문 지식 및 기술을 바탕으로 과업을 수행하여 긍정적인 결과를 얻었던 경험에 대해 이야기해주시기 바랍니다.

• GOOD 사례 ❷

A. 'IoT 스마트 홈 시스템'을 주제로 한 졸업 작품에서 2주 동안 200번이 넘는 끈질긴 디버깅을 통해 문제를 해결하고 성공적으로 제작한 경험이 있습니다.

Q. 졸업 작품을 몇 명이 수행하였고, 본인은 어떤 역할을 맡았습니까?

A. 데이터 송수신을 바탕으로 음성인식과 블루투스를 활용한 앱 개발로 저는 팀원 3명 중에서 전반적인 코딩부분을 담당하였습니다.

Q. 과업 수행을 어떻게 해나갔습니까?

A. 'Android Studio'를 배우기 시작한 상황에서, 앱 제작은 물론 고난도 영역인 아두이노와 스마트폰의 연동을 성공해야 했습니다. 스마트폰과 아두이노가 데이터를 음성인식으로 주고받아 집안의 기능들을 제어하는 것이 시스템의 핵심이었습니다. 음성인식 부분은 스마트폰에서 아두이노로 데이터를 전송하는 것으로 Java 언어를 독학하며 해결해 나갔습니다. 또한 미세먼지 감지기를 제작하여 이에 대한 알림을 스마트폰에서 수신받는 것을 계획했는데, 2주 동안 공부하고 고민했지만 해결이 쉽지 않았습니다. 200회가 넘는 디버깅을 통해 결국 코드를 변경함으로써 문제를 해결했습니다.

GOOD POINT 본인이 적용했던 지식과 기술, 본인이 직접 노력했던 행동을 구체적으로 기술하였다.

Q. 결과는 어땠습니까?

A. 팀원과의 꾸준한 연구로 최종적으로 1주 후 수신까지 성공하였습니다. 프로젝트

시연 날까지 꾸준한 유지보수로 완벽한 시스템을 구축하였고, 결과적으로 성공적인 시연과 발표로 교수님들로부터 긍정적인 평가를 받았으며, 상위 5% 수준의 우수한 성적을 얻게 되었습니다.

GOOD POINT 긍정적인 결과와 관련하여 구체적인 수치로 표현하였다.

• BAD 사례 ❷

A. 기계공작캡스톤디자인 과목을 수강하면서 팀 프로젝트로 감속기를 설계, 제작, 가공 및 조립까지 수행한 적이 있습니다.

Q. 프로젝트 수행 시 어떤 역할을 맡았습니까?

A. 저는 부품 구매 및 제작 의뢰 역할을 맡았습니다. 제품에 필요한 부품 중 실습실에서 가공이 어려운 부품을 업체에 의뢰하고 조립에 필요한 부품을 구매하는 역할이었습니다.

Q. 프로젝트 팀의 과업을 성공적으로 수행하기 위해서 어떻게 하였습니까?

A. 저는 우선 제작회사에 직접 찾아가서 소통했습니다. 처음 갔을 때는 기계요소의 규격과 도면을 갖추지 못한 채로 찾아가 소통이 어려웠고 확실한 도면 없이는 제작이 어렵다는 말을 들었습니다. 이를 해결하기 위해 제작할 부품의 KS규격과 기계제도법을 익혀서 도면을 제시하였습니다. 그 결과 원활하게 제작을 진행할 수 있었습니다. 기계공학적 지식인 규격의 중요성을 알고, 도면을 보는 방법을 이용해 현장에서 소통할 수 있었던 경험이라고 생각합니다.

BAD POINT 과업 수행 과정에서 필요한 지식을 파악하여 적용하고 습득했던 경험을 이야기했으나, 전체 과업을 고려했을 때 단편적인 지식이나 기술에 대해 언급하였다. 본인의 한정적 역할 때문에 단편적인 지식 및 기술이 요구되었을 수도 있다. 이럴 경우 면접위원은 유사한 다른 경험에 대한 질문을 한다.

Q. 그 외 자신의 지식이나 기술을 활용하여 과업을 수행했던 경험에 대해 이야기해주시기 바랍니다.

A. 학과에서 진행하는 팀 프로젝트에서는 대부분 전공 과목 관련 지식이나 스킬을 적용해서 진행했습니다.

BAD POINT 지나치게 포괄적으로 답변하였다.

Q. 최근에 수행했던 팀 프로젝트 중 전공 지식이나 스킬을 최대한 발휘하여 좋은 성과를 냈던 경험에 대해 이야기해주시기 바랍니다.

A. 죄송합니다, 지금 당장 생각나지 않습니다.

BAD POINT 유사한 다른 경험에 대해 추가적으로 요구했으나, 답변하지 못하였다. 면접위원이 유사한 다른 경험을 추가적으로 요구하는 경우는

- 첫째, 지원자가 평가역량과 관련성이 적은 경험에 대해 답변했을 때
- 둘째, 평가 기준과 관련된 증거가 충분히 드러나지 않았을 때
- 셋째, 일회성에 그친 경험, 단 한번의 최고의 경험이라고 느껴졌을 때이다.

보다 높은 수준으로 평가받기 위해서는 추가적인 경험에 대한 질문에 답변할 수 있어야 한다.

면접 장면에서 긴장하여 답변을 못하는 경우가 많다. 직업기초능력별 관련 경험을 지속적으로 기록하여 직업기초능력별 2~3개의 경험에 대해 이야기 할 수 있어야 한다.

1 기술이해능력

● **학습모듈**

① **기술시스템과 기술혁신**

빠르게 변화하는 모든 기술을 다 알고 있어야 할 필요는 없으며, 가장 기본이 되는 기술의 원리나 절차, 그리고 기술의 시스템을 알고 있는 것이 더욱 중요하다. 모든 기술에 공통으로 해당하는 기술의 원리와 절차를 이해하는 것은 기술을 전문적으로 연구하는 전문가에게도 힘든 일이다. 모든 기술에 공통적으로 해당하는 특성이라고 볼 수 있는 기술시스템(technological system)에 대해 이해하는 것이 중요하다.

- **기술시스템(technological system)의 의미**
  - 미국의 기술사학자 휴즈(Thomas Hughes)가 주장한 개념
  - 개별 기술이 네트워크로 결합하여 기술시스템 구축
  - 인공물의 집합체만이 아니라 회사, 투자회사, 법적 제도, 정치, 과학, 자연자원 모두 포함
  - 사회기술시스템(sociotechnical system) : 기술적인 것(the technical)과 사회적인 것(the social)이 결합하여 공존

- **기술시스템(technological system)의 발전 단계**
  - 1단계 발명, 개발, 혁신 : 기술시스템의 탄생 및 성장, 시스템 디자인 및 초기 발전 추진하는 기술자들의 역할 중요
  - 2단계 기술 이전 : 성공적인 기술이 다른 지역으로 이동, 1단계와 같이 기술자들의 역할 중요
  - 3단계 기술 경쟁 : 기술시스템 사이의 경쟁 발생, 기업가들의 역할 중요
  - 4단계 기술 공고화 : 경쟁에서 승리한 기술시스템의 관성화, 자문 엔지니어와 금융 전문가의 역할 중요

■ **기술혁신의 특성**

• 매우 불확실하고 장기간의 시간 소요

- 기술개발의 목표, 일정, 비용 지출, 수익 등에 대한 사전계획 수립의 어려움 : 새로운 기술개발 아이디어의 원천이나 신제품에 대한 소비자의 수요, 기술개발의 결과 등 예측의 어려움

- 사전 의도나 계획보다는 우연에 의한 혁신도 다수 발생

- 기술개발에 대한 기업의 투자가 가시적인 성과로 나타나기까지 비교적 장기간 소요

• 지식 집약적 활동

- 기술개발 참가 엔지니어의 지식을 문서화하기 어려워 다른 사람으로의 전파 어려움

- 연구개발에 참가한 연구원과 엔지니어가 기업을 떠나는 경우, 기술과 지식의 손실 발생, 기술개발 지속이 불가한 경우가 종종 발생

• 혁신 과정의 불확실성과 모호함으로 인한 기업 내 논쟁과 갈등의 유발

- 기업의 기존 조직 운영 절차나 제품구성, 생산방식, 나아가 조직의 권력구조 자체에도 새로운 변화를 야기함으로써 조직의 이해관계자 간의 갈등 발생

- 조직 내 이익을 보는 집단과 손해를 보는 집단 간 기술개발 대안에 대한 상호대립 및 충돌 발생

• 조직의 경계를 넘나드는 특성

- 연구개발 부서 단독 수행 불가

- 새로운 제품에 관한 아이디어는 마케팅 부서를 통해 고객으로부터 수집

- 구매 부서를 통해 원재료나 설비 공급업체로부터 수집 가능

- 기술개발 과정에서 생산부서나 품질관리 담당자 혹은 외부 전문가들의 자문 필요

- 기술혁신의 상호의존성 : 하나의 기술이 개발되면 그 기술이 다른 기술개발에 영향

■ **기술혁신의 과정과 역할**

아이디어 단계에서부터 시작하여 상업화 단계에 이르기까지 기술혁신의 전 과정이 성공적으로 수행되기 위해서는 혁신에 참여하는 핵심 인력들이 다음의 다섯 가지 핵심 역할을 수행해야 한다.

기술혁신 과정	혁신 활동	필요한 자질과 능력
아이디어 창안 (idea generation)	• 아이디어 창출 및 가능성 검증 • 업무 수행의 새로운 방법 고안 • 혁신적인 진보 방안 탐색	• 각 분야의 전문지식 • 추상화와 개념화 능력 • 새로운 분야의 일을 즐김
챔피언 (entrepreneuring or championing)	• 아이디어의 전파 • 혁신을 위한 자원 확보 • 아이디어 실현을 위한 헌신	• 정력적 • 위험 감수 • 아이디어 응용에 관심
프로젝트 관리 (project leading)	• 리더십 발휘 • 프로젝트 기획 및 조직 • 프로젝트의 효과적인 진행 감독	• 의사결정 능력 • 업무 수행 방법 관련 지식
정보 수문장 (gate keeping)	• 내부 구성원들에게 조직 외부 정보 전달 • 조직 내 정보원 기능	• 높은 수준의 기술적 역량 • 원만한 대인관계능력
후원 (sponsoring or coaching)	• 혁신에 대한 격려와 안내 • 불필요한 제약으로부터 프로젝트 보호 • 혁신에 대한 자원 획득 지원	• 조직 주요 의사결정에 대한 영향력

② **실패한 기술이 우리 사회에 미치는 영향**

기술은 새로운 발명과 혁신을 통해 우리 삶을 윤택하게 바꾸지만, 전에는 유례없던 규모로 사람을 살상하고, 환경을 오염시키고, 새로운 위험과 불확실성을 만들어 내고, 기타 각종 범죄의 도구로 사용되기도 한다.

■ **실패의 속성**

• 어떻게든 감추려는 속성

• 전달되는 과정에서 항상 축소 발생

• 실패를 비난, 추궁할수록 더 큰 실패 유발

• 실패 정보는 모으는 것보다 고르는 것이 더 중요

• 좁게 보면 성공이지만 전체를 보면 실패일 가능성 존재

■ **실패의 원인**

• 일을 하는 과정에서 어쩔 수 없이 일어나거나 직면하게 되는 원인

- 태만이나 고의적 부정처럼 의도적인 행위에 의한 원인
- '실패학' 제창 학자 하타무라 요타로의 실패 10요인 : 무지, 부주의, 차례 미준수, 오만, 조사 및 검토 부족, 조건의 변화, 기획 불량, 가치관 불량, 조직운영 불량, 미지

■ **실패에 대한 바람직한 태도**

- 성공과 실패의 경계를 유동적인 것으로 만들어, 실패의 영역에서 성공의 영역으로 자신의 기술 이동
- 개개인은 연구 개발과 같이 지식을 획득하는 과정에서 항상 실패를 겪으며, 이러한 실패는 용서받을 수 있고, 오히려 바람직한 실패라는 인식
- 실패를 은폐하거나 과거의 실패를 반복하는 것은 어떤 의미에서도 바람직하지 않다는 인식

③ 미래의 유망 기술

미래학자, 과학기술자, 경제학자, 정치인, 사업가 등 각 분야의 전문가들은 학문적 배경이나 활동 분야에 따라 다양한 용어로 미래 사회를 규명하고 있다. 미래 사회는 과학기술, 혹은 첨단기술이 중심이 되는 첨단산업사회가 될 것이다.

■ **전기전자정보공학분야 : 지능형 로봇 분야**

- 기술 개념
  - 기술혁신과 사회적 패러다임의 변화에 따라 인간 공존, 삶의 질 향상을 이룩하기 위한 새로운 '지능형 로봇'의 개념 등장.
  - 최근 IT기술의 융복합화와 지능화 추세에 따라 점차 네트워크를 통한 로봇의 기능 분산, 가상 공간 내에서의 동작 등 IT와 융합한 '네트워크 기반 로봇'의 개념 포함
- 장점
  - 인간과 로봇이 자연스럽게 서로를 인지하고 정서적으로 공감하며 상호작용 가능
  - 로봇은 인간과 함께 살아가는 동반자적 역할
- 성장 잠재력
  - 산업적 측면에서 지능형 로봇 분야는 자동차 산업 규모 이상의 성장 잠재력 보유
  - 기술혁신과 신규투자가 유망한 신산업
- 전망
  - 일본이 산업형 로봇 시장을 주도하였다면, IT기술이 접목되는 지능형 로봇은 우리나라가 주도하기 위하여, 국가 발전 전략에 따라 국가 성장 동력산업으로 육성

- 타 분야에 대한 기술적 파급 효과가 큰 첨단 기술의 복합체인 지능형 로봇은 소득 2만 달러 시대를 선도할 미래 유망산업으로 발전 가능

■ **기계공학분야 : 친환경 자동차 기술**

• 기술 개념

- CO_2로 인한 환경오염을 방지하고, 화석연료의 고갈에 대비하여 새로운 대체에너지원을 찾고자 하는 기술

- 친환경 자동차 기술 중 대표적인 것이 하이브리드 기술과 연료전지 기술

  ✓ 하이브리드 자동차 기술 : 엔진과 전기모터를 상황에 따라 효율적으로 사용하는 기술. 출발이나 가속을 하는 큰 힘이 필요할 때에는 엔진과 모터를 동시에 사용하고, 감속 시에는 모터의 동력이 되는 배터리를 충전하여 출발이나 저속주행에 사용

  ✓ 연료전지 기술 : 오직 모터만 사용. 즉, 모터의 동력이 연료전지의 전기에너지이며, 차량에 적재된 수소와 외부 공기를 통해 유입되는 산소를 이용하여 전기에너지를 생성하기 때문에 연료전지를 이용할 때 나오는 배기가스는 수증기뿐임

- 장점

  ✓ 오염물질 미배출

  ✓ 하이브리드 기술 사용 시 가솔린 엔진 차량 대비 50~80% 연비 향상 가능

- 제약점 : 수소탱크의 적재는 폭발의 위험과 대량생성의 제한성

- 전망 : 2030년경에는 점차 하이브리드나 연료전지 자동차가 전체 시장의 주류

■ **건설환경공학분야 : 지속가능한 건축 시스템 기술**

• 기술 개념

- 건축 산업은 총 CO_2 배출량의 36%를 차지하며, 이중 1/3은 건물의 신축과 개·보수가 차지

- 지속가능한 건축시스템 기술을 통해 생산업 활동을 위축시키지 않고 효율적으로 CO_2 배출량 감소 구현 가능

• 기술 방안

- 에너지 소비가 적고, 폐기물 물량이 적은 재료 및 공법의 사용

- 건축물의 수명을 장수명화하는 내구성 설계

- 철거 건축물의 재사용 및 재이용이 가능하게 하는 모듈화 및 유닛화 설계 등

- 장점

  - 건축물의 구조 성능 향상, 리모델링 용이

  - 건물 해체 시 구조부재 재사용 가능하여 친환경적이고 에너지 절약이 가능한 건축 구현 가능

■ 화학생명공학분야 : 나노의학 기술

- 혈관 청소용 나노로봇

  - 각 개인의 유전적 특징을 고려한 맞춤 의학 및 신약 개발을 가능하게 하거나 질병을 효과적으로 치료 가능

  - 2020년 이른바 나노미터(nm: 10억분의 1m) 크기의 '혈관 청소용 나노로봇' 등장

  - 자동차 정비공이 수리하듯이 사람의 몸속 혈관에서 깨끗이 청소하고 손상된 부위 수리

- 나노 캡슐

  - 몸 안을 헤엄치고 다니다가 특정 질병의 바이러스를 만나면 약물을 내보내 물리치는 스마트약

  - 기존의 항암제는 암세포뿐만 아니라 정상세포에 대해서도 강한 독성을 나타내지만 나노 캡슐은 암세포에만 선택적 작용

  - 이 같은 약물 전달로 부작용을 최소화시키고 그 효능과 효과 극대화

- 바이오칩

  - 2025년경에 등장하는 알약 형태의 '바이오칩'은 각 가정에 의료 서비스 제공

  - 건강 상태를 체크해 무선으로 병원에 검사 결과를 전송

  - 장기가 노화되어 더 이상 구실을 못한다고 판단되면, 자신의 줄기세포를 가지고 배양한 새 장기로 대체 가능

● 필기전형

■ NCS 직업기초능력 평가 문항 예시 및 해설

직업기초능력명 : 기술능력
하위영역명 : 기술이해능력(모듈형)

1 다음 기고문은 어떤 개념을 설명하고 있다. 해당 개념이 일련의 단계를 거쳐 진화해가는 과정에 대한 설명으로 옳지 <u>않은</u> 것은 무엇인가?

〈기술과 사회를 바라보는 관점 : A이론을 중심으로〉

A이론은 기술변화와 관련된 대표적인 시스템 접근으로 언급된다. 미국의 기술사학자 토머스 휴즈(Thomas Hughes)가 주장한 그 개념은 과학기술사와 과학기술사회학에서 오랫동안 사용되고 있다. 특히 구성요소들이 유기적으로 연결되어 있다는 점, 전체가 부분의 합 이상의 의미를 가진다는 점이 중요하다. 왜냐하면 A를 구성하는 각 요소는 다른 요소들과 상호작용하면서 시스템 전체의 작동에 기여하기 때문이다. 예를 들어, 전력시스템에서 저항이 변하면 그에 따라 발전, 송전, 배전에 필요한 구성요소들 또한 바뀌게 된다.

---

① A에는 기술적인 것뿐만 아니라 사회적인 것이 결합해서 공존한다.
② 초기 발전 단계에는 발명, 개발, 혁신이 나타난다.
③ 중기 발전 단계에는 성공적인 기술이 특정 지역에서만 독점된다.
④ 후기 발전 단계에는 경쟁에서 승리한 A의 관성화와 보급이 일어난다.
⑤ 각 발전 단계에서 핵심적인 역할을 하는 사람들은 다르다.

출제의도 기술시스템의 의미에 근거하여 발전 단계별 특징을 이해하고 있는지를 평가하고자 하였다.

정답 ③

해설 중기 발전 단계에는 성공적인 기술이 다른 지역으로 이동하는 기술 이전이 나타난다.

직업기초능력명 : 기술능력
하위영역명 : 기술이해능력(PSAT형)

2 B기업은 최근 기술혁신을 위해 타운홀 미팅을 진행했다. 아래의 대화를 참고하여 현재 요구되는 기술혁신 과정과 적합한 인물이 올바르게 짝지어진 것은 무엇인가?

- 김 부장 : 국내 농업과 농촌이 고령화와 기후변화라는 도전을 맞고 있습니다. 이러한 위기를 또 다른 기회로 만들 수 있는 기술혁신은 이제 선택이 아닌 필수입니다. 우리 회사는 무엇보다도 혁신을 위한 자원 확보가 시급한 상황입니다.
- 박 사원 : 김 부장님, 저는 빅데이터를 활용하여 새로운 아이디어를 창출하고 가능성을 검증하는 능력이 있습니다.
- 이 대리 : 괜찮은 아이디어를 실현하고 다양하게 응용시키는 것도 중요한 것 같아요. 사내외에 아이디어를 전파하는 데 힘쓰겠습니다.
- 안 차장 : 좋은 생각이네요. 저는 팀원들의 능력과 의견을 종합적으로 고려하여 중간중간 의사결정할 때, 효과적인 리더십을 발휘할게요.
- 최 과장 : 음, 저는 업무 제휴 중인 다른 회사와 적극적으로 커뮤니케이션하여 참고할 만한 유용한 내용을 골라서 공유하겠습니다.
- 유 대리 : 어떻게 하면 일을 더 효율적으로 수행할 수 있을지 새로운 방법을 다양하게 고민해보겠습니다.

기술혁신 과정	인물
① 아이디어 창안	박 사원
② 챔피언	이 대리
③ 프로젝트 관리	안 차장
④ 정보 수문장	최 과장
⑤ 후원	유 대리

출제 의도 주어진 자료와 기술혁신의 특성에 근거하여 필요한 기술혁신의 과정과 인물을 판단할 수 있는지를 평가하고자 하였다.

정답 ②

해설 현재 B기업은 아이디어의 전파, 혁신을 위한 자원 확보, 아이디어 실현을 위한 헌신의 혁신 활동이 중점적으로 수행되어야 한다. 이를 위해 챔피언(Entrepreneuring or Championing) 기술혁신 과정이 요구되며, 해당 역할을 잘 수행할 수 있는 이 대리가 가장 적합하다.

● 자가진단

■ 진단 체크리스트

각 문항과 관련하여 자신의 행동 수준, 강도에 따라 평정하여 주시기 바랍니다.

문항	매우 미흡	미흡	보통	우수	매우 우수
1. 나는 기술의 원리와 절차, 그리고 기술시스템에 대해 설명할 수 있다	1	2	3	4	5
2. 나는 업무 수행 시 필요한 기술에 대해 이해하고 있다	1	2	3	4	5
3. 나는 기술의 변화와 미래에 요구되는 기술을 설명할 수 있다	1	2	3	4	5
4. 나는 일을 하는 상황에 필요한 기술을 활용한 후 어떠한 결과가 나타날지 예측할 수 있다	1	2	3	4	5
5. 나는 일에 필요한 기술을 적용할 때 자원과 시간, 비용 등의 제반 여건을 파악할 수 있다	1	2	3	4	5

■ 평정 결과

- 평균 3.0점 미만 : 기술이해능력을 발휘하는데 다소 어려움이 예상된다. 지원 직무 분야와 관련된 다양한 기술에 대한 지식 습득을 위한 노력이 필요하다.

- 평균 3.0점 이상~3.5점 미만 : 기술이해능력을 보유하고 있으나, 난이도 높은 업무 수행 시 어려움이 예상된다. 일정한 추가 보수 교육이 필요하다.

- 평균 3.5점 이상~4.0점 미만 : 기술이해능력을 발휘할 수 있으나, 보다 우수한 수준의 기술이해능력을 발휘하기 위해서는 약점 중심으로 개발해 나가야 한다.

- 평균 4.0점 이상 : 업무 수행 시 효과적으로 기술이해능력을 발휘할 수 있다.

2 기술선택능력

● 학습모듈

① 기술선택 및 벤치마킹 방법

시장상황 및 고객반응, 비용, 위험부담 등 여러 가지 요소를 고려하고 기술을 선택하여야 성공확률을 높일 수 있다. 기술을 선택할 때 어떠한 사항들을 고려해야 할지 알아야 하며, 도입하고자 하는 기술을 그대로 받아들이는 것보다는 내 업무에 맞고, 자신의 회사에 맞는 기술로 변형하여 재창조하는 벤치마킹을 할 필요가 있다.

■ 기술선택의 의미

- 어떤 기술을 외부로부터 도입하거나 자체 개발하여 활용할 것인가를 결정하는 것
- 주어진 시간과 자원의 제약하에서 선택 가능한 대안들 중 최적이 아닌 최선의 대안을 선택하는 합리적 의사결정 추구

■ 기술선택 의사결정 방식

구분	상향식 기술선택 (bottom up approach)	하향식 기술선택 (top down approach)
의미	• 기업 전체 차원에서 필요한 기술에 대한 체계적 분석이나 검토 없이 연구자나 엔지니어들이 자율적으로 기술선택	• 기술경영진과 기술기획 담당자들에 의한 체계적 분석을 통해 기업이 획득해야 하는 대상기술과 목표기술 수준 결정
특징	• 기술개발자들의 흥미를 유발하고, 창의적인 아이디어 활용 • 기술자들이 지식과 흥미만을 고려하여 기술을 선택할 경우 고객수요 및 서비스 개발에 부적합하거나, 기업 간 경쟁에서 승리할 수 없는 기술이 선택	• 기업이 직면한 외부 환경과 보유 자원의 분석을 통해 중장기적인 목표 설정 • 목표를 달성하기 위해 필요한 핵심고객층과 그들에게 제공하는 제품 및 서비스 결정 • 그 다음으로는 사업전략의 성공적인 수행을 위해 필요한 기술들을 열거하고, 각각의 기술에 대한 획득의 우선순위를 결정

■ **기술선택을 위한 우선순위 결정**

- 제품의 성능이나 원가에 미치는 영향력이 큰 기술

- 기술을 활용한 제품의 매출과 이익 창출 잠재력이 큰 기술

- 쉽게 구할 수 없는 기술

- 기업 간 모방이 어려운 기술

- 기업이 생산하는 제품 및 서비스에 보다 광범위하게 활용할 수 있는 기술

- 최신 기술로 진부화될 가능성이 적은 기술

■ **기술선택 절차**

- 1단계 환경 분석

  - 외부 환경 : 수요변화 및 경쟁자변화, 기술변화 등 분석

  - 내부 역량 : 기술능력, 생산능력, 마케팅·영업 능력, 재무능력 등 분석

- 2단계 중장기 사업 목표 설정 : 기업의 장기 비전, 중장기 매출 목표 및 이익 목표 설정

- 3단계 사업 전략 수립 : 사업영역 결정, 경쟁우위 확보 방안 수립

- 4단계 요구기술 분석 : 제품의 설계·디자인 기술, 제품의 생산공정, 원재료·부품 제조 기술 분석

- 5단계 기술전략 수립 : 핵심 기술의 선택, 기술 획득 방법 결정

■ **벤치마킹**

새로운 기술을 선택하는 경우, 종종 벤치마킹을 통해 기술을 외부로부터 받아들인다. 벤치마킹은 외부로부터 단순히 기술을 받아들이는 것이 아니라, 자신의 환경에 적합한 기술로 새롭게 재창조하는 것이다.

- 벤치마킹 의미

  - 특정 분야에서 뛰어난 업체나 상품, 기술, 경영방식 등을 배워 합법적으로 응용하는 것

  - 단순한 모방과는 달리 우수한 기업이나 성공한 상품, 기술, 경영 방식 등의 장점을 충분히 배우고 익힌 후 자사의 환경에 맞추어 재창조하는 것

- 벤치마킹 종류
  - 비교 대상에 따른 분류

구분	내부 벤치마킹	경쟁적 벤치마킹	비경쟁적 벤치마킹	글로벌 벤치마킹
비교 대상	같은 기업 내 다른 지역, 타 부서, 국가	동일 업종에서 고객을 직접적으로 공유하는 경쟁기업	제품, 서비스 및 프로세스 단위 분야에 있어 가장 우수한 비경쟁적 기업	프로세스에 있어서 최고로 우수한 성과를 보유한 동일 업종의 비경쟁적 기업
장점	자료 수집이 용이하며, 다각화된 우량기업의 경우 효과가 큼	경영 성과와 관련된 정보 입수가 가능하며, 업무·기술에 대한 비교 가능함	혁신적인 아이디어의 창출 가능성 높음	접근 및 자료 수집이 용이하고, 비교 가능한 업무·기술 습득이 상대적으로 용이함
단점	관점이 제한적일 수 있고 편중된 내부 시각에 대한 우려가 있음	윤리적인 문제가 발생할 소지가 있으며, 대상의 적대적 태도로 인해 자료 수집이 어려움	다른 환경의 사례를 가공하지 않고 적용할 경우 효과를 보지 못할 가능성이 높음	문화 및 제도적인 차이로 발생되는 효과에 대한 검토가 없을 경우, 잘못된 분석결과가 발생할 가능성이 높음

  - 수행 방식에 따른 분류

구분	직접적 벤치마킹	간접적 벤치마킹
수행 방식	벤치마킹 대상을 직접 방문하여 벤치마킹 수행	인터넷 및 문서형태의 자료를 통해 벤치마킹 수행
장점	직접 접촉하여 자료를 입수하고 조사하기 때문에, 정보의 정확성이 높고 지속적으로 정보 수집 및 조사 가능	벤치마킹 대상의 수에 제한이 없고 다양하며, 비용 또는 시간적 측면에서 상대적으로 많은 절감 가능
단점	벤치마킹 대상 선정이 어렵고 수행 비용 및 시간 과다 소요	벤치마킹 결과가 피상적이며 정확한 자료의 확보와 핵심 자료 수집이 상대적으로 어려움

② 매뉴얼의 이용 방법

우리가 일 경험에서 필요한 기술을 선택하고 적용하는 데 있어 가장 기본적으로 활용하는 것이 매뉴얼이다.

■ **매뉴얼의 의미**

- 영어 매뉴얼(manual)의 의미 : 자동차의 수동식 변속기어
- 사전적인 의미 : 어떤 기계의 조작 방법을 설명해 놓은 사용 지침서, 즉 사용서, 설명서, 편람, 안내서를 의미
- 군대에서의 의미 : 교범(敎範)

■ **매뉴얼의 종류**

- 제품 매뉴얼
    - 사용자를 위해 제품의 특징이나 기능 설명, 사용 방법과 고장 조치 방법, 유지 보수 및 A/S, 폐기까지 제품에 관련된 모든 서비스에 대해 소비자가 알아야 할 모든 정보 제공
    - 제품 사용자의 유형과 사용 능력을 파악하고 혹시 모를 오작동까지 고려하여 작성
    - 제품의 의도된 안전한 사용과 사용 중 해야 할 일 또는 하지 말아야 할 일 정의
- 업무 매뉴얼
    - 어떤 일의 진행 방식, 지켜야 할 규칙, 관리상의 절차 등을 일관성 있게 여러 사람이 보고 따라 할 수 있도록 표준화하여 설명하는 지침서

■ **매뉴얼 작성 Tip**

- 정확한 내용 작성하기
    - 가능한 한 단순하고 간결해야 하며 비전문가도 쉽게 이해할 수 있게 서술
    - 애매모호한 단어 사용 금지. 특히, 추측성 기능 설명은 문장을 애매모호하게 만들 뿐만 아니라 사용자에게 사고를 유발시켜 신체적 재산적 손실 유발
- 알기 쉬운 문장 사용하기
    - 한 문장은 통상 단 하나의 명령, 또는 밀접하게 관련된 몇 가지 명령만 포함
    - 의미 전달을 명확하게 하기 위해서는 수동태보다는 능동태의 동사 사용
    - 명령을 사용함에 있어서 약한 표현보다는 단정적 표현 사용
    - 추상적 명사보다는 행위 동사 사용

- 사용자에 대해 심리적 배려하기
  - "어디서? 누가? 무엇을? 언제? 어떻게? 왜?"라는 사용자의 질문들을 예상하고 사용자에게 답을 제공
  - 사용자가 한 번 본 후 더 이상 매뉴얼이 필요하지 않고 빨리 외울 수 있도록 배려
- 필요 정보 탐색 쉽게 하기
  - 사용자가 필요한 정보를 빠르고 쉽게 찾도록 구성
  - 사용자가 원하는 정보의 위치를 파악할 수 있도록 짧고 의미 있는 제목과 비고 (note) 사용
- 매뉴얼을 쉽게 사용할 수 있도록 형태 구성하기
  - 사용자가 보기 불편하게 크거나 혹은 작거나, 복잡한 구조의 일부 전자 매뉴얼처럼 접근하기 힘들다면 무용지물
  - 매뉴얼 제작 형태에 따라 매뉴얼 사용의 용이성 차이 발생

③ 기술을 보호할 수 있는 방법

기술은 발명의 과정을 거쳐 지금까지 세상에 없던 것을 처음 만들어내는 지적 활동을 수행한다. 특히 산업 활동에서 이러한 지적 활동으로부터 발생하는 다양한 산업재산권에 대한 권리와 그에 따른 제반 재산권 보호를 받는 방법에 대해 알아야 한다.

- **지식재산권의 의미, 특징, 분류**
  - 지식재산권의 의미
    - 지적소유권
    - 인간의 창조적 활동 또는 경험 등을 통해 창출하거나 발견한 지식·정보·기술이나 표현, 표시 그 밖에 무형적인 것으로서 재산적 가치가 실현될 수 있는 지적 창작물에 부여된 권리
  - 지식재산권의 특징
    - 국가 산업발전 및 경쟁력을 결정짓는 산업자본 : 선진국은 지식재산권, 특히 산업재산권을 많이 확보하여 타인에게 실시 사용권을 설정하거나 권리 자체를 양도하여 판매수입이나 로열티 제공
    - 눈에 보이지 않는 무형의 재산 : 실체가 없는 기술상품으로서 상품과 같은 물체가 아니라 수출·입이 자유로워 국경 이동을 통한 세계적인 상품으로 전파

- 지식재산권을 활용한 다국적기업화 : 각국 경제의 상호관계를 긴밀하게 하여 기술 제휴 등의 협력을 기반으로 국가 간 장벽을 허물어 세계화 촉진
- 연쇄적 기술개발 촉진 계기를 마련 : 기술개발 결과에 대해 독점적 권리 보장, 특허를 통한 기술개발의 성과가 알려지면서 더 나은 기술개발 촉진

- 지식재산권의 분류
  - 산업분야의 창작물과 관련된 산업재산권

구분	내용
특허권	기술적 창작인 원천 핵심 기술(대발명)
실용신안권	Life-Cycle이 짧고 실용적인 주변 개량 기술(소발명)
의장권	심미감을 느낄 수 있는 물품의 형상, 모양
상표권	타 상품과 식별할 수 있는 기호, 문자, 도형

  - 문화예술분야의 창작물과 관련된 저작권

구분	내용
협의저작권	문학, 예술분야 창작물
저작인접권	실연, 음반제작자, 방송사업자 권리

  - 반도체 배치설계나 온라인디지털콘텐츠와 같이 경제·사회·문화의 변화나 과학기술의 발전에 따라 새로운 분야에서 출현하는 신지식 재산권

구분	내용
첨단산업저작권	반도체 집적회로배치설계, 생명공학, 식물신품종
산업저작권	컴퓨터프로그램, 인공지능, 데이터베이스
정보재산권	영업비밀, 멀티미디어, 뉴미디어 등

- **산업재산권의 의미와 분류**
  - 산업재산권의 의미
    - 특허권, 실용신안권, 의장권 및 상표권을 총칭하며 산업 활동과 관련된 사람의 정신적 창작물(연구결과)이나 창작된 방법에 대해 인정하는 독점적 권리
    - 새로운 발명과 고안에 대하여 그 창작자에게 일정 기간 동안 독점 배타적인 권리를 부여하는 대신 이를 일반에게 공개

– 일정 존속기간이 지나면 이용·실시하도록 함으로써 기술진보와 산업발전 추구
* 산업재산권의 분류

분류	특징
특허	• 발명한 사람이 발명한 기술을 독점적으로 사용할 수 있는 권리 • 대발명의 권리를 확보하는 것 (*발명 : 자연법칙을 이용한 기술적 사상(idea)의 창작으로서 기술 수준이 높은 것) • 설정등록일 후 출원일로부터 20년 간 권리 인정 • 특허 제도 목적은 발명을 보호, 장려하고 그 이용을 도모함으로써 기술의 발전 촉진하여 산업발전에 이바지하는 것 • 특허 요건 : 발명 성립, 산업상 이용 가능, 새로운 것으로 진보적인 발명, 법적으로 특허를 받을 수 없는 사유에 해당되지 않는 것
실용신안	• 기술적 창작 수준이 소발명 정도인 실용적인 창작(고안)을 보호하기 위한 제도 • 보호 대상은 특허제도와 다소 다르나 전체적으로 특허제도와 유사한 제도 • 실용신안의 대상은 발명처럼 고도하지 않은 것으로 물품의 형상, 구조 및 조합 • 실용신안권은 등록일로부터 출원 후 10년
의장	• 심미성을 가진 고안으로서 물품의 외관에 미적인 감각을 느낄 수 있게 하는 것 • 물품 자체에 표현되는 것으로 물품을 떠나서는 존재 불가 • 물품이 다르면 동일한 형상의 디자인이라 하더라도 별개의 의장 • 의류나 문구류 등 패션제품, 자동차 등 다양한 영역 • 의장의 보호기간은 설정등록일로부터 15년
상표	• 상표는 제조회사가 자사제품의 신용을 유지하기 위해 제품이나 포장 등에 표시하는 표장으로서의 상호나 마크 • 우수한 상표의 선택과 관리가 때때로 광고보다 큰 효과 • 상표의 배타적 권리보장 기간은 등록 후 10년

● 필기전형

■ NCS 직업기초능력 평가 문항 예시 및 해설

> 직업기초능력명 : 기술능력
> 하위영역명 : 기술선택능력(모듈형)

1 기업은 특정 기술의 선택을 위해 우선순위를 결정해야 한다. 아래 사례에서 검토하고 있는 요인에 대하여 옳게 발언한 것은 무엇인가?

[#1 사례]

A기업은 국내를 넘어 해외 업계 1위로 도약하기 위해 현재 신기술 채택이 시급한 상황이다. 해당 기술은 A기업의 독보적 원천기술을 근간으로 하므로 다른 경쟁사들이 쉽게 따라 할 수 없는 기술이다. 그러나 최종 개발과 상용화를 위해서는 향후 투자해야 하는 기간이 불확실하며 비용이 상당한 것으로 분석되었다.

[#2 사례]

B기업은 현행 공정 단계를 간단하게 하는 기술을 개발하고 있다. 이후 안정화 과정을 통과하면 해당 기술을 기존 출시 제품 전반에 탑재하는 등 다양하게 활용할 계획이다. 이러한 일원화 시스템은 최근 국내외 대부분 업체에서 선택할 것으로 예상되며, 범용성과 효율성 모두 최대 보완하여 내년 국내 가전부문 시장 점유율 1위를 목표로 한다고 밝혔다.

---

① A기업의 기술은 제품의 매출과 이익 창출 잠재력이 큰 기술로 보여.
② B기업의 기술은 쉽게 구할 수 없는 기술이라고 할 수 있어.
③ A, B기업의 기술 모두 기업이 생산하는 제품과 서비스에 광범위하게 활용이 가능한 기술로 보여.
④ A기업의 기술은 기업 간에 모방이 어려운 기술로 보여.
⑤ B기업의 기술은 진부화될 가능성이 적은 최신 기술이군.

출제 의도 기술선택의 의미에 근거하여 기술선택을 위한 우선순위 결정을 분별할 수 있는지를 평가하고자 하였다.

정답 ④

해설 A기업의 기술은 쉽게 구할 수 없고, 기업 간에 모방이 어려운 기술이다. B기업의 기술은 생산하는 제품과 서비스에 광범위하게 활용이 가능한 기술이다.

직업기초능력명 : 기술능력
하위영역명 : 기술선택능력(PSAT형)

2 아래 사례에서 C기업이 앞으로 수행할 기술선택의 방법에 해당하는 설명을 모두 고른 것은 무엇인가?

> 국내 금융업체인 C기업은 최근 싱가폴 출장 중 현지 우수 금융업체에서 제공하고 있는 서비스를 접했다. 디지털 기기에 익숙한 MZ세대를 공략할 수 있는 모바일 서비스로서 사용자 수와 만족도가 상당한 것으로 확인되었다. 특히, 송금 시 기존 소셜 메시징 플랫폼을 그대로 활용하여 별도로 추가 설치할 필요가 없어 편리하며, 사진과 동영상 등 멀티미디어 메시지를 포함할 수 있다는 장점이 있다. 이에 C기업은 경쟁력 강화를 위해 해당 기업의 담당자들을 지속적으로 만나며 국내 실정에 맞게 적용할 수 있는 방안을 마련하고자 한다.

> ㉠ 관점이 제한적일 수 있고 편중된 내부 시각에 대한 우려가 있다.
> ㉡ 응용할 수 있는 대상의 수에 제한이 없고 다양하다.
> ㉢ 정확한 자료의 확보가 어렵고, 핵심 자료의 수집이 제한될 수 있다.
> ㉣ 필요로 하는 정확한 자료의 입수 및 조사가 가능하다.
> ㉤ 정보원의 확보로 계속적인 자료의 입수 및 조사가 가능하다.

① ㉠, ㉡   ② ㉠, ㉢
③ ㉡, ㉢   ④ ㉢, ㉣
⑤ ㉣, ㉤

출제 의도 주어진 자료를 참고하고, 기술선택을 위한 벤치마킹의 의미를 이해하며 벤치마킹이 기준에 따라 어떻게 분류되는지 평가하고자 하였다.

정답 ⑤

해설 벤치마킹은 비교 대상에 따라 내부적, 경쟁적, 비경쟁적, 글로벌 벤치마킹으로 구분된다. 그리고 수행 방식에 따라 직접적, 간접적 벤치마킹으로 구분된다. 해당 사례는 직접적 벤치마킹과 관련되므로 ㉣과 ㉤이 올바른 설명이다. ㉠은 내부적 벤치마킹, ㉡과 ㉢은 간접적 벤치마킹에 대한 설명이다.

● 자가진단

■ 진단 체크리스트

각 문항과 관련하여 자신의 행동 수준, 강도에 따라 평정하여 주시기 바랍니다.

문항	매우 미흡	미흡	보통	우수	매우 우수
1. 나는 기술선택이란 무엇이고, 왜 중요한지 설명할 수 있다	1	2	3	4	5
2. 나는 기술선택의 절차에 대해 설명할 수 있다	1	2	3	4	5
3. 나는 기술선택을 위한 의사결정 과정을 설명할 수 있다	1	2	3	4	5
4. 나는 벤치마킹 방안에 대해 이해하고 있다	1	2	3	4	5
5. 나는 업무 수행에 필요한 최적의 기술을 선택할 수 있다	1	2	3	4	5

■ 평정 결과

• 평균 3.0점 미만 : 기술선택능력을 발휘하는데 다소 어려움이 예상된다. 여러 다양한 기술에 대한 이해를 바탕으로 최적의 기술을 선택하기 위한 노력과 함께 관련 지식 및 스킬 습득을 위한 노력이 필요하다.

• 평균 3.0점 이상~3.5점 미만 : 기술선택능력을 보유하고 있으나, 난이도 높은 업무 수행 시 어려움이 예상된다. 일정한 추가 보수 교육이 필요하다.

• 평균 3.5점 이상~4.0점 미만 : 기술선택능력을 발휘할 수 있으나, 보다 우수한 수준의 기술선택능력을 발휘하기 위해서는 약점 중심으로 개발해 나가야 한다.

• 평균 4.0점 이상 : 업무 수행 시 효과적으로 기술선택능력을 발휘할 수 있다.

3 기술적용능력

● 학습모듈

① 기술적용 시 주의 사항

기술을 이해하고, 선택한 후 효율적으로 적용 및 활용하는 것이 중요하다. 이를 위해서는 쓸모없는 기술은 과감하게 버릴 줄도 알아야 한다. 새로운 기술의 적용을 통해 업무의 효율성을 높이기도 하며, 성과 향상에 도움이 되기도 하고, 크고 작은 위험을 사전에 예방할 수도 있다.

■ 기술적용 형태

구분	장점	단점
선택한 기술을 그대로 적용하는 형태	시간 절약, 쉽게 받아들여 적용 가능, 비용 절감의 효과	선택한 기술이 적합하지 않은 경우 실패로 돌아갈 수 있는 위험부담이 큼
선택한 기술을 그대로 적용하되, 불필요한 기술은 버리고 적용하는 형태	시간 절약, 비용 절감 효과, 프로세스의 효율성	부적절한 기술을 선택할 경우 실패로 돌아갈 수 있는 위험 부담이 있으며, 과감하게 버린 기술이 과연 불필요한가에 대한 문제점이 있을 수 있음
선택한 기술을 분석하고 가공하여 활용하는 형태	자신의 직장에 대한 여건과 환경 분석 그리고 업무 프로세스의 효율성 최대화	그대로 받아들여 적용하는 것보다는 시간적인 부담이 있을 수 있음

■ 기술적용 시 고려 사항
- 기술적용에 따른 비용 : 자신의 직업생활에서 반드시 요구됨과 동시에 업무 프로세스의 효율성을 높이고 성과를 향상시키면서 기술을 적용하는 데 요구되는 비용의 합리성 고려
- 기술의 수명 주기 : 기술적용 기간 동안에 또 다른 새로운 기술이 등장하면 현재 활용하고 있는 기술의 가치 하향 가능성 고려
- 기술의 전략적 중요도 : 해당 기술이 자신의 직업생활의 성과 향상을 위한 전략적 중요성, 회사의 전략과의 합치성 등
- 잠재적 응용 가능성 : 현재 받아들이고자 하는 기술이 자신의 직장에 대한 특성과 회사의 비전과 전략에 맞추어 응용 가능한지, 가까운 미래에 또 다른 발전된 기술로 응용 가능성이 있는지 고려

② 기술경영자의 역할

기술을 선택하고 적용하는 것만큼이나 중요한 것이 기술을 관리하고 유지하는 역할이다.

■ **기술경영자 요구 능력**
- 기술을 기업의 전반적인 전략 목표에 통합시키는 능력
- 빠르고 효과적으로 새로운 기술을 습득하고 기존의 기술에서 탈피하는 능력
- 효과적으로 평가할 수 있는 능력
- 기술이전을 효과적으로 할 수 있는 능력
- 제품개발 시간을 단축할 수 있는 능력
- 복잡하고 서로 다른 분야에 걸쳐 있는 프로젝트를 수행할 수 있는 능력
- 기술 이용을 수행할 수 있는 능력
- 기술 전문 인력을 운용할 수 있는 능력

■ **기술관리자 요구 능력**
- 기술적 능력
  - 기술을 운용하거나 문제를 해결할 수 있는 능력
  - 기술직과 의사소통 할 수 있는 능력
  - 혁신적인 환경을 조성할 수 있는 능력
  - 기술적, 사업적, 인간적인 능력을 통합할 수 있는 능력
  - 시스템적 관점에서 인식하는 능력
  - 공학적 도구나 지원방식을 이해할 수 있는 능력
  - 기술이나 추세를 이해할 수 있는 능력
  - 기술팀을 통합할 수 있는 능력
- 행정능력
  - 다기능적인 프로그램을 계획하고 조직할 수 있는 능력
  - 우수한 인력을 유인하고 확보할 수 있는 능력
  - 자원을 측정하거나 협상할 수 있는 능력
  - 타 조직과 협력할 수 있는 능력
  - 업무의 상태, 진행 및 실적을 측정할 수 있는 능력
  - 다양한 분야에 걸쳐 있는 업무를 계획할 수 있는 능력

- 정책이나 운영 절차를 이해할 수 있는 능력

- 권한 위임을 효과적으로 할 수 있는 능력

- 의사소통을 효과적으로 할 수 있는 능력

③ 네트워크 혁명과 기술 융합

정보화 사회에서는 정치, 경제, 사회, 기술 등 모든 분야에서 급격한 변화가 일어나며, 과거의 경험과 지식으로는 미래를 예측할 수 없으며, 정보에 대한 지식은 오늘날 기술을 적용하는 데 있어 아주 중요한 능력이다.

- **네트워크 혁명**
  - 네트워크 혁명의 특징
    - 인터넷이 상용화된 1990년대 이후에 시작
    - 전 지구적으로 사람들 간 연계와 상호의존 관계 형성
    - 개인주의나 협동을 배제한 경쟁보다는 '이타적 개인주의'라는 새로운 공동체 철학 의미 부각
    - 기업과 기업, 개인과 공동체, 노동자와 기업가 간 새로운 창조적 긴장 관계 형성
  - 네트워크 혁명의 3가지 법칙
    - 무어의 법칙 : 인텔의 설립자 고든 무어(Gordon Moore)가 주장한 것으로 컴퓨터의 반도체 성능이 18개월마다 2배씩 증가한다는 법칙
    - 메트칼피의 법칙 : 근거리 통신망 이더넷(ethernet)의 창시자 로버트 메트칼피(Robert Metcalfe)가 주장한 것으로 네트워크의 가치는 사용자 수의 제곱에 비례한다는 법칙. 많은 사람이 연결되도록 네트워크를 형성하는 것이 중요하다는 의미
    - 카오의 법칙 : 법칙경영 컨설턴트 존 카오(John Kao)가 주장한 것으로 창조성은 네트워크에 접속되어 있는 다양성에 지수함수로 비례한다는 법칙. 다양한 사고를 가진 사람이 네트워크로 연결되면 그만큼 정보교환이 활발해져 창조성이 증가한다는 내용
  - 네트워크 혁명의 역기능
    - 역기능 현상 : 디지털 격차(digital divide), 정보화에 따른 실업 문제, 인터넷 게임과 채팅 중독, 범죄 및 반사회적인 사이트의 활성화, 정보기술을 이용한 감시 등
    - 역기능의 발생 요인 : 원격 온라인 침투가 용이, 누구나 접근 가능한 개방시스템, 사람들 간 연결성과 정보 유통의 용이성으로 역기능이 쉽게 결합 및 증폭

- 네트워크의 순기능과도 잘 분리가 되지 않아 해결책 도출의 어려움

- 최근 네트워크 역기능에 대한 대응으로 법적·제도적 기반이 구축되고 있음

- 사회 전반에 걸쳐 정보화 윤리의식 강화

- 암호화 제품과 시스템 보완관리 제품 개발 및 관련 산업 활성화

■ 기술 융합

• 기술 융합의 의미

- 〈인간 활동의 향상을 위한 기술의 융합〉이라는 보고서에서 4대 핵심 기술, 즉 나노기술(NT), 생명공학기술(BT), 정보기술(IT), 인지과학(Cognitive science)이 상호의존적으로 결합되는 것(NBIC)을 융합기술(CT)이라 정의하고 기술융합의 필요성 강조

- 기술영역에서 융합현상은 퓨전(fusion), 컨버전스(convergence), 하이브리드(hybrid) 등으로 표현되는 새로운 트렌드

- IT(Information Technology, 정보통신), BT(Bio Technology, 생명공학), NT(Nano Technology, 나노기술) 등 세 가지 첨단기술영역의 융합이 보편화

- 융합기술은 미래 사회의 다양한 경제·사회적 수요를 충족시키기 위해 과학, 기술, 문화 등과의 창조적 융합이 강조되는 개념으로 변전

- NT, BT, IT 등의 신기술 간 또는 이들과 기존 산업·학문 간의 상승적인 결합을 통해 새로운 창조적 가치를 창출함으로써 미래 경제와 사회·문화의 변화를 주도하는 기술

• 4개 핵심 기술의 융합

- 제조, 건설, 교통, 의학, 과학기술 연구에서 사용되는 새로운 범주의 물질, 장치, 시스템 : 나노기술과 정보기술 중요

- 나노 규모의 부품과 공정의 시스템을 가진 물질 중에서 가장 복잡한 생물 세포 : 나노기술, 생명공학기술, 정보기술의 융합연구 중요

- 유비쿼터스 및 글로벌 네트워크 요소를 통합하는 컴퓨터 및 통신시스템의 기본 원리 : 나노기술은 컴퓨터 하드웨어의 신속한 향상을 위해 필요하며, 인지과학은 인간에게 가장 효과적으로 정보 제시 방법을 제공

- 사람의 뇌와 마음의 구조와 기능 : 생명공학기술, 나노기술, 정보기술과 인지과학이 뇌와 마음의 연구에 새로운 기법 제공. 인지과학자가 (무엇인가를) 생각하면, 나노기술자가 조립하고, 생명공학기술자가 실현하며, 정보기술자가 조정 및 관리

● 필기전형

■ NCS 직업기초능력 평가 문항 예시 및 해설

> 직업기초능력명 : 기술능력
> 하위영역명 : 기술적용능력(모듈형)

1 다음 사례의 밑줄 친 '검토항목'으로 고려할 수 <u>없는</u> 것은 무엇인가?

> 최근 글로벌 기업들이 배터리 기술에 심혈을 기울이고 있는 가운데 K기업은 고효율 친환경 배터리 개발로 큰 각광을 받고 있다. 초기 개발 비용이 큰 것으로 알려졌으나, 브랜드 가치와 향후 시장 수요 전망을 감안하면 충분히 승산이 있는 것으로 판단된다. 특히, 향후 10년 동안은 해당 기술을 대체할 만한 기술이 없는 것으로 파악되어 큰 주목을 받는다.
>
> 경영기획팀 박 부장은 해당 기술적용을 앞두고, 사전에 파악해야 할 필수적인 <u>검토항목</u>을 정리하고 있다. 또한, K기업 경영진은 해외 우수 연구자의 영입 확대, 기술 인프라의 확충, 다수 특허권 확보를 통해 차세대 배터리 상용화 연구에 박차를 가할 예정이다.

① 기술적용에 따른 비용이 많이 드는가?
② 기술 활용을 위한 매뉴얼이 있는가?
③ 기술의 수명 주기는 어떻게 되는가?
④ 기술의 전략적 중요도는 어떻게 되는가?
⑤ 잠재적으로 응용 가능성이 있는가?

출제 의도 주어진 사례를 참고하여 기술적용 시 고려해야 하는 사항을 파악하고 있는지를 평가하고자 하였다.

정답 ②

해설 매뉴얼은 적용 과정을 통해 준비할 수 있는 것이다. 따라서 사전에 기술적용 이전에 사전 검토해야 할 사항과는 거리가 멀다.

직업기초능력명 : 기술능력
하위영역명 : 기술적용능력(PSAT형)

2 다음은 D기업의 기술직군 채용 공고문이다. 이를 통해 유추할 수 있는 ㉠, ㉡의 선발 가능 인원
으로 올바르게 짝지어진 것은 무엇인가?

"D기업에서 유능한 바이오기술 전문가를 채용합니다!"

㉠ 기술경영자급 : 최대 1명 (경)
 – 기술개발 과제의 전 과정을 전체적으로 조망할 수 있는 능력 중요
 – 기술을 효과적으로 평가할 수 있는 능력 필요
 – 새로운 제품 개발 시간을 단축할 수 있는 능력 필요
 – 오랫동안 기술 전문 인력을 운용한 다수의 경험 필요
 – 조직 내의 기술 이용을 수행한 다수의 경험 필요

㉡ 기술관리자급 : 최대 3명 (관)
 – 계획서 작성, 인력관리, 예산관리, 일정관리 등 행정 능력 중요
 – 기술의 추세를 이해하며 기술직과 의사소통을 할 수 있는 능력 필요
 – 공학적 도구나 지원 방식에 대한 이해 능력 필요
 – 오랫동안 기술을 운용하거나 문제를 해결한 다수의 경험 필요
 – 혁신적인 환경을 조성한 다수의 경험 필요

갑 : 이전 직장에서 기업의 전반적인 전략 목표에 기술을 통합시켰다.
을 : 기술을 효과적으로 이전할 수 있는 능력을 가지고 있다.
병 : 기존 기술에서 탈피하여 새로운 기술을 빠르고 효과적으로 습득하는 능력을 가지
 고 있다.
정 : 기업에서 기술팀을 통합할 수 있는 능력을 가지고 있다.
무 : 다양한 기업에서 기술적, 사업적, 인간적인 능력을 통합한 경험이 있다.

	㉠	㉡		㉠	㉡
①	갑, 을, 병	정, 무	②	갑, 을, 병, 무	정
③	갑, 정, 무	을, 병	④	을, 정, 무	갑, 병
⑤	을, 무	갑, 병, 정			

출제 의도 기술경영자와 기술관리자를 구분하여 각각의 역할과 필요한 능력을 파악하고 있는지를
 평가하고자 하였다.

정답 ①

해설 ㉠은 기술경영자에 대한 설명으로 갑, 을, 병이 선발될 수 있다. ㉡은 기술관리자에 대한
 설명으로 정, 무가 선발된다.

● 자가진단

■ 진단 체크리스트

각 문항과 관련하여 자신의 행동 수준, 강도에 따라 평정하여 주시기 바랍니다.

문항	매우 미흡	미흡	보통	우수	매우 우수
1. 나는 기술적용 형태에 대해 설명할 수 있다	1	2	3	4	5
2. 나는 기술적용 시 고려사항에 대해 설명할 수 있다	1	2	3	4	5
3. 나는 기술의 효과적 활용 방안을 모색할 수 있다	1	2	3	4	5
4. 나는 업무 수행에 필요한 기술을 적용할 수 있다	1	2	3	4	5
5. 나는 기술을 적용한 결과에 대해 평가할 수 있다	1	2	3	4	5

■ 평정 결과

- 평균 3.0점 미만 : 기술적용능력을 발휘하는데 다소 어려움이 예상된다. 기술적용을 위해 고려해야 하는 요소들을 정확하게 파악하여 효과적으로 기술을 적용하기 위한 노력과 함께 관련 지식 및 스킬 습득을 위한 노력이 필요하다.

- 평균 3.0점 이상~3.5점 미만 : 기술적용능력을 보유하고 있으나, 난이도 높은 업무 수행 시 어려움이 예상된다. 기술적용 과정에서 발생가능한 장애요인을 예측하고 대응하기 위한 노력을 기울여야 한다.

- 평균 3.5점 이상~4.0점 미만 : 기술적용능력을 발휘할 수 있으나, 보다 우수한 수준의 기술적용능력을 발휘하기 위해서는 약점 중심으로 개발해 나가야 한다.

- 평균 4.0점 이상 : 업무 수행 시 효과적으로 기술적용능력을 발휘할 수 있다.

02

문제해결능력

[1] 사고력
[2] 문제처리능력

학습에 들어가기 전에...

문제해결능력의 하위능력인 사고력, 문제처리능력은 독립적인 능력으로 평가될 만큼 능력의 단위가 크고 중요하다.

일반적으로 모든 하위영역에 대해 평가하지는 않으며, 기관마다 보다 중요하게 여기는 문제해결능력의 하위능력에 따라 문제해결능력에 대한 평가기준은 조금씩 다르다.

이에 따라 문제해결능력 단원에서는 하위능력별로 서류전형, 필기전형, 면접전형의 평가 방안 및 준비 방안에 대해 기술하였다.

Chapter 01	Chapter 02	Chapter 03	Chapter 04	Chapter 05

문제해결능력

● 학습모듈

① 문제의 정의

- **문제의 의미**
  - 목표(있어야 할 모습, 바람직한 상태, 기대되는 결과)와 현상(현재의 모습, 예상되는 상태, 예기치 못한 결과)의 차이
  - 원활한 업무 수행을 위해 해결해야 하는 질문이나 의논 대상
  - 해결하기를 원하지만 실제로 해결해야 하는 방법을 모르고 있는 상태나 얻고자 하는 해답이 있지만 그 해답을 얻는 데 필요한 일련의 행동을 알지 못한 상태

- **문제와 문제점의 차이**
  - 문제점 의미 : 문제의 근본 원인이 되는 사항, 문제해결에 필요한 열쇠인 핵심 사항, 개선해야 할 사항이나 손을 써야 할 사항
  - 문제점에 의해서 문제가 해결될 수 있고 문제의 발생을 미리 방지할 수 있음
  - 예 : 난폭운전으로 전복사고가 일어났을 때, 사고의 발생을 문제라 하고, 난폭운전은 문제점이라고 한다.

- **문제의 유형**
  - 기능에 따른 문제 유형 : 제조 문제, 판매 문제, 자금 문제, 인사 문제, 경리 문제, 기술상 문제
  - 해결방법에 따른 문제 유형 : 논리적 문제, 창의적 문제
  - 시간에 따른 문제 유형 : 과거 문제, 현재 문제, 미래 문제
  - 업무 수행 과정 중 발생한 문제 유형
    - 발생형 문제(보이는 문제)
      - ✓ 눈앞에 발생되어 당장 걱정하고 해결하기 위해 고민하는 문제 의미

✓ 발생형 문제는 눈에 보이는 이미 일어난 문제로, 어떤 기준을 일탈함으로써 생기는 일탈 문제와 기준에 미달하여 생기는 미달 문제로 대변되며 원상복귀가 필요

✓ 문제의 원인이 내재되어 있기 때문에 원인지향적인 문제

- 탐색형 문제(찾는 문제)

✓ 현재의 상황을 개선하거나 효율을 높이기 위한 문제 의미

✓ 눈에 보이지 않는 문제로, 이를 방치하면 뒤에 큰 손실이 따르거나 결국 해결할 수 없는 문제로 확대

✓ 잠재 문제, 예측 문제, 발견 문제의 세 가지 형태로 구분

➔ 잠재 문제 : 문제가 잠재되어 있어 인식하지 못하다가 결국은 확대되어 해결이 어려워진 문제. 숨어있는 문제이기 때문에 조사 및 분석을 통해 발견 가능

➔ 예측 문제 : 지금 현재에는 문제가 아니지만 계속해서 현재 상태로 진행할 경우를 가정하고 앞으로 일어날 수 있는 문제

➔ 발견 문제 : 현재로서는 담당 업무에 아무런 문제가 없으나 유사한 타 기업의 업무방식이나 선진기업의 업무 방법 등의 정보를 얻음으로써 지금보다 좋은 제도나 기법, 기술을 발견하여 개선, 향상시킬 수 있는 문제

- 설정형 문제(미래 문제)

✓ 미래상황에 대응하는 장래 경영전략의 문제로 '앞으로 어떻게 할 것인가'에 대한 문제

✓ 지금까지 해오던 것과 전혀 관계없이 미래 지향적으로 새로운 과제 또는 목표를 설정함에 따라 일어나는 문제, 목표 지향적 문제

✓ 문제를 해결하는 데 많은 창조적인 노력이 요구되기 때문에 창조적 문제

② 문제해결

■ 문제해결의 정의 및 의의

• 정의 : 문제해결이란 목표와 현상을 분석하고 분석 결과를 토대로 주요과제를 도출한 뒤, 바람직한 상태나 기대되는 결과가 나타나도록 최적의 해결안을 찾아 실행, 평가해가는 활동

• 의의

- 조직 : 세계 일류수준을 지향하며, 경쟁사와 대비하여 탁월하게 우위를 확보하기 위해서 끊임없는 문제해결을 요구

   – 고객 : 고객이 불편하게 느끼는 부분을 찾아 개선과 고객 감동을 통한 고객 만족을 높이는 측면에서 문제해결이 요구됨

   – 자기 자신 : 불필요한 업무를 제거하거나 단순화하여 업무를 효율적으로 처리하게 됨으로써 자신을 경쟁력 있는 사람으로 만들어 나가는 데 문제해결이 요구됨

■ **문제해결의 필수요소**

• 체계적인 교육훈련을 통해 문제해결을 위한 기본 지식뿐 아니라 본인이 담당하는 전문영역에 대한 지식도 습득

• 고정관념과 편견 등 심리적 타성 및 기존의 패러다임을 극복하고 새로운 아이디어를 효과적으로 낼 수 있는 창조적 스킬 등 습득

• 문제를 조직 전체의 관점과 각 기능단위별 관점으로 구분

• 스스로 해결할 수 있는 부분과 조직 전체의 노력을 통해서 해결할 수 있는 부분으로 나누어 체계적으로 접근

■ **문제해결을 위한 기본적 사고**

• **전략적 사고** : 현재 당면하고 있는 문제와 그 해결 방법에만 집착하지 말고, 그 문제와 해결 방안이 상위 시스템 또는 다른 문제와 어떻게 연결되어 있는지를 생각하는 것

• **분석적 사고** : 전체를 각각의 요소로 나누어 그 요소의 의미를 도출한 다음 우선순위를 부여하고 구체적인 문제해결 방법을 실행 가능

• **성과 지향의 문제** : 기대하는 결과를 명시하고 효과적으로 달성하는 방법을 사전에 구상하고 실행

• **가설 지향의 문제** : 현상 및 원인분석 전에 지식과 경험을 바탕으로 일의 과정이나 결과, 결론을 가정한 다음 검증 후 사실일 경우 다음 단계의 일을 수행

• **사실 지향의 문제** : 일상 업무에서 일어나는 상식, 편견을 타파하여 객관적 사실을 바탕으로 사고하고 행동

• **발상의 전환** : 사물과 세상을 바라보는 인식의 틀을 전환하여 새로운 관점에서 바로 보는 사고 지향

• **내 · 외부자원의 효과적 활용** : 문제해결 시 기술, 재료, 방법, 사람 등 필요한 자원 확보 계획을 수립하고 내 · 외부자원을 효과적으로 활용

■ **문제해결의 장애 요인**

• **문제를 철저하게 분석하지 않는 경우** : 근본적인 해결을 하지 못하거나 새로운 문제를 야기하는 결과 초래

- 고정관념에 얽매이는 경우 : 개인적인 편견이나 경험, 습관, 정해진 규정과 틀에 얽매여서 새로운 아이디어와 가능성 무시
- 쉽게 떠오르는 단순한 정보에 의지하는 경우 : 단순한 정보에 의지하면 문제를 해결하지 못하거나 오류 발생
- 너무 많은 자료를 수집하려고 노력하는 경우 : 무계획적인 자료 수집은 무엇이 제대로 된 자료인지를 알지 못하는 문제 유발

③ 문제해결을 위한 방법

- **소프트 어프로치에 의한 문제해결**
  - 대부분의 기업에서 볼 수 있는 전형적인 스타일
  - 같은 문화적 토양을 가진 조직 구성원들이 이심전심으로 서로를 이해하는 상황을 가정
  - 코디네이터 역할을 하는 제3자는 결론으로 끌고 갈 지점을 미리 머릿속에 그려가면서 권위나 공감에 의지하여 의견을 중재하고, 타협과 조정을 통하여 해결을 도모
  - 문제해결을 위해 직접 표현하는 것이 바람직하지 않다고 여기며, 무언가를 시사하거나 암시를 통하여 의사를 전달하고 기분을 서로 통하게 함으로써 문제해결을 도모
  - 결론이 애매하게 끝나는 경우가 종종 발생

- **하드 어프로치에 의한 문제해결**
  - 상이한 문화적 토양을 가지고 있는 구성원을 가정하여 서로의 생각을 직설적으로 주장하고, 논쟁이나 협상을 통해 의견을 조정해 가는 방법
  - 논리, 즉 사실과 원칙에 근거하여 토론 진행
  - 제3자는 이것을 기반으로 구성원에게 지도와 설득을 하고 전원이 합의하는 일치점을 도출
  - 합리적이긴 하지만, 잘못하면 단순한 이해관계의 조정에 그쳐, 창조적인 아이디어 도출와 높은 만족감 유발이 어려울 수 있음

- **퍼실리테이션에 의한 문제해결**
  - 퍼실리테이션(facilitation) : '촉진'을 의미, 어떤 그룹이나 집단이 의사결정을 잘하도록 도와주는 일
  - 최근 많은 조직에서는 보다 생산적인 결과를 가져올 수 있도록 그룹이 나아갈 방향을 알려 주고, 주제에 대한 공감을 이룰 수 있도록 도움을 주는 퍼실리테이터를 활용
  - 깊이 있는 커뮤니케이션을 통해 서로의 문제점을 이해하고 공감함으로써 창조적인 문제해결을 도모

- 소프트 어프로치나 하드 어프로치 방법은 타협점의 단순 조정에 그치지만, 퍼실리테이션에 의한 방법은 초기에 생각하지 못했던 창조적인 해결 방법을 도출함
- 구성원의 동기 및 팀워크를 강화
- 구성원이 자율적으로 실행하도록 하는 방법
- 제3자가 합의점이나 줄거리를 준비해 놓고 예정대로 결론이 도출되어 가도록 진행하는 것은 불가함

● 적용사례

■ 사고력 발휘 사례

A는 K사의 제품 판매 부서의 신입사원이다. K사는 경쟁업체인 J사보다 제품X의 판매율이 떨어지고 있으며, 고객들의 불만 건수가 증가하고 있는 상황이다. A는 신입사원의 관점에서 자사 판매 제품의 판매율 신장을 위한 창의적인 해결 방안을 마련하라는 지시를 받았다. 우선 경쟁사 J사와의 차이를 분석한 결과, 소비자가 위생에 점점 민감하게 반응하고 있는 상황에서 K사가 J사보다 위생의식에 및 관련 교육이 부족하고 광고 및 홍보가 효과적이지 않다는 결론을 내리게 되었다.

■ 문제처리능력 발휘 사례

백화점 브랜드 H사는 최근 왜 특정 광고책자를 받은 고객들이 다른 고객들보다 더 많은 의류를 구입하는가 하는 이슈에 대한 조사에 착수하여 4개월 동안 측정 및 분석과정을 끝마쳤다. 조사의 주요 실무자 중 한 명이었던 신입사원 B는 문제의 원인이 광고에 사용된 색상의 종류와 제지원료의 무게, 그리고 고객들이 광고책자를 받은 주기와 관계가 있음을 밝혔다.

이와 같은 결과와 관련하여 A팀에서는 분석된 원인을 바탕으로 고객들에게 더 화려한 색상의 종이에 매달 마지막 목요일에 광고책자를 받아볼 수 있도록 하는 방안을 제시하였다.

그러나 B팀은 색상의 종류, 제지원료의 무게, 고객들이 우편물을 받은 간격에 따른 다양한 해결안을 개발해서 브레인스토밍을 하였고, 고객의 연령에 따라 원하는 색상과 광고책자를 받고자 하는 시기가 다름을 발견하였다. 이를 통해 다양한 색상과 광고책자를 받는 주기에 대한 다양한 방안을 제시하였다.

한참의 시간이 지난 후 광고책자에 따른 고객들의 의류 구입 정도를 조사한 결과, A팀에서 발송한 광고책자를 받은 고객보다 B팀의 광고책자를 받은 고객들의 소비 규모가 훨씬 큰 것으로 나타났다. 이와 같은 결과의 이유는 A팀에 비해 B팀이 다양한 해결안 중에서 중요도와 실현 가능성을 고려해서 최적의 해결안을 선택했기 때문이다.

1 사고력

● **학습모듈**

① **창의적 사고**

■ **창의적 사고의 의미**

당면한 문제를 해결하기 위해 이미 알고 있는 경험과 지식을 해체하여 다시 새로운 정보로 결합함으로써 가치 있고 참신한 아이디어를 산출하는 사고

- 발산적(확산적) 사고로서, 아이디어가 많고 다양하고 독특한 것
- 새롭고 유용한 아이디어를 생산해 내는 정신적인 과정
- 통상적인 것이 아니라 기발하거나 신기하며 독창적인 것
- 유용하고 적절하며 가치가 있는 것
- 기존의 정보(지식, 상상, 개념 등)들을 특정한 요구조건에 맞거나 유용하도록 새롭게 조합시킨 것
- 문제를 사전에 찾아내는 힘, 문제해결에 있어서 다각도로 힌트를 찾아내는 힘, 문제해결을 위해 끈기 있게 도전하는 태도와 사고력, 성격 등 전인격적인 가능성까지 포함

■ **창의적 사고의 특징**

- 정보와 정보의 조합
  - 정보는 주변에서 발견할 수 있는 지식(내적 정보)과 책이나 밖에서 본 현상(외부 정보)의 두 가지 형태 의미
  - 정보를 조합하여 최종적인 해답으로 통합함으로써 창의적 사고 발휘
- 사회나 개인에게 새로운 가치 창출
  - 개인이 발휘한 창의력은 경우에 따라 사회발전을 위한 원동력을 제공하기도 하고, 새로운 사회 시스템을 구축에 사용
- 교육훈련을 통해 개발될 수 있는 능력
  - 창의력 교육훈련을 통해서 개발 가능
  - 모험심, 호기심, 적극적, 예술적, 집념과 끈기, 자유분방함 등이 보장될수록 높은 창의력 유발

② 창의적 사고의 개발 방법

- **자유연상법**
  - 어떤 생각에서 다른 생각을 계속해서 떠올리는 작용을 통해 어떤 주제에서 생각나는 것을 계속해서 열거해 나가는 발산적 사고 중 하나의 방법
  - 가장 대표적인 방법 : 브레인스토밍

- **강제연상법**
  - 각종 힌트에서 강제로 연결지어 발상하는 방법
  - 가장 대표적인 방법 : 체크리스트

- **비교발상법**
  - 주제와 본질적으로 닮은 것을 힌트로 하여 새로운 아이디어를 얻는 방법
  - 가장 대표적인 방법 : 대상과 비슷한 것을 찾아내 그것을 힌트로 새로운 아이디어 등을 생각해 내는 NM법, 서로 관련이 없어 보이는 것들을 조합하여 새로운 것을 도출해내는 집단 아이디어 발상법 시네틱스(synectics)

③ 문제해결을 위한 사고력의 이해

- **논리적 사고의 개념**
  - 공동체 생활에서 지속적으로 요구되는 능력
  - 사고의 전개에서 전후 관계가 일치하고 있는가를 살피고, 아이디어를 평가하는 능력
  - 다른 사람을 공감시켜 움직일 수 있게 하며, 짧은 시간에 헤매지 않고 사고할 수 있게 하고, 행동하기 전 생각하게 함으로써, 쉽게 설득할 수 있게 하는 사고 방식

- **논리적 사고의 구성요소**
  - 생각하는 습관 : 일상적인 대화, 회사의 문서, 신문의 사설 등 접하는 모든 것들에 대해 늘 생각하는 자세 필요
  - 상대 논리의 구조화 : 상대의 논리에서 약점을 찾고, 자신의 생각을 재구축한다면 상대 설득 가능
  - 구체적인 생각 : 상대가 말하는 것을 잘 알 수 없을 경우에는 구체적인 이미지를 떠올리거나, 숫자를 활용하여 표현하는 등 다양한 방법을 활용하여 생각
  - 타인에 대한 이해 : 상대의 주장에 반론할 경우에는 상대의 주장 전부를 부정하지 않으며, 상대의 인격을 존중

- 설득 : 설득의 과정은 나의 주장을 다른 사람에게 이해, 공감시키고 내가 원하는 행동을 하게 만드는 것

■ **논리적 사고 개발 방법**

- 피라미드 구조화 방법 : 보조 메시지들을 통해 주요 메인 메시지를 얻고, 다시 메인 메시지를 종합한 최종 정보를 도출해 내는 방법

- so what 방법 : "그래서 무엇이지?"하고 자문자답하는 의미, 눈앞에 있는 정보로부터 의미를 찾아내어, 가치 있는 정보를 이끌어 내는 사고. "어떻게 될 것인가?", "어떻게 해야 한다"라는 내용을 포함

■ **비판적 사고의 의미**

- 어떤 주제나 주장 등에 대해서 적극적으로 분석하고 종합하며 평가하는 능동적인 사고

- 어떤 논증, 추론, 증거, 가치를 표현한 사례를 타당한 것으로 수용할 것인가 아니면 불합리한 것으로 거절할 것인가에 대한 결정에 필요한 사고

- 지식, 정보를 바탕으로 객관적 근거에 기초를 두고 현상을 분석하고 평가하는 사고

■ **비판적 사고를 위한 태도**

- 지적 호기심, 객관성, 개방성, 융통성, 지적 회의성, 지적 정직성, 체계성, 지속성, 결단성, 다른 관점에 대한 존중과 같은 합리적인 태도 요구

- 문제의식 : 우리가 처한 상황이나 현상에 대한 문제의식을 가질 때, 주변에서 발생하는 사소한 것에서도 정보를 수집하고 새로운 아이디어를 끊임없이 생산 가능

- 고정관념 타파 : 지각의 폭을 넓혀 정보에 대한 개방성을 가지고 편견 타파

● 서류전형

■ 자기소개서 사례

[자기소개서 문항 1]

> 학교생활이나 동아리, 아르바이트, 인턴 등의 활동을 하며 소속 조직의 당면한 문제를 인식하고 개선하기 위해 노력했던 경험에 대해 이야기해주시기 바랍니다.

• GOOD 사례 ❶

작년 3월, 헬스클럽에서 아르바이트를 할 때 있었던 일입니다. 당시 헬스클럽에서는 3개월 동안 200명 증원 목표를 세우고 다양한 홍보를 진행하고 있었습니다. 그런데 기존의 홍보방법은 효과가 좋지 않았습니다. 작년에 3번의 홍보활동을 했지만, 기존 목표의 70% 수준 밖에 달성하지 못했습니다. 작년에도 2개월 정도 열심히 홍보했지만, 목표의 40% 정도 밖에 달성하지 못했습니다. 직원들이 함께 모여 문제 원인을 분석하고 대책을 마련하였습니다. 많은 사람들이 전단지 배포와 SNS 홍보를 열심히 하지 않아서 목표를 달성하지 못하는 것 같다는 의견을 냈습니다. 그러나 저는 전단 배포로 인해 민원만 많이 발생하고 있고, 효과는 크게 없을 것 같다고 생각했습니다. 다른 직원들은 제 의견에 반대하였습니다. 저는 기존 회원들이 어떤 경로로 가입했는지, 어떤 홍보가 효과적이었는지를 확인하는 설문조사를 실시했습니다. 기존회원 45명 대상으로 한 설문조사 결과, 전단지나 SNS 홍보를 보고 가입한 회원들이 거의 없었습니다. 이에 저는 블로그 홍보, 지인 홍보, 아파트단지와 광고계약 등등의 방법을 고안하였고, 이러한 방법만으로는 부족하다는 생각에 다양한 아이디어를 접목해 보았습니다. 기존의 방식을 탈피하여 아파트 부녀회에 요청하여 무료 건강관리 강좌를 개설하는 직접적인 홍보를 하자는 아이디어를 제시하였습니다. 다이어트에 대한 강의와 기본적인 운동 강좌를 하며, 참석자에게 15% 할인쿠폰을 제공하였습니다. 많은 고객이 강좌에 만족하여 회원가입을 했습니다. 그 결과, 목표를 10% 상향하여 달성할 수 있었으며, 직원들 모두 큰 보람을 느꼈습니다.

GOOD POINT 기존 방식에 대한 문제 인식을 바탕으로 문제해결을 위한 아이디어를 제시하고, 아이디어를 실행에 옮겼다. 구체적인 목표와 결과를 제시하였으며, 문제해결을 위한 노력 행동을 구체적으로 제시하였다.

• BAD 사례 ❶

> D기관에서 인턴으로 근무했을 때의 업무 추진시 발생했던 문제점을 개선했던 적이 있습니다. 당시 저는 인턴으로서 부서 직원분들의 업무를 보조하는 일을 주로 했습니다. 복사, 자료 정리, 인쇄, 사무실 비품 정리 등의 일을 했습니다. 부서에는 많은 업무 자료가 창고에 아무렇게나 방치되어 있었습니다. 업무 수행할 때 필요한 자료임에도 불구하고 창고에 방치되어 있어 자료를 찾는데 시간이 많이 걸렸습니다. 창고에 어떤 자료가 있는지 조차 알 수 없어서 불편함이 많았습니다. 부서의 직원분들은 정리는 필요하지만 정리할 시간이 없어서 계속 방치하고 있었습니다. 이에 저는 부서장님의 승인하에 자료 정리를 하였습니다. 우선 자료를 유형별로 분류하고, 가나다 순으로 정리하였습니다. 또한 목록화한 자료와 자료의 위치를 엑셀파일로 정리하였습니다. 이후, 부서 직원분들이 창고에서 자료를 찾는 시간이 줄어들었고, 이전보다는 효율적으로 업무를 수행할 수 있게 되었습니다. 부서장님과 부서원분들로부터 자료를 찾는 게 훨씬 수월해졌고, 업무 수행에 도움이 되었다는 피드백을 들었습니다.

BAD POINT 소속 조직의 문제를 해결한 경험이긴 하지만, 정리되어 있지 않던 자료를 정리한 사례로 문제 원인을 파악하여 문제해결을 위해 노력했던 경험으로 보기는 어렵다. 상사가 시키지는 않았지만, 주도적으로 나서서 일을 추진했던 경험을 요구하는 문항에 적절한 내용이다. 자기소개서 문항의 정확한 의미와 의도를 파악하여 핵심적인 내용을 기술할 수 있어야 한다.

[자기소개서 문항 2]

> 소속 조직에서 과업을 처리하면서 불편하거나 비효율적인 부분을 개선했던 사례에 대해 작성해주시기 바랍니다.

• GOOD 사례 ❷

> 대학교 3학년 때 중소기업에서 인턴으로 근무하면서 비품 관리가 효율적으로 이루어질 수 있도록 비품 관리 방안을 개선했던 경험이 있습니다. 당시 비품별 관리자가 명확하게 지정되어 있지 않아 비품 사용 및 반납 현황, 품질 관리 등이 제대로 이루어지지 않고 있었습니다. 비품을 현재 누가 사용하고 있는지 알 수 없어서 비품을 사용하려고 하면 두 개 층의 사무실을 돌아다니며 일일이 확인해야 했습니다. 또한, 전자기기 같은 경우에는 고장이 자주 발생했으며, 고장이 난 비품에 대한 수리가 적절한 시기에 이루어지지 않고 있었습니다. 특히, 회사 내에서 캠코더를 사용하는 팀이 많았었는데 고가의 캠코더 관리가 제대로 되지 않아 직원분들의 업무 수행에 차질이 발생하거나 캠코더 수리 및 구입 비용이 많이 들고 있었습니다.

저는 경영지원팀 팀장님께 문제 상황을 말씀드리면서 제가 비품 관리 체계를 만들어 보겠다고 말씀드렸습니다. 팀장님은 적극적으로 지원해줄 테니 비품 관리 방안을 만들어 보라고 말씀하셨습니다.

저는 우선 현재 회사에서 공용으로 사용하고 있는 비품 목록을 만들고, 비품 관리 대장을 만들었습니다. 비품 관리 대장에는 비품 사용 날짜와 반납 날짜, 사용자 이름, 수리 현황 등을 정리했습니다. 각 비품들에는 코드를 부여하였으며, 비품의 구입 년도, 월, 일을 표기하였습니다. 특히, 사용량이 많은 캠코더의 경우, 예약 일지를 만들었습니다. 이후 제가 만든 비품 관리 방안을 바탕으로 비품이 관리되었으며, 온라인 시스템에도 반영되었습니다. 경영지원팀 팀장님뿐만 아니라 직원분들로부터 칭찬을 들었습니다.

GOOD POINT 기존의 관행이나 관습적으로 해오던 것에 대한 개선 의식을 바탕으로 문제의 원인을 도출하고, 기존에 시도하지 않았던 방식으로 문제를 해결하였다. 비품 관리와 관련된 문제점과 함께 비품 관리 방안 개선을 위한 노력 행동에 대해 구체적으로 작성하였다.

• BAD 사례 ❷

저는 대학교 3학년 때 학생회 활동을 하면서 흡연 구역 사용 환경을 개선한 경험이 있습니다. 공과 대학건물에는 흡연 구역이 있었는데, 대부분 학생들이 담배꽁초와 쓰레기를 쓰레기통에 넣지 않고 바닥에 버려서 흡연 구역이 지저분하였습니다. 흡연 구역은 교수님들도 이용하시는데, 학생들의 흡연 구역 이용 매너에 대해 지적하시기도 했습니다. 또한, 흡연 구역을 청소하시는 아주머니들의 불만이 많았는데, 대부분의 아주머니들이 청소하시는 걸 꺼려하신다고 했습니다. 흡연실을 깨끗하게 이용하라는 문구를 붙이기도 했었는데 효과가 없었습니다. 흡연 구역 사용 문제는 공과대학건물만의 이슈는 아니었습니다. 그래서 각 단과대학의 학생회 임원들이 모여 흡연 구역 이용 개선 방안을 마련하였습니다.

학생회 임원 회의를 통해 나온 아이디어들을 모아서 흡연 구역에 쓰레기통 주변에 청소하시는 어르신들이 힘들어하는 모습을 찍은 사진을 붙였으며, 여러분들의 어머니, 아버지 같은 분들이 청소를 하고 있으니 깨끗하게 이용해달라는 문구를 붙였습니다.

저는 공과 대학건물의 흡연 구역 이용을 모니터링하는 역할을 맡았는데, 흡연 구역 이용 환경을 개선한 후에는 담배꽁초나 쓰레기를 바닥에 버리는 학생들이 눈에 띄게 줄어들었으며, 흡연 구역 이용에 대한 교수님이나 청소하시는 아주머니들의 불만도 줄어들었습니다.

BAD POINT 학교의 흡연 구역 이용 문제를 개선한 사례지만, 본인이 직접 문제의 원인을 분석하여 해결 아이디어를 제시하는 측면이 드러나지 않았다. 또한, 본인이 문제해결을 위해서 어떤 노력 행동을 했는지가 드러나지 않았다. 본인이 다른 학생회 임원과 다르게 문제를 개선하기 위해 제시했던 아이디어나 개선 노력 행동에 대해 구체적으로 작성해야 한다.

● 필기전형

■ NCS 직업기초능력 평가 문항 예시 및 해설

> 직업기초능력명 : 문제해결능력
> 하위영역명 : 사고력(모듈형)

1 A기업의 마케팅팀에서는 신제품 출시를 위한 아이디어 회의를 진행하고 있다. 아래 대화에 대한 의견으로 적절하지 <u>않은</u> 것은 무엇인가?

> 김 부장 : 자, 새롭고 독특한 생각부터 자유롭게 제시해 봅시다.
> 이 과장 : 그럼 브레인스토밍으로 진행해 볼까요?
> 최 대리 : 이후에는 강제연상법도 활용하면 좋을 것 같아요.
> 안 차장 : 음, NM법이라는 비교발상법도 있어요.
> 박 사원 : 안 차장님, 시네틱스라는 비교발상법은 어떨까요?

① 김 부장은 다양한 아이디어 창출을 위해 수렴적 사고보다 발산적 사고를 요구하고 있어.

② 이 과장은 사회자, 기록자, 발표자를 두자고 제안할 거야. 비판적 토론을 통해 적용 여부를 신속하게 검토할 수 있다는 장점이 있어.

③ 최 대리는 체크리스트를 통해 판매방법, 판매대상과 같은 힌트에서 사고 방향을 미리 정한 다음에 아이디어를 제안하자고 할 수 있어.

④ 안 차장은 지난 달에 판매실적이 상당했던 다른 신상품에서 힌트를 얻어 판매전략을 벤치마킹하자는 아이디어를 제안할 수 있어.

⑤ 박 사원은 서로 관련이 없어 보이는 것들의 유추와 조합을 통해 새로운 아이디어를 도출하자고 제안할 수 있어.

출제 의도 신제품 출시라는 당면한 문제를 해결하는 데 필요한 창의적 사고의 의미와 개발 방법을 이해하고 있는지를 파악하고자 하였다.

정답 ②

해설 가장 대표적인 자유연상법인 브레인스토밍에서는 제시된 아이디어를 비판해서는 안 되며, 다양한 아이디어 중에서 독자성과 실현가능성을 종합적으로 파악하여 최적의 방안을 찾아야 한다.

직업기초능력명 : 문제해결능력
하위영역명 : 사고력(PSAT형)

2 B기업의 신규 입사자들에게 선호하는 부서를 설문조사하였다. 다음의 명제가 모두 참이라고 할 때, 반드시 참인 것은 무엇인가?

> • 인사를 선호하는 사원은 연구를 선호하지 않는다.
> • 기획을 선호하지 않는 사원은 영업을 선호하지 않는다.
> • 재무를 선호하지 않는 사원은 연구를 선호한다.
> • 기획을 선호하는 사원은 인사를 선호한다.

① 인사를 선호하는 사원은 재무를 선호하지 않는다.
② 기획을 선호하지 않는 사원은 연구를 선호한다.
③ 영업을 선호하는 사원은 인사를 선호하지 않는다.
④ 인사를 선호하지 않는 사원은 영업을 선호하지 않는다.
⑤ 기획을 선호하는 사원은 연구를 선호한다.

출제 의도 논리적 사고를 통해 두 개 이상의 명제들로부터 추론 가능한 진술의 옳고 그름을 확인하고자 하였다.

정답 ④

해설 주어진 명제를 단순화하여 나타내면 다음과 같다.
   • 인사→~연구 ↔ 연구→~인사
   • ~기획→~영업 ↔ 영업→기획
   • ~재무→연구 ↔ ~연구→재무
   • 기획→인사 ↔ ~인사→~기획
⇒ ~재무→연구→~인사→~기획→~영업 ↔ 영업→기획→인사→~연구→재무
따라서 ~인사→~영업이므로 인사를 선호하지 않는 사원은 영업을 선호하지 않는다.
   ① 인사와 재무의 관계는 인사→재무이므로 이 명제의 부정인 인사→~재무는 항상 거짓이다.
   ② 연구와 기획의 관계는 연구→~기획이므로 이 명제의 역인 ~기획→연구는 참인지 거짓인지 알 수 없다.
   ③ 영업과 인사의 관계는 영업→인사이므로 이 명제의 부정인 영업→~인사는 항상 거짓이다.
   ⑤ 기획과 연구의 관계는 기획→~연구이므로 이 명제의 부정인 기획→연구는 항상 거짓이다.

● 면접전형

■ 주요 평가 방안

- 창의적 사고, 논리적 사고, 비판적 사고력을 발휘했던 경험에 대한 질의응답을 통해 사고력의 수준을 평가한다.

- 기존과는 다른 새로운 방식으로 문제를 해결할 수 있는지, 논리적으로 타인에게 설명하고 설득할 수 있는지, 근거에 기반하여 건설적인 비판을 할 수 있는지 등에 대해 평가한다.

■ 준비 방안

- 평소 팀 프로젝트, 동아리, 아르바이트, 인턴 활동을 하면서 창의적 사고, 논리적 사고, 비판적 사고력을 발휘하여 문제를 해결하려고 노력하는 것이 가장 중요하다.

- 사고력의 경우, 주로 발표면접이나 토론면접을 통해 평가한다.

- 사고력을 발휘하여 효과적으로 문제를 해결했던 경험에 대해 기록해두어야 한다.

- 팀 전체 논의를 통해 내려진 결론이나 다른 구성원들이 제시했던 아이디어나 행동을 이야기해서는 안 된다.

- 자신이 다른 구성원들과 다르게 제시했던 아이디어나 행동에 대해 구체적으로 이야기할 수 있어야 한다.

■ 경험면접 사례

[면접 질문 1]

> 이전의 관행이나 관습의 문제점을 파악하여 문제를 해결했던 경험에 대해 작성해주시기 바랍니다.

- GOOD 사례 ❶

   A. 작년 5월에 있었던 일입니다. 실험 수업을 하는 기기실 사용 환경을 개선한 적이 있습니다.

   Q. 당시 상황에 대해 구체적으로 이야기해주세요.

   A. 실험 수업을 하면서 학생들을 위한 기기실이 따로 마련되어 있었습니다. 다수의 학생들이 이용하는 기기실은 따로 마련된 규칙이 없었기에 기기들의 고장이 잦았

으며 불청결하게 관리되었습니다. 기기 고장 때문에 때로는 실험이 원활하게 진행되지 않았습니다.

GOOD POINT 문제 상황에 대해 핵심적인 내용 중심으로 명확하게 이야기하였다.

Q. 당시 어떤 역할을 맡았습니까?

A. 실험 수업은 5~6명이 1개 조를 이루어 진행되었는데, 저는 저희 조의 조장을 맡고 있었습니다. 조장으로 특별히 해야 하는 일이 많은 건 아니고, 조 내에 이뤄지는 실험을 관리하고, 교수님과 조교님과 커뮤니케이션하며 실험을 준비하는 일을 했습니다.

GOOD POINT 조장으로서 어떤 일을 했는지 구체적으로 이야기하였다.

Q. 기기실 문제를 해결하기 위해 어떻게 했나요?

A. 실험 수업을 함께 듣는 조원들에게 기기실을 이용하는 학생들을 위하여 우리가 기기실 관리를 처음 시작하면 어떻겠냐고 제안하였습니다. 저희는 첫 번째로 기기실 사용 일지를 만들었습니다. 일자, 학년, 이름, 사용 기기 등을 적는 방식이었습니다. 두 번째로 교수님께 건의하여 청소당번을 정하여 조별로 돌아가며 일주일에 한 번씩 청소를 하게 하였습니다. 마지막으로 실험기기 사용법에 관한 매뉴얼을 제작하였습니다. 소모품 교체 방법, 시료 디스크 제작 과정, 소프트웨어 설정과 사용 순서, 시료 준비과정에 대한 단계별 사진 자료를 삽입하여 모두가 알아보기 편하게 작성하였습니다.

GOOD POINT 문제를 해결하기 위해 다양한 조치를 취하였으며, 자신의 노력 행동에 대해 구체적으로 이야기하였다.

Q. 그렇게 문제를 해결해가는 과정에서 겪은 어려움은 무엇이었으며 어떻게 대처했습니까?

A. 이전과 다른 방식으로 기기실이 관리되다보니, 이용하는 사람들의 불평불만이 있었습니다. 기기실 사용 일지를 작성하지 않는 경우도 있었습니다. 또, 기기실을 청소해야 한다는 것 때문에 불만을 제기했습니다. 그러나 기기실 일지를 사용하고 조별로 청소를 해야 하는 이유, 그로 인한 기대 효과 등을 설명하자, 기기실이 이전보다 나은 환경으로 변화하는 것을 보고 점점 불만보다는 긍정적 평가를 주었습니다.

Q. 결과는 어땠습니까?

A. 실험 수업을 듣는 사람들이 기기실을 보다 깨끗하게 이용하고 기기를 보다 더 신경 써서 다루게 되었습니다. 또한 실험기기 사용법이 익숙하지 않아서 기기 고장이 많았었는데, 매뉴얼을 통해 기기 사용법을 익히게 되어 이전보다 기기 고장이 줄어서 교수님께서 칭찬을 해주셨습니다.

Q. 기기 고장이 어느 정도로 줄었는지 수치로 이야기해줄 수 있나요?

A. 정확하게 수치로 말씀드리긴 어렵지만, 기기 고장 때문에 실험을 못하게 되는 일이 거의 없어졌고, 조교님으로부터 기기 교체가 이전보다 줄어들었다는 이야기를 들었습니다. 또한 실험실의 청결함이 지속적으로 유지되었습니다.

GOOD POINT 정성적인 측면의 결과에 대해 구체적으로 이야기하였다. 정확한 수치를 이야기 못하더라도 이전과 어떤 부분이 어떻게 달라졌는지에 대해 구체적으로 이야기하였다.

• BAD 사례 ❶

A. 외국인 교류 행사 기획 단계에서 설문조사 방식을 개선한 적이 있습니다.

Q. 당시의 상황에 대해 구체적으로 이야기해주세요.

A. 작년 3월에 있었던 일입니다. 저는 외국인 학생들의 한국 생활을 도와주는 프로그램 기획부 임원으로 활동했습니다. 제가 맡은 일은 매달 학생들이 교류할 수 있는 행사의 기획 및 진행이었습니다. 행사 기획을 위해 니즈를 조사하기 위한 설문조사를 실시하였습니다. 그러나 응답자 수가 너무 적어 유의미한 결론을 도출할 수 없었습니다.

Q. 응답자 수가 적었던 이유는 무엇이라고 생각했습니까?

A. 지난 자료들을 살펴보던 중 같은 문제가 반복되어오고 있었던 것을 발견하였고, 아직 한국어가 서툰 학생들이 많아서 한국어로만 된 설문조사가 힘든 것이 원인이라는 사실을 알게 되었습니다.

BAD POINT 문제의 원인에 대해 지엽적이고 단편적으로 파악하였다.

Q. 문제를 해결하기 위해 어떻게 하셨습니까?

A. 한국어 외 언어를 추가하였습니다. 회의를 통해 영어, 일어, 중국어로도 설문지를 만들어 설문조사를 다시 실시하였습니다.

> **BAD POINT** 설문지 언어를 바꾼 것은 창조적, 논리적, 비판적으로 생각하여 문제를 해결했다고 보기 어렵다. 문제 원인이 단편적이어서 해결 방안도 다소 지엽적이고 단편적이다.

Q. 결과는 어땠습니까?

A. 2차 설문조사 결과, 지난 설문조사보다 응답자 수가 훨씬 늘어났고, 그 결과를 바탕으로 더욱 학생들이 원하는 내용의 행사를 기획할 수 있었습니다. 어떤 문제를 해결하기 위해서는 문제의 원인을 정확하게 파악하고 개선하려는 노력이 필요하다는 것을 알게 되었으며, 해결한 후에도 지속적인 피드백으로 문제가 올바르게 해결이 되었는지 꾸준한 관심을 가지고 문제를 대하는 태도가 필요하다는 것을 배웠습니다.

> **BAD POINT** 설문 결과 학생들의 니즈를 어떻게 반영했는지가 명확히 드러나지 않았다. 또한, 단순히 설문 응답자 수가 늘었다고 해서 학생들이 원하는 내용의 행사를 기획했다고 보기는 어렵다. 응답자 수가 어느 정도로 늘어났는지 구체적으로 이야기하면 좋았을 것 같다.

[면접 질문 2]

> 학교생활이나 동아리, 아르바이트, 인턴 등의 활동을 하며 과업 프로세스나 방식 등을 개선했던 경험에 대해 이야기해주시기 바랍니다.

• GOOD 사례 ❷

A. 학생 휴게실을 관리하는 근로 장학생으로 근무하며 기존의 관리 체계에 대한 문제점을 학교 운영위원회와의 적극적 소통을 통해 개선했던 경험이 있습니다.

Q. 당시 상황에 대해 구체적으로 이야기해주세요.

A. 4학년 1학기 때 학생 휴게실을 관리하는 근로 장학생으로 선정되어 근무했습니다. 근무하는 도중 관리 체계에 대한 의문을 갖게 되었습니다. 매 학기 휴게실을 이용하는 학우들의 불편사항은 매번 개선되지 않고 있었습니다. 이에 따라 학생들의

휴게실 이용 만족도가 낮은 상황이었습니다. 학우들의 불편사항은 휴게실에 비치되어 있는 물품들이 자주 사라진다거나 휴게실이 불청결하다는 등과 같은 작은 부분들이었고, 충분히 해결될 수 있는 사항들이었습니다.

GOOD POINT 문제 상황에 대해 구체적으로 이야기하였다.

Q. 학생 휴게실이 제대로 관리되지 않았던 이유는 무엇이라고 생각했습니까?

A. 학생 휴게실 관리가 체계적으로 이루어지지 않았으며, 구체적인 관리 계획이 부재했기 때문이라고 생각했습니다.

Q. 학생 휴게실 관리 문제를 해결하기 위해 어떻게 하셨습니까?

A. 첫째, 학생들의 건의 사항을 받은 설문지를 바탕으로 휴게실 관리 계획서를 작성했습니다. 정기적인 대청소 일정, 평소의 청결도 체크 등 앞으로 어떻게 진행될지에 대한 구체적인 날짜와 예산, 계획을 적어 학우들이 볼 수 있도록 휴게실 게시판 혹은 학교 홈페이지에 게시하도록 했습니다. 또한, 구비 물품의 도난 방지를 위해 물품함에 자물쇠를 걸고, 필요시 학생회에 연락하여 해당 관리인에게 직접 전달받도록 했습니다. 둘째, 학생들이 불만사항으로 가장 많이 제시했던 시험기간 개방 시간을 개선했습니다. 밤샘 공부로 잠깐이라도 쉴 공간이 필요하다는 의견을 많이 들어왔고, 저 또한 그랬기에 이 부분은 꼭 필요하다고 생각하여 24시간 개방을 학생회 측에 건의했습니다. 이후 시험기간 24시간 동안 학우들을 위한 휴식공간을 확보할 수 있었습니다.

GOOD POINT 문제를 해결하기 위해 노력했던 행동에 대해 구체적으로 이야기하였다. 또한 휴게실 이용자들의 만족도를 높이기 위해 다양한 조치를 취하였다.

Q. 결과는 어땠습니까?

A. 학생들의 휴게실 이용 만족도가 전년도에 2.8점 정도였는데, 휴게실 개선 이후 평균 3.9점 정도로 높아졌습니다. 또한 휴게실을 이용하는 학생들로부터 이전 연도에 비해 휴게실이 좋아졌다, 이용이 편리해졌다는 이야기를 많이 들었습니다.

GOOD POINT 구체적인 만족도 변화 수치를 제시하였다.

• BAD 사례 ❷

A. 4학년 2학기 졸업 프로젝트를 진행할 때 있었던 일입니다. 조별 과제의 특성상, 매 학기 역할 분담 비중과 참여도의 차이로 조원 간 갈등이 발생하는 일이 많이 있었습니다.

Q. 조에서는 어떤 역할을 맡았습니까?

A. 당시 저는 조장을 맡고 있었습니다.

　BAD POINT '조장'으로서 어떤 일을 했는지가 명확히 드러나지 않았다. 조장으로서 구체적으로 어떤 일을 했었는지에 대해 이야기해야 한다.

Q. 당시 문제가 발생한 원인은 무엇이라고 생각했습니까?

A. 조 구성원 간 내용 이해도 차이 때문이었다고 생각합니다.

　BAD POINT 문제의 원인을 한 가지만 파악하였다. 문제와 관련된 다양한 요인을 고려하지 못하였다.

Q. 당시 문제 상황을 해결하기 위해 어떻게 하셨습니까?

A. 저는 다 같이 모여 자료조사를 하고 발표 자료를 만들던 방식을 버리고자 하였습니다. 새로운 방식으로 다른 조원들 앞에서 연구 내용에 대해 발표하고 서로 가르쳐주는 것을 고안하였습니다. 그 이유는 자신이 알던 개념을 다른 사람들에게 알려주면서 개인이 알던 개념의 재확인 및 부족한 부분의 보충이 가능하다고 생각했기 때문입니다. 그리하여 연구주제에 관해 각자 공부한 것을 토대로 조원들 앞에서 발표하고 가르쳐주는 새로운 방식으로 진행하였습니다. 또한, 발표 후, 어려운 내용은 항목화해서 다 같이 심도 있게 고민하고 토론하며 해답을 찾아가는 방식으로 진행하였습니다.

　BAD POINT 과업 프로세스나 방식을 개선한 사례이긴 하지만, 해결 방안이 지엽적이고 단순하다. 또한 문제해결을 위한 노력 행동이 잘 드러나지 않는 해결 방안이다. 단편적인 아이디어를 제시한 것에 불과하다.

Q. 그 결과는 어땠습니까?

A. 조별 활동에 대한 구성원들의 불만이 사라졌습니다. 모든 조원이 연구에 적극 참여하여 연구 내용을 잘 숙지할 수 있게 되었습니다. 다음으로, 방대한 연구 내용을

역할 분담하여 공부하고 서로 가르쳐줄 수 있었습니다. 그로 인해 시간적 효율이 향상될 수 있었습니다. 마지막으로, 좀 더 깊이 있는 이해가 가능해져 멤브레인의 조성을 다양화할 수 있게 되어 보다 많은 연구 자료를 도출할 수 있었습니다. 실제 팀원들 간의 피드백을 통해, 새로운 접근 방식이 연구의 이해와 발전에 훨씬 도움이 된다는 평을 받았습니다. 새로운 방식은 가르침을 받는 처지에서는 내용 이해가 한 번에 되지 않을 때도 있었습니다. 따라서 향후 이런 점을 보완하여 각자 맡은 내용에서 어려운 개념이나 한 번에 이해가 되지 않는 내용은 매뉴얼화하여 조원들과 공유하면 도움이 될 것입니다.

BAD POINT 새로운 방식이 지닌 장점에 대해 이야기하고 있으나, 결과적으로 졸업 프로젝트가 어떻게 되었는지에 대해서는 이야기를 하지 않았다. 졸업 프로젝트 수행 방식을 바꾼 궁극적인 목적인 졸업 프로젝트의 우수한 수행인데, 이와 관련된 결과를 이야기하지 않았다.

● 자가진단

■ 진단 체크리스트

각 문항과 관련하여 자신의 행동 수준, 강도에 따라 평정하여 주시기 바랍니다.

문항	매우 미흡	미흡	보통	우수	매우 우수
1. 나는 상황이나 사건에 영향을 미치는 다양한 요인들을 파악할 수 있다	1	2	3	4	5
2. 나는 상황이나 사건에 영향을 미치는 다양한 요인들 간의 관계성을 파악할 수 있다	1	2	3	4	5
3. 나는 현재 상황에 대해 문제의식을 바탕으로 비판할 수 있다	1	2	3	4	5
4. 나는 문제를 해결하기 위한 다양한 아이디어를 제시할 수 있다	1	2	3	4	5
5. 나는 기존과는 다른 새로운 방식으로 문제를 해결할 수 있다	1	2	3	4	5

■ 평정 결과

- 평균 3.0점 미만 : 사고력을 발휘하는데 다소 어려움이 예상된다. 평소 다양한 과업을 수행하는 과정에서 창의적, 논리적, 비판적으로 생각하는 노력을 적극적으로 기울여야 한다.

- 평균 3.0점 이상~3.5점 미만 : 사고력을 보유하고 있으나, 난이도 높은 업무 수행 시 어려움이 예상된다. 사고력을 발휘하여 문제해결에 효과적인 다양한 의견을 제시하기 위한 노력을 기울여야 한다.

- 평균 3.5점 이상~4.0점 미만 : 사고력을 발휘할 수 있으나, 보다 우수한 수준의 사고력을 발휘하기 위해서는 약점 중심으로 개발해 나가야 한다.

- 평균 4.0점 이상 : 업무 수행 시 우수한 수준의 사고력을 발휘할 수 있다.

2 문제처리능력

● 학습모듈

① 문제 인식 접근방법

문제 인식은 해결해야 할 전체 문제를 파악하여 우선순위를 정하고, 선정문제에 대한 목표를 명확히 하는 절차를 거친다. 이를 위해 환경 분석, 주요 과제 도출, 과제 선정의 절차를 수행하는 과정이 필요하다.

- **■ 환경 분석**
  - • 3C 분석 : 우선 사업 환경을 구성하고 있는 요소인 자사, 경쟁사, 고객 분석
    - – 고객(Customer) 분석 : 고객이 자사의 상품ㆍ서비스에 만족하고 있는지 분석
      - ✓ 고객요구 조사 방법
        - → 심층면접법(In-Depth Interview) : 조사자가 응답자와 일대일로 마주한 상태에서 응답자의 잠재된 동기와 신념, 태도 등을 발견하고 조사 주제에 대한 정보를 수집하는 방법
          - ❖ 특징
            - ▶ 30분에서 1시간 정도의 시간 소요
            - ▶ 첫 번째 질문을 던지고 이에 대한 응답에 따라 면접 진행
            - ▶ 조사자는 진행과정과 조사문제에 대한 개략적 이해 필요
            - ▶ 구체적인 질문 내용과 순서는 응답자의 응답에 따라 달리 진행
          - ❖ 장점
            - ▶ 다른 방법 통해 포착할 수 없는 심층적 정보 수집
            - ▶ 독특한 정보 수집
            - ▶ 수집된 자료를 자기진단과 평가 그리고 매뉴얼 및 사례로 활용 가능
            - ▶ 성과와 관련된 실제적이고 구체적인 것인 정보 획득
          - ❖ 단점
            - ▶ 인터뷰 시간을 집중적으로 투입해야 하며 비용이 많이 소모
            - ▶ 조사자의 철저한 인터뷰 기법 스킬과 훈련 요구
            - ▶ 인터뷰 결과를 사실과 다르게 해석할 가능성이 존재

→ 표적집단면접법(Focus Group Interview) : 6-8인으로 구성된 그룹에서 특정 주제에 대해 논의하는 과정으로 숙련된 사회자의 컨트롤 기술에 의해 집단의 이점을 십분 활용하여 구성원들의 의견을 도출하는 방법

❖ 진행 절차

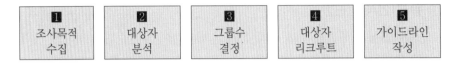

| 1 조사목적 수집 | 2 대상자 분석 | 3 그룹수 결정 | 4 대상자 리크루트 | 5 가이드라인 작성 |

❖ 주의 사항

▶ 인터뷰 종료 후 전체 내용에 대한 합의 진행

▶ 가이드라인에 따라 내용을 열거하고, 열거된 내용의 상호 관련을 생각하면서 결론 도출

▶ 가능한 그룹으로 분석 작업 진행

▶ 동의 혹은 반대의 경우 합의 정도와 강도 중시

▶ 조사의 목적에 따라 결론 도출

▶ 앞뒤에 흩어져 있는 정보들을 주제에 대한 연관성을 고려하여 수집

▶ 확실한 판정이 가능한 것은 판정을 하지만 그렇지 못한 경우는 판정 불가

- 자사(Company) 분석 : 자사가 세운 달성목표와 현상 간에 차이가 없는지 분석
- 경쟁사(Competitor) 분석 : 경쟁기업의 우수한 점과 자사의 현상 간에 차이가 없는지 분석

[3C 분석 내용]

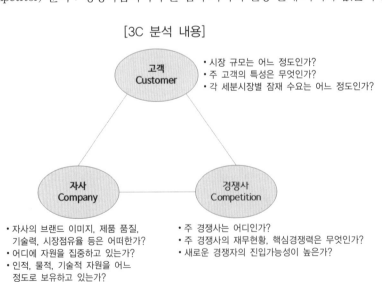

- SWOT 분석 : 기업 내부의 강점과 약점, 외부 환경의 기회, 위협요인을 분석 평가하고 이들을 서로 연관지어 전략과 문제해결 방안을 개발하는 방법

  - SWOT 분석방법

    ✓ 외부환경요인 분석(Opportunities, Threats)

      ➜ 좋은 쪽으로 작용하는 것은 기회, 나쁜 쪽으로 작용하는 것은 위협으로 분류

      ➜ 언론매체, 개인정보망 등을 통해 입수한 상식적인 세상의 변화 내용을 시작으로 당사자에게 미치는 영향을 순서대로 점차 구체화

      ➜ 동일한 data라도 자신에게 긍정적으로 전개되면 기회로, 부정적으로 전개되면 위협으로 구분

      ➜ SCEPTIC(① Social(사회), ② Competition(경쟁), ③ Economic(경제), ④ Politic(정치), ⑤ Technology(기술), ⑥ Information(정보), ⑦ Client(고객)) 체크리스트를 활용하면 편리함

    ✓ 내부환경 분석(Strength, Weakness)

      ➜ 경쟁자와 비교하여 강점과 약점 분석

      ➜ 강점과 약점의 내용 : 보유하거나 동원 가능하거나 활용 가능한 자원(resources)

      ➜ 내부환경분석에는 MMMITI(① Man(사람), ② Material(물자), ③ Money(돈), ④ Information(정보), ⑤ Time(시간), ⑥ Image(이미지)) 체크리스트를 활용 가능

  - SWOT 전략 수립 방법

    ✓ SO전략 : 외부 환경의 기회를 활용하기 위해 강점을 사용하는 전략 선택

    ✓ ST전략 : 외부 환경의 위협을 회피하기 위해 강점을 사용하는 전략 선택

    ✓ WO전략 : 자신의 약점을 극복함으로써 외부 환경의 기회를 활용하는 전략 선택

    ✓ WT전략 : 외부 환경의 위협을 회피하고 자신의 약점을 최소화하는 전략 선택

[SWOT전략수립]

	강점 Strengths	약점 Weaknesses
기회 Opportunities	SO전략 · 시장 기회 활용 위해 강점 사용 · 내부 강점과 외부 기회요인 극대화	WO전략 · 내부 약점 극복 통해 시장 기회 활용 · 외부 기회 이용하여 내부 약점을 강점으로 전환
위협 Threats	ST전략 · 시장 위협 회피 위해 강점 사용 · 외부 위협 최소화 위해 내부 강점 극대화	WT전략 · 시장 위협 회피 및 약점 최소화 · 내부 약점과 외부 위협 최소화

- 주요 과제 도출
  - 환경 분석을 통해 현상을 파악한 후 분석결과를 검토하여 주요 과제 도출
  - 주요 과제 도출을 위한 과제안 작성 시, 과제안 간의 동일한 수준, 표현의 구체성, 기간 내 해결 가능성 등 확인

- **과제 선정**
  - 과제안 중 효과 및 실행 가능성 측면을 평가하여 가장 우선순위가 높은 안을 선정
  - 우선순위 평가 시에는 과제의 목적, 목표, 자원현황 등을 종합적으로 고려
  - 과제안에 대한 평가기준은 과제해결의 중요성, 과제착수의 긴급성, 과제해결의 용이성을 고려하여 여러 개의 평가기준을 동시에 설정
    - 과제해결의 중요성 : 매출·이익 기여도, 지속성·파급성, 고객만족도 향상, 경쟁사와의 차별화, 자사 내부적 문제해결 등
    - 과제착수의 긴급성 : 달성의 긴급도와 달성에 필요한 시간 등
    - 과제해결의 용이성 : 실시상의 난이도, 필요자원 적정성 등

② 문제 원인과 구조파악

- **문제도출의 의미**
  - 선정된 문제를 분석하여 해결해야 할 것이 무엇인지 명확화하는 것
  - 현상에 대하여 문제를 분해하여 인과관계 및 구조를 파악하는 것

- **문제도출의 절차**
  - 문제 구조 파악, 핵심 문제 선정의 절차 거쳐 수행
    - 문제 구조 파악 방법
      - ✓ 전체 문제를 개별화된 세부 문제로 재구성하는 과정으로 문제의 내용 및 부정적인 영향 등 파악
      - ✓ 현상에 얽매이지 말고 문제의 본질과 실제를 봐야 하며, 다양하고 넓은 시야에서 문제 조망
      - ✓ 로직트리(Logic Tree) 방법 사용 가능 : 문제의 원인을 깊이 파고든다든지 해결책을 구체화할 때 제한된 시간 속에 문제의 넓이와 깊이를 추구하는 데 도움이 되는 기술
        - ➜ 전체 과제의 명확화
        - ➜ 분해해 가는 가지의 수준 맞추기
        - ➜ 원인이 중복되거나 누락되지 않고 각각의 합이 전체를 포함

- **원인 분석의 의미**
  - 파악된 핵심 문제에 대한 분석을 통해 근본 원인을 도출해 내는 단계
  - 핵심 이슈에 대한 가설을 설정한 후 가설 검증을 위해 필요한 데이터를 수집, 분석하여 문제의 근본 원인을 도출해 나가는 것

- **원인 분석의 절차**
  - 쟁점 분석, 데이터 분석, 원인 파악의 절차로 진행
  - **쟁점 분석** : 핵심 이슈 설정, 가설설정, 분석결과 이미지 결정의 절차를 거쳐 수행
    - 핵심 이슈 설정 : 현재 수행하고 있는 업무에 가장 크게 영향을 미치는 문제로 선정하며, 사내외 고객 인터뷰 및 설문조사, 관련 자료 등을 활용하여 본질적인 문제점을 파악하는 방법으로 수행

- 가설설정 : 자신의 직관, 경험, 지식, 정보 등에 의존하여 이슈에 대한 일시적인 결론을 예측해 보는 가설설정. 관련 자료, 인터뷰 등을 통해 검증할 수 있어야 하며 간단명료하게 표현하고 논리적이며 객관적

- 분석결과 이미지 결정 : 가설검증 계획에 의거하여 분석결과를 미리 이미지화

• 데이터 분석 : 데이터 수집계획 수립, 데이터 수집, 데이터 분석의 절차를 거쳐 수행

- 데이터 수집 시에는 목적에 따라 수집 범위를 정하고, 전체 자료의 일부인 표본을 추출하는 전통적인 통계학적 접근과 전체 데이터를 활용한 빅데이터 분석을 구분

- 객관적인 사실 수집, 자료 출처의 명확화

- 데이터 수집 후에는 목적에 따라 수집된 정보를 항목별로 분류 정리한 후 "무엇을", "어떻게", "왜"라는 것을 고려해서 데이터 분석을 실시하고, 의미 해석

• 원인 파악 : 이슈와 데이터 분석을 통해서 얻은 결과를 바탕으로 최종 원인을 확인하는 단계. 원인 파악 시 원인과 결과 사이의 패턴 확인 필요

- 단순한 인과관계 : 원인과 결과 구분이 분명한 관계

- 닭과 계란의 인과관계 : 원인과 결과 구분이 어려운 관계. 서로 관계가 엉켜 있어 쉽게 원인과 결과를 밝혀내는 것의 어려움

- 복잡한 인과관계 : 단순한 인과관계와 닭과 계란의 인과관계 두 가지 유형이 복잡하게 서로 얽혀 있는 관계, 대부분의 문제가 이에 해당

③ 문제해결을 위한 실행 및 평가

문제로부터 다양한 원인들을 분석한 후에는 근본 원인을 효과적으로 해결할 수 있는 다양한 해결안을 개발하고, 개발된 해결안 중 최선의 해결안을 선택하는 것이 필요하다.

■ **해결안 개발의 의미**

• 문제로부터 도출된 근본 원인을 효과적으로 해결할 수 있는 최적의 해결 방안을 수립하는 단계

■ **해결안 개발의 절차**

• 해결안 도출, 해결안 평가 및 최적안 선정의 절차로 진행

• 해결안 도출 : 근본 원인을 어떠한 시각과 방법으로 제거할 것인지에 대한 독창적이고 혁신적인 아이디어를 도출하고, 이를 바탕으로 유사한 방법이나 목적을 갖는 내용은 군집화를 거쳐 최종 해결안을 도출

- **해결안 평가 및 최적안 선정** : 해결안 평가 및 최적안 선정 과정에서는 문제(what), 원인(why), 방법(how)을 고려해서 해결안을 평가하고 가장 효과적인 해결안 선정
- 해결안 선정을 위해서는 중요도와 실현 가능성 등을 고려해서 종합적인 평가와 각 해결안의 채택 여부 결정

■ **실행 및 평가 단계의 의미**

- 해결안 개발을 통해 만들어진 실행계획을 실제 상황에 적용하는 활동으로 당초 장애가 되는 문제의 원인들을 해결안을 사용하여 제거해 나가는 단계

■ **실행 및 평가 단계의 절차**

- 실행계획 수립, 실행, 사후관리(follow-up)의 절차 진행
- **실행계획 수립** : 무엇을(what), 어떤 목적으로(why), 언제(when), 어디서(where), 누가(who), 어떤 방법으로(how)의 물음에 대한 답을 가지고 계획하는 단계
  - 자원(인적, 물적, 예산, 시간) 고려하여 수립
  - 세부 실행내용의 난이도를 고려하여 가급적 각 해결안별 실행계획서를 작성함으로써 실행의 목적과 과정별 진행 내용을 일목요연하게 파악
- **실행 및 사후관리(Follow-up)** : 가능한 사항부터 실행, 문제점을 해결해 가면서 해결안의 완성도를 높이고 일정한 수준에 도달하면 전면적으로 전개해 나가는 것 필요
  - 사전 조사(pilot test)를 통해 문제점을 발견하고, 해결안을 보안한 후 대상 범위를 넓혀서 전면적 실시
  - 실행상의 문제점 및 장애요인의 신속한 해결을 위한 모니터링 시 고려 사항
    - ✓ 바람직한 상태가 달성되었는가?
    - ✓ 문제가 재발하지 않을 것을 확신할 수 있는가?
    - ✓ 사전에 목표한 기간 및 비용은 계획대로 지켜졌는가?
    - ✓ 혹시 또 다른 문제를 발생시키지 않았는가?
    - ✓ 해결책이 주는 영향은 무엇인가?

● 서류전형

■ 자기소개서 사례

[자기소개서 문항 1]

> 과업 수행 시 발생한 문제를 해결하여 소속 조직에 긍정적인 결과를 초래했던 경험에 대해 이야기해주시기 바랍니다.

• GOOD 사례 ❶

대학교 3학년 겨울방학 때 수제 햄버거 전문점에서 아르바이트 했을 때의 가게 오픈 전 준비 방식을 개선한 경험이 있습니다. 가게 오픈 전에는 입고된 식자재의 유통기한을 확인하여 기록한 뒤에 식자재들을 냉장고 및 저장고에 정리하는 일을 하는데 다양한 문제가 발생했습니다. 저를 포함하여 오전 조 아르바이트 3명이 출근하여 쉬지 않고 일을 하는데도, 식자재 준비 과정에서 오류가 생기거나 준비 시간이 늘어나는 일이 많았습니다. 식자재 준비 과정에서 유통기한을 잘못 기록하거나, 식자재 저장 위치를 못 찾아서 한참을 헤매다 오픈 시간이 늦어지는 문제가 발생하기도 했습니다. 수제 햄버거 전문점이긴 했으나, 본사가 따로 없으며 사장님이 개인적으로 큰 규모로 운영하는 곳이었습니다. 본사가 있는 다른 햄버거 전문점처럼 체계적인 매뉴얼이 없었습니다. 사장님께서 이전에 외국계 햄버거 전문점에서 일했던 경험이 있던 저에게 도움을 요청하셨습니다.

저는 이전의 경험을 떠올려 식자재 분류, 유통기한 확인 및 기록 방식을 개선했습니다. 식자재는 메뉴 공통과 특정 메뉴에만 사용하는 재료로 구분하고, 메뉴 공통으로 쓰이는 재료들은 가장 많이 사용하는 재료와 가장 적게 사용하는 재료로 구분하였습니다. 재료마다 코드 번호를 부여하여 관리했습니다. 식자재 기록표는 엑셀파일로 만들어서 기록했으며, 식자재 분류 및 정리하는 사람과 기록하는 사람의 역할을 나누었습니다. 또한, 오픈 전 준비에 소요되는 시간을 조금이라도 더 줄이기 위해 저녁 조의 아르바이트생들이 재고 정리를 정확히 할 수 있도록 체크리스트를 만들었습니다. 오픈 전 준비 방식을 바꾸고 한 달 뒤부터는 유사한 문제가 거의 발생하지 않았으며, 사장님과 다른 아르바이트생들로부터 칭찬과 긍정적 피드백을 들었습니다.

GOOD POINT 문제 상황에 대해 명확하게 작성하였으며, 문제의 원인과 다양한 해결 방안에 대해 구체적으로 작성하였다. 특히, 본인이 문제해결을 위해 노력했던 행동에 대해 구체적으로 기술하였다. 또한, 문제해결을 위해 단편적이고 지엽적인 대안을 제시하기보다는 문제해결을 본질적으로 해결할 수 있는 다양한 측면의 해결 방안을 모색하였다.

• BAD 사례 ❶

> 저는 대학 1학년 때부터 3학년까지 밴드동아리에서 드럼을 연주하였습니다. 밴드동아리에서는 매 학기마다 정기공연을 하고 있었는데, 대학교 1학년 가을 축제 공연 때 발생했던 문제를 해결했던 경험이 있습니다.
>
> 가을 축제 공연을 위해 세 달 동안 3명의 친구들과 함께 연습을 했습니다. 축제 기간 중 이틀 동안 공연을 해야 했습니다. 그런데 공연 첫째 날, 저를 제외한 보컬, 건반, 일렉 기타를 연주하는 친구들 사이에 다툼이 발생했습니다. 연습할 때부터 갈등이 있긴 했었는데, 공연 당일에 결국 서로 감정이 폭발하였습니다. 보컬만 너무 주목받는 위치에 있고, 상대적으로 건반과 일렉 기타를 연주하는 친구들은 주목받지 못한다는 것 때문에 불만이 많았습니다. 저는 맨 뒤에서 너무 주목받지 않는 위치에서 드럼을 연주하는 게 좋았지만, 다른 친구들은 위치 때문에 불만이 많았습니다. 그래서 저는 공연은 무사히 치러져야 한다는 생각 때문에 친구들에게 제안을 했습니다. 첫째 날에는 연습했던 위치로 공연을 하고, 둘째 날에는 건반과 일렉을 전면 중앙에 배치하여 공연을 하는 방식을 제안했습니다. 위치를 바꿔서 공연하는 것에 대해 선배들은 혹평했지만 친구들은 제가 제안한 방식을 받아들였고, 무사히 공연을 마칠 수 있었습니다.

BAD POINT 자기소개서에 경험을 작성할 때는 최근 3년 이내의 경험에 대해 작성하는 것이 적절하다. 이는 경험 기반 면접도 마찬가지이다. 높은 수준의 직업기초능력을 보유하고 있는 사람은 언제 어떤 상황에서든 그러한 능력을 발휘한 경험이 있다. 즉, 오래 전 특정 시점 한 번에 직업기초능력 발휘 경험이 있다면 높은 수준의 직업기초능력을 보유하고 있다고 보기 어렵다. 또한, 당면한 문제의 원인이나 해결 방안이 단편적이다. 문제해결능력 관련 경험을 작성할 때는 문제 상황뿐만 아니라 문제 원인에 대해 다각적으로 분석하여 작성해야 하며, 단편적이거나 지엽적이지 않으면서 근본적으로 문제를 해결할 수 있는 방안을 제시해야 한다.

[자기소개서 문항 2]

> 어떤 일을 추진하는 과정에서 발생한 문제 상황 및 원인 분석을 바탕으로 문제를 해결했던 경험에 대해 이야기해주시기 바랍니다.

• GOOD 사례 ❷

> 작년 12월에 있었던 일입니다. 제가 8개월 넘게 아르바이트를 하고 있는 카페에는 단기간에 그만두는 아르바이트생들이 많습니다. 같이 일하는 친구들이 자주 바뀌면, 저도 힘들고, 고객분들로부터도 좋지 않은 반응이 나오기에 대책 마련이 시급하다고 생각했습니다. 그래서 빨리 그만두는 이유를 다른 아르바이트생들에게 물어보았습니다. 대부분 높은 업무 강도와

고객들의 갑질 행동 때문에 힘들었다고 했습니다. 이에 저는 아르바이트생들이 높은 업무 강도에도 효율적으로 일할 수 있고 손님들을 응대하는 게 힘들지 않을 수 있는 방안을 모색 하였습니다. 첫째, 전반적인 업무에 대해 빠르게 이해할 수 있고, 효율적으로 업무를 처리할 수 있도록 업무 절차, 수행 방법, 업무 수행 팁을 담은 매뉴얼을 만들었습니다. 손님들이 편하게 볼 수 있고, 진열하기도 쉽게 여러 위치들을 바꿔가며 여러 아르바이트생들이 메모 로 방법을 공유하였습니다. 둘째, 손님들의 불만 사항들을 정리하여 목록화하고 불만 유형 별 대응 방안을 마련하였습니다. 또한 고객들이 불만 사항을 메모나 카드를 통해 작성하도 록 유도하고, 고객이 지속적으로 제기하는 불만 사항들에 대해서는 서비스를 개선해나가는 방안을 제안하였습니다. 3개월이 지난 지금, 단기간에 그만두는 아르바이트생들이 줄어들 고 장기적으로 일하고 있으며, 고객의 불만이 줄어들었습니다.

GOOD POINT 아르바이트를 하는 과정에서 발생했던 문제 상황에 대한 정확한 인 식을 바탕으로 문제 원인을 규명하고, 문제를 해결하기 위해 다각적으로 접근하였으 며, 결과에 대해 구체적으로 기술하였다. 본인이 문제를 해결하기 위해 노력했던 행 동을 구체적으로 기술하였다.

• BAD 사례 ❷

작년 가을에 대형마트에서 추석선물 판매 아르바이트를 할 때 있었던 일입니다. 제가 맡은 일은 육류 선물 세트를 포장하고, 생활용품 세트를 포장하고 진열하고 판매하는 일을 맡았습니다. 선물 세트를 포장하거나 진열하는 것은 크게 어렵지 않았는데, 명절 연휴가 다가옴에 따라 많은 고객들이 한꺼번에 몰릴 때는 고객들의 요구에 신속하게 대응하는 것이 어려웠습니다. 물류창고 직원들에게 상품을 요청해야 하는데, 소통이 원활하게 이루어지지 않았습니다. 당시, 물류창고 직원들은 20~30대가 대부분이었는데, 카카오톡을 자주 이용한다는 점에 착안하여 명절 연휴만 을 위한 단체 채팅방을 만들 것을 제안했습니다. 개인 정보 노출에 대한 반감이 있는 직원을 고려하여 번호 저장 없이 소통이 가능한 오픈 채팅방을 만들었습니다. 오픈 채팅방을 통해 즉각 적으로 소통함으로써 고객의 요구에 신속히 대응할 수 있었습니다. 이와 같은 경험을 통해 문제 를 해결하고자 하는 의지만 있다면 문제는 반드시 해결할 수 있다는 점을 깨닫게 되었습니다.

BAD POINT 당면한 문제 상황과 관련하여 문제의 원인에 대한 분석이 미흡하고, 문제를 해결하기 위한 조치가 단기적이고 단편적이다. 문제해결 조치 방안으로 언급 한 것은 오픈 채팅방을 만든 것밖에 없다. 문제가 발생한 원인이 한 가지인 경우는 거 의 없다. 효과적으로 문제를 해결하기 위해서는 다양한 원인을 파악하기 위해 노력 해야 하며, 본질적으로 문제를 해결할 수 있는 다양한 방안을 모색해야 한다. 이에 더 나아가 오픈 채팅방 이용의 제약점은 무엇이었고, 그러한 제약점을 해결하기 위해 서는 어떻게 했는지에 대한 방안을 제시한다면 문제해결능력을 높은 수준으로 보유 하고 있다는 평가를 받을 수 있다.

● 필기전형

■ NCS 직업기초능력 평가 문항 예시 및 해설

> 직업기초능력명 : 문제해결능력
> 하위영역명 : 문제처리능력(모듈형)

1 C사원은 해외진출을 위한 SWOT 분석을 하라는 과제를 부여받아 수행했다. 아래의 분석에 대한 전략으로 적절하지 <u>않은</u> 것은 무엇인가?

내부 환경 외부 환경		강점(S) • 탄탄한 자금력 • 다양한 글로벌 네트워크	약점(W) • 신사업 대응을 위한 전문성 부족 • 경영 인프라 미흡
기회(O)	• 해외사업을 위한 유관기관의 협업 수요 확대 • 해외시장의 높은 성장 잠재력	㉠ 해외시장의 사업 다각화 ㉡ 해외 업체와의 전략적 제휴 강화	㉢ 우수인재 확보 및 신기술개발
위협(T)	• 신규업체 진입과 경쟁 심화 • 해외 정치적 이슈 증가	㉣ 해외시장 점유율 제고를 위한 방안 마련	㉤ 대내외 협력 플랫폼 활성화

① ㉠

② ㉡

③ ㉢

④ ㉣

⑤ ㉤

출제 의도 기업 내부의 강점과 약점, 외부 환경의 기회와 위협 요인을 분석하고 연관 지어 적절한 전략을 평가할 수 있는지를 파악하고자 하였다.

정답 ⑤

해설 대내외 협력 플랫폼 활성화는 강점과 기회 요인을 적절히 융합한 SO 전략으로 볼 수 있다.

① 탄탄한 자금력이라는 강점을 활용해 기회요인을 극대화하는 SO 전략이다.

② 다양한 글로벌 네트워크라는 강점을 활용해 기회요인을 극대화하는 SO 전략이다.

③ 우수인재 확보 및 신기술개발은 신사업 대응을 위한 전문성이라는 약점을 보완함으로써 해외시장에 적극적으로 진출하기 위한 WO 전략이다.

④ 해외시장 점유율 제고를 위한 방안 마련은 신규 업체 진입과 경쟁 심화를 극복하기 위해 강점을 활용하는 ST 전략이다.

직업기초능력명 : 문제해결능력
하위영역명 : 문제처리능력(PSAT형)

2 D기업의 영업팀에서는 아래 자료를 바탕으로 해외 출장인원을 선정하려고 한다. 해외 출장인원에 포함되지 <u>않는</u> 직원은 누구인가?

> • 해외 출장인원은 총 4명이다.
> • 영업 점수가 높은 순으로 선발하되, 다음 조건을 모두 충족해야 한다.
>   – 적어도 1명의 과장이 출장인원에 포함되어야 한다.
>   – 같은 직급의 직원은 최대 2명까지 출장을 갈 수 있다.
>   – 같은 팀의 대리 이상 직원은 2명 이상 출장을 갈 수 없다.
>   – 사원은 회화 능력과 어학 자격증 모두 중급 이상인 경우에만 출장을 갈 수 있다.
>   – 출장인원 중 적어도 2명의 회화 능력은 상급이어야 한다.
>   – 영업팀 직원의 정보는 아래와 같다.
>
> | 직원 | 팀 | 직급 | 영업 점수 | 회화능력 | 어학자격증 |
> |------|-----|------|-----------|----------|------------|
> | A | 1 | 과장 | 89 | 상급 | 중급 |
> | B | 2 | 대리 | 92 | 중급 | 하급 |
> | C | 1 | 대리 | 90 | 상급 | 중급 |
> | D | 3 | 사원 | 95 | 하급 | 중급 |
> | E | 3 | 대리 | 91 | 중급 | 상급 |
> | F | 2 | 사원 | 88 | 중급 | 중급 |
> | G | 3 | 과장 | 93 | 하급 | 중급 |
> | H | 2 | 과장 | 94 | 중급 | 하급 |
> | I | 2 | 대리 | 92 | 상급 | 중급 |
> | J | 1 | 사원 | 86 | 상급 | 중급 |
> | K | 2 | 과장 | 96 | 하급 | 상급 |

① A   ② C
③ G   ④ J
⑤ K

출제 의도 주어진 조건과 자료에 근거하여 문제를 처리할 수 있는지를 측정하고자 하였다.

정답 ①

해설 영업 점수가 높은 순으로만 선정하면 과장 K(96점), 사원 D(95점), 과장 H(94점), 과장 G(93점)이다. 그러나 같은 팀의 대리 이상 직급은 2명 이상 출장을 갈 수 없으므로 2팀에서는 과장 K만 출장을 갈 수 있고, 과장 H는 출장을 갈 수 없다. 또한 사원 D는 회화 능력이 하급이므로 출장을 갈 수 없다. 다음으로는 영업 점수가 높은 과장 G가 출장을 갈 수 있다. 여기서 출장인원 4명 중 과장 2명이 확정되므로 과장 A는 출장인원에서 제외된다. 과장 G 다음으로는 대리 B와 대리 I가 동일한 영업 점수 92점을 가지고 있으나, 같은 팀의 대리 이상 직원은 2명 이상 출장을 갈 수 없으므로 대리 B, 대리 E, 대리 I 모두 제외된다. 확정되어야 하는 나머지 출장인원 2명은 회화 능력이 모두 상급이어야 하므로 대리 C와 사원 J가 출장에 가게 된다. 따라서 최종적으로 출장을 가는 직원은 C, G, J, K이다.

● 면접전형

■ 주요 평가 방안

주어진 과업을 수행하는 과정에서 발생한 문제의 원인을 파악하고, 다양한 방법을 통해 문제를 해결했던 경험에 대한 질의응답을 통해 문제처리능력의 수준을 평가한다.

■ 준비 방안

• 평소 팀 프로젝트, 동아리, 아르바이트, 인턴 활동을 하면서 경험하는 다양한 문제 상황에서 문제의 원인을 파악하여 해결하기 위해 적극적으로 노력하는 것이 가장 중요하다.

• 문제가 발생한 원인을 단면적으로만 파악할 것이 아니라 다양한 측면으로 파악하여 다각적으로 접근하는 노력이 필요하다.

• 문제를 해결하는 데 가능한 대안들을 파악하고, 대안들 중 최적의 대안을 선택하고 적용하는 노력이 필요하다.

• 평소 자신의 문제해결 경험과 관련하여 문제 발생 배경, 파악한 문제 원인, 문제해결을 위한 노력 행동과 결과에 대해 구체적으로 기록해두어야 한다.

■ **경험면접 사례**

[면접 질문 1]

> 주어진 역할에 따라 과업을 수행하는 과정에서 발생한 문제를 직접적으로 나서서 해결했
> 던 경험에 대해 이야기해 주시기 바랍니다.

• GOOD 사례 ❶

A. 반복되는 문제의 근본적인 해결 방법을 도출하기 위해 '번거롭지만 명확한 정보
확인'을 통해 만족스러운 결과를 낸 경험이 있습니다.

Q. 당시 상황에 대해 구체적으로 이야기해주시기 바랍니다.

A. 작년에 A기관에서 인턴으로 일할 당시의 일입니다. B연구소 현황 보고서 통계자
료를 최신 자료로 업데이트하는 업무를 맡게 되었습니다. 하지만 자료의 출처들이
표기되어 있지 않아 자료를 확보하는 것도 어려운 상황이었습니다. 출처가 분명하
지 않으면 보고서의 신뢰성도 떨어질 수 있는 상황이라고 판단했습니다.

> **GOOD POINT** 당면한 문제 상황에 대해 어떻게 인식하였는지 구체적으로 이야
> 기하였다.

Q. 그런 문제를 해결하기 위해 어떻게 하였습니까?

A. 우선, 데이터값을 제공한 곳을 확인하지 못하여 객관적이고 명확한 자료의 최신
정보를 얻지 못하는 것이라고 판단했습니다. 그래서 저는 먼저 데이터를 제공한
곳을 찾아야 한다고 생각했습니다. 데이터를 세밀하게 검토, 분석하며 일일이 통
계와 웹서핑에서 수치를 검색하면서 파악해갔습니다.

> **GOOD POINT** 문제해결을 위해 본인이 직접 했던 노력 행동에 대해 명확히 이
> 야기하였다.

Q. 문제를 해결해나가는 과정에서 겪은 어려움은 무엇이고 어떻게 대처했습니까?

A. 정해지지 않은 웹사이트에서 자료를 찾기는 쉽지 않았습니다. 하지만 수치로 검색
하는 방법이 유일하며 가장 확실하다고 생각했습니다. 통계청 등의 국가기관 자
료, 각종 연구소의 자료부터 구글링을 통한 영문자료까지 폭넓게 검색했습니다.

> **GOOD POINT** 문제해결 과정에서 겪은 어려움에도 적극적으로 대처하였다.

Q. 결과는 어땠습니까?

A. 각고의 노력 끝에 모든 자료의 출처를 찾을 수 있었고 데이터를 최소 2019년도에서 최대 2020년도 수치로 업데이트할 수 있었습니다. 이에 그치지 않고 보고서에 기재된 자료들의 출처에 대한 모든 정보를 기록하여 데이터베이스화하여 관리함으로써, 추가 변동사항이 있을 때 신속하게 적용할 수 있도록 기반을 마련할 수 있었습니다. 이를 계기로 업무 수행을 위해 반복되는 문제를 넘어가지 않고 적극적으로 해결하는 자세를 기를 수 있었습니다. 또한, 자료 사용 시 원출처의 정확한 표기가 중요하다는 사실도 깨닫게 되었습니다.

　GOOD POINT 결과에 대해 구체적으로 이야기하였으며, 결과의 의미와 교훈에 대해서도 이야기하였다.

• BAD 사례 ❶

A. 학과 동아리에서 고등학생들 대상으로 1박2일 간 캠프를 운영한 적이 있습니다. 저는 큰 틀의 1박2일의 캠프를 기반으로 그 안에 실행하고 운영하게 될 콘텐츠를 만드는 역할이었습니다.

Q. 어떤 문제가 발생하였습니까?

A. 제가 한 번도 경험해보지 못했던 고등학생 대상의 1박 2일 캠프 기획안을 작성해야 하는 상황이 문제라고 생각했습니다.

　BAD POINT 과업 자체가 문제 상황이라고 하는 것은 적절하지 않다. 문제로 볼 수 없는 것은 아니지만, 많은 면접 장면에서는 요구하는 '문제 상황'으로는 적절하지 않다. 면접 장면에서는 주로 팀 프로젝트, 아르바이트, 인턴, 동아리 활동을 하면서 자신의 역할 수행이나 과업 수행 중 발생한 문제를 요구한다.

Q. 문제 상황에 어떻게 대처하셨습니까?

A. 다양한 학년의 학생들의 여러가지 의견을 모으고 취합하였으며, 제 아이디어에 대한 피드백을 받았습니다. 직접 고등학교에 찾아가서 학생들에게 저의 기획안 초안에서 수정할 점이나 새로운 의견을 받아 기획안에 반영하였습니다.

　BAD POINT 다양한 의견을 듣는 행동은 기획안 작성을 위해 필요한 과정 중 하나로 볼 수 있으며, 문제해결을 위한 적절한 행동으로 보기 어렵다. '문제'에 대한 규명부터 잘못되었다 보니, 문제 상황 해결 방안도 부적절하다.

Q. 문제 상황에 대처하는데 어떤 점을 고려하였습니까?

A. 최대한 많은 좋은 아이디어를 얻는 것입니다.

> **BAD POINT** '최대한, 많은, 좋은'과 같은 표현은 모호하다. 구체적인 표현을 사용해야 한다. 또한 문제 상황에 대처하는데 한 가지 측면만 고려하는 것은 적절하지 않다. 다양한 측면을 고려해야 한다.

Q. 결과는 어땠습니까?

A. 고등학생들로부터 다양한 피드백을 받아 고등학생들이 참여했을 때 좋아할 만한 요소를 많이 넣을 수 있었고 실제 캠프 운영 이후 피드백과 평가에서도 좋은 결과를 얻을 수 있었습니다. 단순히 대학생의 눈에서 아이디어를 판단하고 실행하게 되었다면 실제 참가하는 학생들에게 와 닿지 않는 캠프가 될 수도 있었다고 생각합니다. 각각의 아이디어에 대해서 어떤 장점이 있는지 전체적인 캠프의 취지에 어울리는지에 대한 판단을 하기 전에 선입견을 지울 수 있는 계기가 되었고 1박2일의 시간을 구성하는데 있어 여러 가지 의견이 충돌할 때에도 어떤 아이디어를 택할지에 대한 기준이 되었습니다. 이런 경험을 통해 상대방의 관점에서 생각하는 것이 중요하다고 생각하게 되었습니다.

[면접 질문 2]

> 학교생활이나 동아리, 아르바이트, 인턴 등의 활동을 하며 소속 조직에서 발생한 문제를 해결하기 위해 노력했던 경험에 대해 이야기해주시기 바랍니다.

• GOOD 사례 ❷

A. 저는 대학 시절 봉사 동아리 활동을 하면서 봉사 동아리의 문제점을 해결했던 경험이 있습니다.

Q. 구체적으로 어떤 활동을 하는 봉사 동아리였습니까?

A. 봉사 동아리는 지역의 복지센터와 연계하여 지역 주민들에게 봉사활동을 주로 하는 단체였고, 타 대학과 함께 연계하여 봉사활동을 하기도 하는 규모가 큰 동아리였습니다. 주요 활동 내용은 주로 도배나 장판교체 및 페인트칠을 하는 것이었습니다. 생긴지 1년도 채 안 된 동아리였지만, 동아리 초기 멤버로서 적극적으로 활동하였습니다.

GOOD POINT 동아리 특성, 주요 활동 내용에 대해 구체적으로 설명하였다.

Q. 봉사활동을 하면서 어떤 문제가 발생했습니까?

A. 어떤 친구들은 일을 더 많이 하고 어떤 친구들은 일을 적게 하여 쉬고 있는 모습이 보였습니다. 몇몇 친구들은 저에게 불만을 토로하기도 했습니다. 저는 이러한 상황이 지속되면 좋은 일을 하고도 동아리 내부의 관계가 깨질 수 있겠다고 생각을 하였습니다.

GOOD POINT 문제 상황에 대해 명확히 인식하였다.

Q. 그러한 문제를 해결하기 위해 어떻게 했습니까?

A. 먼저 원인을 살펴보는 것이 중요하다고 생각했습니다. 며칠동안 동아리원들이 활동하는 모습을 유심히 살펴보았고 특히 누가 어떻게 움직이는지 작업의 동선은 어떻게 되는지를 살펴보았습니다. 서로 활동에 대한 책임과 임무가 명확하게 정해진 것이 없다보니 우왕좌왕하는 모습이 보였고, 1명이 해도 되는 일을 3-4명이 모여서 하는 모습 그리고 모여있다 보니 서로 잡담하면서 거의 시간을 보내는 모습을 관찰할 수 있었습니다.

GOOD POINT 문제 발생 원인을 파악하였다.

Q. 어떤 방법으로 문제를 해결했습니까?

A. 서로의 역할과 임무를 명확하게 하자고 제안하였습니다. 경영학 시간에 들었던 테일러리즘을 기반으로 활동하기에 가장 최적의 동선을 생각하고 그 환경에 인원을 배치하였습니다. 즉, 작업환경을 다 단순화시켜서 분업화 시켰습니다. 벽지를 제단하는 팀, 벽지에 풀을 바르는 팀, 벽지를 벽에 붙이는 팀으로 나누었고 이 팀에 배정되는 기준은 해당 활동을 해봤던 경험을 우선적으로 적용하여 배정하였습니다. 그리고 남자들은 짐을 나르고 옮기는 팀에 배정하였으며, 각 팀별로 건축 관련 봉사활동을 가장 오래했던 구성원을 배치하여 진행상황과 팀원들을 독려하는 역할을 배정하였습니다. 그런 후에 봉사활동의 의미를 상기시키며 봉사활동 시간에 사담을 나누는 것을 자제해야 하며, 봉사활동이 끝난 후에 사담을 나눌 것을 요청했습니다.

GOOD POINT 문제해결 방안에 대해 구체적으로 제시하였다.

Q. 본인이 직접 아이디어를 내고 해결하였습니까?

A. 네, 그렇습니다. 제가 동아리장은 아니었지만, 당시 동아리장이 개인적인 일로 한 달 정도 봉사활동에 참여하기 어려운 상황이었습니다. 제가 제일 연장자여서 동아리 구성원들이 의지를 하고 있는 상황이어서 나서서 해결했습니다. 제가 문제 원인을 파악하여 해결 아이디어를 제시하였고, 세부적인 업무분담은 구성원들의 의견을 반영하여 배정했습니다.

> **GOOD POINT** 문제해결을 위해 직접 아이디어를 내고 구성원들을 독려하며 실행해나갔다.

Q. 그 결과는 어땠습니까?

A. 그 결과 일이 효율적으로 진행되었으며, 동아리 구성원들의 불만이 많이 사라졌습니다. 일부 동아리 회원들은 여전히 게으름을 피우기도 했지만, 개인의 성향이기도 해서 그 이상 어떻게 조치를 취하기는 어려웠습니다. 그래서 저는 동아리 장에게 봉사활동의 성실성에 대한 동료 평가를 실시하여, 매우 불성실한 구성원에게는 경고를 주는 방안을 제안하였습니다.

> **GOOD POINT** 당면한 문제 상황에 대해 일회적인 조치를 넘어서서 지속적으로 문제가 발생하지 않도록 추가적인 방안을 모색하였다.

• BAD 사례 ❷

A. 대학 시절 저는 연극동아리 활동을 했습니다. 연극동아리 연습실 사용 문제를 해결한 적이 있습니다.

Q. 동아리 전체 인원은 몇 명 정도였습니까?

A. 동아리는 전체 20명 정도 되는 규모였습니다.

Q. 동아리에서 어떤 역할을 맡았습니까?

A. 그 당시 저는 동아리장으로서 역할을 맡고 있었습니다.

> **BAD POINT** 동아리장으로서 무엇을 했는지에 대해 언급하지 않았다. 리더로서 동아리의 다른 구성원들과 다르게 어떤 역할을 수행했는지 구체적으로 이야기를 해야 한다.

Q. 구체적으로 어떤 상황에서 문제를 어떻게 해결했습니까?

A. 연극 동아리의 특성상 무대가 있는 연습실을 사용해야 했습니다. 하지만 저희 동아리만 무대를 사용하는 것이 아니고, 다른 동아리들과 함께 무대를 사용해야만 하는 상황이었습니다. 이런 상황에서 먼저 도착한 동아리가 연습실을 사용하는 구조였습니다. 그러다 보니 연습실 사용을 위해 각 동아리에서는 후배들을 시켜 연습실을 일찍 맡게 하는데 경쟁이 치열했으며 그런 과정에서 다툼도 일어났습니다. 늦게 도착한 동아리는 이전 동아리의 연습이 다 끝날 때까지 연습실을 사용하지 못하는 경우가 발생했습니다. 그래서 각 동아리의 장들에게 연락을 취해 문제를 함께 해결하자고 하였습니다. 각 동아리의 장들이 모여 이 문제에 대해 논의하였습니다. 논의 결과, 각 동아리별로 요일을 정하여 연습실을 사용하되 변동 상황이 생길 시에는 빠르게 공유하기로 하였습니다.

> **BAD POINT** 연습실 사용 문제해결을 위해 단편적으로 접근하였다. 다양한 측면을 고려한 다양한 방안의 제시가 필요하다.

Q. 당면한 상황에서 문제의 원인은 무엇이라고 생각했습니까?

A. 연습실 사용에 대한 시스템이 없었던 게 문제 원인이었던 것 같습니다.

> **BAD POINT** 문제와 관련하여 다양한 원인을 파악하지 못하였다. 단편적이고 지엽적인 측면에 초점을 맞추었다.

Q. 각 동아리의 장들에게 연락을 취한 것은 지원자 본인인가요?

A. 네, 제가 각 동아리장들에게 연락을 취했습니다.

Q. 동아리별로 요일을 정하여 연습실을 사용하고 변동 상황 발생 시 공유하자는 아이디어는 누가 낸 것입니까?

A. 정확히 누구였는지는 기억이 나지 않습니다. 각 동아리장들이 이런 저런 의견을 제시하였고, 동아리장들의 의견을 종합하여 결론을 낸 것입니다.

> **BAD POINT** 문제해결을 위해 지원자가 했던 행동은 각 동아리의 장들을 한자리에 모은 것 뿐이었다. 문제해결을 위해 본인이 제시했던 아이디어와 노력 행동이 구체적으로 드러나야 한다.

Q. 그 결과는 어땠습니까?

A. 네, 그 이후로는 동아리 사용과 관련된 다툼이나 갈등이 발생하지는 않았습니다.

● 자가진단

■ 진단 체크리스트

각 문항과 관련하여 자신의 행동 수준, 강도에 따라 평정하여 주시기 바랍니다.

문항	매우 미흡	미흡	보통	우수	매우 우수
1. 나는 문제 상황에 대해 정확하게 이해할 수 있다	1	2	3	4	5
2. 나는 문제 원인을 적절하게 규명할 수 있다	1	2	3	4	5
3. 나는 문제를 해결할 수 있는 다양한 대안들을 도출할 수 있다	1	2	3	4	5
4. 나는 문제를 해결할 수 있는 다양한 대안들 최적의 대안을 선택할 수 있다	1	2	3	4	5
5. 나는 문제해결 대안이 적절했는지 평가할 수 있다	1	2	3	4	5

■ 평정 결과

• 평균 3.0점 미만 : 문제처리능력을 발휘하는데 다소 어려움이 예상된다. 평소 다양한 과업을 수행하는 과정에서 문제의 원인을 명확히 규명하고, 효과적인 해결방안을 제시하기 위한 노력을 적극적으로 기울여야 한다.

• 평균 3.0점 이상~3.5점 미만 : 문제처리능력을 보유하고 있으나, 난이도 높은 업무 수행 시 어려움이 예상된다. 문제해결에 영향을 미치는 다양한 요인을 파악하여 다수의 대안을 제시하고, 최적의 대안을 선택하기 위한 노력을 기울여야 한다.

• 평균 3.5점 이상~4.0점 미만 : 문제처리능력을 발휘할 수 있으나, 보다 우수한 수준의 문제처리능력을 발휘하기 위해서는 약점 중심으로 개발해 나가야 한다.

• 평균 4.0점 이상 : 업무 수행 시 우수한 수준의 문제처리능력을 발휘할 수 있다.

03

수리능력

[1] 기초연산능력
[2] 기초통계능력
[3] 도표분석능력
[4] 도표작성능력

학습에 들어가기 전에...

수리능력은 일반적으로 서류전형과 면접전형에서는 평가하지 않는다. 주로 필기전형에서 평가하며, 하위능력들을 통합한 문제가 출제되기도 하고, 기초연산능력, 기초통계능력, 도표분석능력, 도표작성능력별로 문제가 출제되기도 한다.

이에 따라 수리능력 단원에서는 하위능력별로 필기전형의 평가 방안 및 준비 방안을 기술하였으며, 서류전형과 면접전형의 평가 방안 및 준비 방안에 대해서는 다루지 않았다.

Chapter 01	Chapter 02	**Chapter 03**	Chapter 04	Chapter 05

수리능력

● 학습모듈

① 수리능력의 의미와 중요성

■ **수리능력의 의미**

여러 자연현상이나 사회현상들을 추상화, 계량화하여 그 본질적 성질에 대해 설명하는 능력, 모든 과학의 언어로서 자연과학, 공학, 인문학, 사회과학에 이르기까지 광범하게 응용

■ **수리능력의 중요성**

• 수학적 사고를 통한 문제해결

  – 업무 중에 일어나는 다양한 문제를 해결할 때 수학 원리를 활용하면 문제를 분류하고 해법을 도출하기 용이함

• 직업세계 변화에 적응

  – 모든 직업인에게 공통으로 필요하며, 앞으로 더욱 가속화될 혁신시대에 살아남고 직업세계의 변화에 적응하기 위해 더욱 필요한 능력

  – 어느 과정의 앞 단계에서 제대로 학습을 하지 못했다면 다음 단계를 학습하는 것이 매우 어려우므로 논리적이고 단계적인 학습이 필요한 능력

• 실용적 가치의 구현

  – 일상생활 혹은 업무 수행에 유용한 아이디어나 개념 도출 가능

② 도포분석 및 작성이 필요한 이유

■ **도표의 의미**

• 선, 그림, 원 등으로 그림을 그려서 내용을 시각적으로 표현하여 다른 사람이 한눈에 자신의 주장을 알아볼 수 있게 한 것

- 지나쳐 버리기 쉬운 복잡한 수치도 그래프를 그려봄으로써 쉽게 파악할 수 있고, 전체와 부분의 비교도 가능

■ **도표의 목적**

- **보고 또는 설명** : 사내 회의에서 설명을 하거나 상급자에게 보고할 때 대표적으로 사용. 현상분석을 통해 전체의 경향 또는 이상 수치를 발견하거나, 문제점을 명백히 밝혀 대책이나 계획을 세우는 데 적극 활용
- **상황 분석** : 도표를 더욱 적극 활용하는 경우, 회사의 상품별 매출액의 경향을 본다거나 거래처의 분포 등을 보는 경우가 해당
- **관리 목적** : 진도관리 도표나 회수상황 도표 등이 해당

③ **업무 수행 과정에서 필요한 단위환산방법**

■ **단위의 의미와 환산**

단위	의미	단위환산
길이	물체의 한 끝에서 다른 한 끝까지의 거리	1cm = 10mm, 1m = 100cm, 1km = 1,000m
넓이	평면의 크기(면적)	$1cm^2$ = $100mm^2$, $1m^2$ = $10,000cm^2$, $1km^2$ = $1,000,000m^2$
부피	입체가 점유하는 공간 부분의 크기	$1cm^3$ = $1,000mm^3$, $1m^3$ = $1,000,000cm^3$, $1km^3$ = $1,000,000,000m^3$
들이	통이나 그릇 따위의 안에 넣을 수 있는 물건 부피의 최댓값	$1m\ell$ = $1cm^3$, $1d\ell$ = $100cm^3$ = $100m\ell$, 1ℓ = $1,000cm^3$ = $10d\ell$
무게	–	1kg = 1,000g, 1t = 1,000kg = 1,000,000g
시간	–	1분 = 60초, 1시간 = 60분 = 3,600초
할푼리	비율을 소수로 나타내었을 때, 소수 첫째 자리(할), 소수 둘째 자리(푼), 소수 셋째 자리(리)를 이름	1푼 = 0.1할, 1리 = 0.01할, 모 = 0.001할

● 적용사례

■ 기초연산능력, 기초통계능력 발휘 사례

K사의 A사원은 조직진단팀의 사원으로 최근에 전사적으로 실시한 조직진단 결과를 분석하는 일을 맡았다. 전사, 본부, 지사, 팀 단위의 결과를 분석하고 요약하여 보고서를 작성해야 한다. 결과 해석에 대한 부분은 주로 사수와 팀장님이 맡아서 하지만 기본적인 데이터를 정리하고 분석하는 일은 A사원이 맡았다. 우선 가장 기본적인 통계값인 평균과 표준편차 데이터를 산출하였다. 그러나 이 값만으로는 의미있는 시사점이나 결과 해석을 제시하기에는 한계가 있었다. 그래서 다섯숫자요약(최솟값, 중앙값, 최댓값, 하위 25%값, 상위 25%값)을 효과적으로 활용하였다. 또한, 관리자급과 일반 직원들의 인식 차이를 알아보기 위해 관리자급의 값과 일반 직원들의 값을 별도로 분석하였다.

■ 도표분석능력, 도표작성능력 발휘 사례

X사의 B사원은 자사 제품Z의 5년간 매출액 변화에 대한 자료를 분석해 달라는 업무를 부여받았다. 자료를 정리하여 분석하는 과정에서 매출액 수치를 표로 제시하는 것보다는 시각적으로 제시하는 것이 효과적일 것이라 생각하였다. 선 그래프는 한 장의 그래프로 5년분을 한꺼번에 비교하기가 어려운 단점이 있었다. '방사형 그래프'로 만들면 한 장으로 수년 간을 볼 수 있을 것이다. 또한, 비교적 장기의 Life Cycle을 지닌 상품에 대해 다음 해의 판매예측을 하고자 할 때 이 그래프를 보면 과거 수년간의 동향을 알 수 있는 장점이 있었다. 도표를 작성하고 보니 호황기와 불황기의 차이를 명백히 알 수 있었다.

매출액의 계절변동을 꺾은선 그래프와 방사형 그래프(레이더 차트, 거미줄 그래프)를 활용하여 도표를 작성하였더니, 추가적으로 계절변동의 상황도 부각시킬 수 있음을 알 수 있다. 연도별로는 2019년도는 2018년도에 비해서 매출이 떨어지고 있으나 3년째인 2020년에는 회복되고 있음을 알 수 있었다. 계절별로는 봄, 여름에는 잘 안 팔리다가 가을이 되면 잘 팔리는 것을 파악할 수 있었다.

1 기초연산능력

● **학습모듈**

① 기초연산능력이 요구되는 상황

- **업무 수행 중 기초연산능력이 요구되는 상황**
  - 업무상 계산을 수행하고 결과를 정리하는 경우
  - 조직의 예산안을 작성하는 경우
  - 업무비용을 측정하는 경우
  - 업무 수행 경비를 제시해야 하는 경우
  - 고객과 소비자의 정보를 조사하고 결과를 종합하는 경우
  - 다른 상품과 가격 비교를 하는 경우

② 효과적으로 연산 수행하기

- **사칙연산의 의미**
  - 정의
    - 수 또는 식에 관한 덧셈(+), 뺄셈(−), 곱셈(×), 나눗셈(÷) 등 네 종류의 계산법
  - 법칙
    - 복소수·실수 또는 유리수 전체 범위 : 0으로 나누는 나눗셈 제외, 사칙 항상 가능
    - 정수의 범위 : 덧셈, 뺄셈, 곱셈 항상 가능
    - 자연수의 범위 : 덧셈, 곱셈 항상 가능
    - 덧셈과 곱셈
      - ✓ 교환법칙 $a+b=b+a$, $a \times b=b \times a$
      - ✓ 결합법칙 $a+(b+c)=(a+b)+c$, $a \times (b \times c)=(a \times b) \times c$
      - ✓ 분배법칙 $(a+b) \times c=a \times c+b \times c$
    - 뺄셈·나눗셈 : 각각 덧셈·곱셈 법칙에 의해 유도
      - ✓ 뺄셈
        - ➜ 임의의 실수를 a, b라 할 때 $b+x=a$를 만족하는 x를 구하는 것

➔ a－b

➔ a와 b의 차

✓ 나눗셈

➔ b×x＝a(b≠0)를 만족하는 x를 구하는 것

➔ a÷b 또는 $\frac{a}{b}$로 씀

③ 연산결과가 맞는지 확인하기

■ 효과적인 검산방법

- **역연산** : 답에서 거꾸로 계산해 봄으로써 원래 답이 나오는지 계산. 연산의 결과를 계산하기 전의 식으로 되돌아가는 검산법
  - 덧셈의 역연산은 뺄셈 연산이고, 곱셈의 역연산은 나눗셈을 이용한 연산
  - 역연산 방법은 원래의 연산 순서를 거꾸로 계산하는 방법, 곱셈과 나눗셈보다 덧셈과 뺄셈을 먼저 계산
- **구거법** : 원래의 수와 각 자리수의 합이 9로 나눈 나머지가 같다는 원리를 이용함. 각 수를 9로 나눈 나머지만 계산해서 좌변과 우변의 9로 나눈 나머지가 같은지 판단
  - 정답과 오답의 나머지가 9가 차이가 날 경우 검산을 해도 틀린 곳을 발견 못 할 수도 있지만, 보통 1, 2 차이로 틀리기 때문에 일반적으로는 계산이 맞았는지 틀렸는지 쉽게 찾는 것이 가능
  - 예시

> • 3456 + 341 = 3797
> • 3+4+5+6을 9로 나눈 나머지는 0
> • 3+4+1을 9로 나눈 나머지는 8
> • 3+7+9+7을 9로 나눈 나머지는 8
> • 0+8=8
> ▶ 맞는 식

● 필기전형

■ NCS 직업기초능력 평가 문항 예시 및 해설

> 직업기초능력명 : 수리능력
> 하위영역명 : 기초연산능력

1 아래는 A사의 2021년 예산안이다. '법인세'란에 들어갈 숫자로 옳은 것은?

〈표〉 A사 2021년 예산안

(단위 : 억원)

수　익(A)		13,829
	매출액	13,520
	기타수익	62
	금융수익	247
비　용(B)		11,545
	재료비	9,886
	인건비	693
	복리후생비	48
	예비비	51
	법인세	?
당기순이익(A-B)		2,284

① 857　　　　　　　　　　② 867

③ 877　　　　　　　　　　④ 887

⑤ 897

출제 의도 덧셈과 뺄셈의 기초적 연산 능력을 평가하고자 하였다.

정답 ②

해설 법인세란에 들어갈 숫자는 총 비용 11,545억원에서 나머지 비용들의 합인 10,678 (=9,886+693+48+51)억원을 뺀 867억원이다.

2 아래는 2019년 국가별 전기차 판매 현황이다. 아래 자료에 대한 설명 중 틀린 것은?

〈표〉 국가별 전기차 판매량 및 세계 시장 점유율

구분	중국	미국	독일	프랑스	한국	일본	인도
판매량 (천대)	867	398	가	201	132	73	38
점유율 (%)	43.5	20.0	14.2	10.1	나	3.7	1.9

① 전세계적으로 전기차는 총 2백만대 이상 팔렸다.
② 중국의 전기차 판매량은 미국의 두 배 이상이다.
③ '가'에 들어갈 수치는 300보다 작다.
④ '나'에 들어갈 수치는 6보다 크다.
⑤ 일본과 인도의 판매량 차이는 35천대이다.

출제의도 덧셈, 뺄셈, 곱셈, 나눗셈의 사칙연산 능력을 종합적으로 평가하고자 하였다.

정답 ①

해설 ① 국가별 판매량의 총합은 1,993천대로 2백만대 미만이다.
② 중국의 전기차 판매량은 미국의 2.18배이다.
③ '가'에 들어갈 수치는 284이다.
④ '나'에 들어갈 수치는 6.6이다.
⑤ 일본 판매량에서 인도 판매량을 빼면 35천이다.

● **자가진단**

■ **진단 체크리스트**

각 문항과 관련하여 자신의 행동 수준, 강도에 따라 평정하여 주시기 바랍니다.

문항	매우 미흡	미흡	보통	우수	매우 우수
1. 나는 기초적인 사칙연산과 계산방법에 대해 이해하고 있다	1	2	3	4	5
2. 나는 사칙연산에서의 교환법칙, 결합법칙 및 분배법칙에 대해 이해하고 있다	1	2	3	4	5
3. 나는 사칙연산에서의 교환법칙, 결합법칙 및 분배법칙에 따라 연산할 수 있다	1	2	3	4	5
4. 나는 역연산방법에 따라 검산할 수 있다	1	2	3	4	5
5. 나는 구거법에 따라 검산할 수 있다	1	2	3	4	5

■ **평정 결과**

• 평균 3.0점 미만 : 기초연산능력을 발휘하는데 다소 어려움이 예상된다. 기초연산과 관련된 기본 개념과 원리를 정확하게 파악하고 적용하여 문제를 해결하기 위한 노력을 기울여여 한다.

• 평균 3.0점 이상~3.5점 미만 : 기초연산능력을 보유하고 있으나, 난이도 높은 업무 수행 시 어려움이 예상된다. 과제해결을 위한 적절한 연산 방법을 선택하여 연산을 수행하고 연산 결과를 적절히 평가하기 위한 노력을 기울여야 한다.

• 평균 3.5점 이상~4.0점 미만 : 기초연산능력을 발휘할 수 있으나, 보다 우수한 수준의 기초연산능력을 발휘하기 위해서는 약점 중심으로 개발해 나가야 한다.

• 평균 4.0점 이상 : 업무 수행 시 우수한 수준의 기초연산능력을 발휘할 수 있다.

2 기초통계능력

● **학습모듈**

① **직업인에게 필요한 통계**

■ **통계의 의미**

- 어떤 현상의 상태를 양으로 반영하는 숫자이며, 특히 사회집단의 상황을 숫자로 표현한 것

- 자연적인 현상이나 추상적인 수치의 집단도 포함해서 일체의 집단적 현상을 숫자로 나타낸 것

- 사회에 실재하는 고유의 사실과 연관되면서 단일 개체가 아닌 사회적 집단에 관한 숫자 자료

- 어떤 일정집단에 대한 숫자 자료, 같은 종류의 사례(개체)를 모은 집단에 대한 숫자 자료

- **통계학** : 불확실한 상황에서 현명한 의사결정을 하기 위한 이론과 방법을 다루는 분야, 주로 자료의 수집, 분류, 분석, 그리고 해석의 체계 존재

- **통계분석** : '모르는 값'을 '아는 값(의미가 있는 값)'으로 바꾸어 가는 과정

■ **조사에서의 통계**

- 우리가 알고자 하는 대상(분석대상)에 대하여 가장 정확한 정보를 얻는 방법은 분석대상을 모두 조사하는 것(전수조사)이나, 엄청난 시간과 비용이 들기 때문에 표본조사 사용

  - 표본조사 : 전체(모집단)를 잘 대표하는 일부분(표본)을 뽑고 표본을 조사, 분석하여 전체(모집단)의 특성 유추

- 통계집단의 구성(단위, 표지, 특정한 시점 또는 시간과 장소, 범위의 규정)에 바탕을 두고 파악

- 통계집단의 요소들인 단위, 표지, 때, 장소의 구체적 개념이나 정의를 어떻게 정하는가 매우 중요

- 통계는 현실의 일정한 사회관계를 바탕으로, 조사자와 피조사자 사이에서 질문·응답이 행해지는 통계조사라는 특수한 과정 실시하며, 상호협조와 이해에 따르는 대항관계 작용

- 통계의 이용에 앞서, 통계가 무엇을 어떤 정의나 개념규정에 기초해 숫자로서 파악하고 있는가, 그 통계조사는 어떤 조사목적으로, 구체적으로 무엇을 조사하고, 무엇을 통계로서 표시하는가를 검토하는 일이 매우 중요

■ **통계자료의 파악**

통계에 사용되는 자료는 집중화 경향, 분산도, 비대칭도를 기준으로 파악

- **집중화 경향** : 자료들이 어느 위치에 집중되어 있는가를 나타내는 것으로 평균, 중앙값, 최빈값 등으로 나타냄
- **분산도** : 자료들이 어느 정도 흩어져 있는가를 나타내는 것으로 범위, 표준편차, 분산 등으로 나타냄
- **비대칭도** : 자료들이 대칭에서 얼마나 벗어나 있는지를 나타내는 것으로 왜도, 첨도 등으로 나타냄

■ **통계의 기능**

- 많은 수량적 자료를 처리 가능하고 쉽게 이해할 수 있는 형태로 축소시킴
- 표본을 통해 연구대상 집단의 특성 유추
- 의사결정의 보조수단
- 관찰 가능한 자료를 통해 논리적으로 어떠한 결론 추출·검증

② 업무에 필요한 대표적인 통계치

■ **빈도와 백분율**

- 빈도
  - 어떤 사건이 일어나거나 증상이 나타나는 정도
  - 빈도분포
    - ✓ 빈도를 표나 그래프로 종합적이면서도 일목요연하게 표시하는 것
    - ✓ 보통 빈도수와 백분율로 나타내는 경우가 많으며, 상대적 빈도분포와 누가적 빈도분포로 나누어 표시
- 백분율
  - 전체의 수량을 100으로 하여, 나타내려는 수량이 그 중 몇이 되는가를 가리키는 수(퍼센트)로 표시
  - 기호는 %(퍼센트)이며, 100분의 1이 1%에 해당

　　　－ 오래 전부터 실용계산의 기준으로 널리 사용되었으며, 원형 그래프 등을 이용

■ **범위와 평균**

• **범위**

　－ 관찰값의 흩어진 정도를 나타내는 도구

　－ 최고값에서 최저값을 뺀 값에 1을 더한 값

　－ 장점 : 계산의 용이성

　－ 단점 : 극단적인 끝값에 의해 좌우

• **평균**

　－ 관찰값 전부에 대한 정보를 담고 있어 대상집단의 성격을 함축적으로 나타낼 수 있는 값

　　✓ 산술평균 : 전체 관찰값을 모두 더한 후 관찰값의 개수로 나눈 값

　　✓ 가중평균 : 각 관찰값에 자료의 상대적 중요도(가중치)를 곱하여 모두 더한 값을 가중치의 합계로 나누어 구한 값

　－ 관찰값(자료값) 전부에 대한 정보를 담고 있으나 극단적인 값이나 이질적인 값에 의해 쉽게 영향을 받아 전체를 바르게 대표하지 못할 가능성이 있음

■ **분산과 표준편차**

• **분산**

　－ 자료의 퍼져 있는 정도를 구체적인 수치로 알려주는 도구

　－ 각 관찰 값과 평균값과의 제곱을 모두 더한 값을 총 횟수로 나누어 구함

　－ 각 관찰 값과 평균값과의 차이의 제곱을 모두 합한 값을 개체의 수로 나눈 값

• **표준편차**

　－ 분산 값의 제곱근 값을 의미

　－ 평균으로부터 얼마나 떨어져 있는가를 나타내는 개념

　－ 표준편차가 크면 자료들이 넓게 퍼져 있고 이질성이 큰 것을 의미하며, 작으면 자료들이 집중하여 있고 동질성이 큰 것을 의미함

③ **통계자료 효과적으로 해석하기**

직업인은 업무를 수행할 때 평균과 표준편차와 같은 다양한 통계치를 접하게 된다. 그러나 이러한 통계치를 올바르게 해석하지 못하면 효과적인 결과를 얻을 수 없다. 평균과 표준편차, 두 개의 요약 값만으로는 원자료의 전체적인 형태를 추측하기는 불가능하다.

■ **다섯숫자요약(Five Number Summary)**

• **최솟값** : 원자료 중 값의 크기가 가장 작은 값

• **최댓값** : 원자료 중 값의 크기가 가장 큰 값

• **중앙값** : 정확하게 중간에 있는 값, 관찰값을 최솟값부터 최댓값까지 크기에 의하여 배열하였을 때 순서상 중앙에 위치하는 관찰값, 자료값 중 어느 하나가 너무 크거나 작을 때 자료의 특성을 잘 나타냄

• **하위 25% 값과 상위 25% 값** : 원자를 크기 순으로 배열하여 4등분한 값으로 하위 25% 값은 제25백분위수, 상위 25% 값은 제75백분위수로 표기

■ **평균값과 중앙값**

• 평균값과 중앙값은 다른 개념이고, 모두 중요한 개념이므로 평균값인지 중앙값인지에 대해 명확한 제시 필요

• 원자료에 대한 대표 값으로써 정책을 결정한다든지 평가를 받는다든지 할 때 중요한 역할 수행

• 통곗값을 제시할 때에는 평균값과 중앙값 모두 똑같은 중요도를 갖고 활용할 필요

● 필기전형

■ NCS 직업기초능력 평가 문항 예시 및 해설

직업기초능력명 : 수리능력
하위영역명 : 기초통계능력

1 아래는 A사의 2020년 인사고과 점수 중, 영업 1팀과 2팀에서 각각 6명씩의 점수를 뽑은 표이다. 아래 표에 대한 설명 중 틀린 것은?

〈표〉 2020년 인사고과 점수

(만점 : 100점)

구분	영업 1팀	영업 2팀
가	90	80
나	75	95
다	70	80
라	75	95
마	80	65
바	65	70

① 영업 2팀의 점수 평균이 영업 1팀보다 높다.
② 영업 2팀의 점수 분산이 영업 1팀보다 크다.
③ 영업 1팀 점수의 중앙값은 75점이다.
④ 영업 1팀과 2팀 통틀어 최빈값은 75점이다.
⑤ 영업 1팀과 2팀 통틀어 최소값은 65점이다.

출제 의도 평균, 최빈값, 중앙값, 분산과 같은 기초적 통계지식들을 이해하고 있는지를 평가하고자 하였다.

정답 ④

해설 ④ 최빈값은 세 명이 받은 점수인 80점이다.
  ① 영업 1팀의 평균은 75.8, 2팀의 평균은 80.8이다.
  ② 영업 1팀의 분산은 61.8, 2팀의 분산은 108.3이다.
  ③ 영업 1팀의 점수를 나열하면 [65, 70, 75, 75, 80, 90]으로, 75가 중앙값이다.
  ⑤ 총 12명의 점수 중 가장 작은 값은 65이다.

2 A사에서는 교육 프로그램 '가'와 '나' 중 무엇이 더 효과적인지 알아보기 위해 신입사원을 두 그룹으로 나누어 각각 '가' 또는 '나' 프로그램에 참여시켰다. 이후 업무 수행능력의 향상 여부를 조사한 결과는 아래 〈표〉와 같다. 이에 대한 〈보기〉의 설명 중 옳은 것만을 모두 고르면?

〈표〉 교육 프로그램 참가 후 업무 수행 변화 조사

(단위 : 명)

구분		교육 프로그램	
		'가'	'나'
업무 수행 변화	향상됨	28	49
	향상되지 않음	10	13
	계	38	62

〈보기〉

ㄱ. '가' 프로그램보다 '나' 프로그램에 참가했을 때 업무 수행이 향상될 가능성이 높다.

ㄴ. 두 프로그램 모두 교육 이수 이후에 업무가 향상될 확률이 70% 이상이다.

ㄷ. 업무가 향상되지 않은 사람 중 '나' 프로그램을 이수한 사람은 60% 이상이다.

ㄹ. '나' 프로그램에 참석한 후에도 열 명 중 두 명 정도는 업무가 향상되지 않는다.

① ㄱ, ㄴ   ② ㄱ, ㄹ

③ ㄴ, ㄷ   ④ ㄱ, ㄴ, ㄹ

⑤ ㄴ, ㄷ, ㄹ

출제 의도 확률 또는 비율의 개념을 이해하고 적용할 수 있는지를 평가하고자 하였다.

정답 ④

해설 ④ 업무가 향상되지 않은 23명 중 13명이 '나' 프로그램을 이수했으므로 비율은 57%로, 보기 중 'ㄷ'은 틀렸다.

'가' 프로그램의 업무 수행 향상 비율은 74%(=28/38*100)이고, '나' 프로그램은 79%(=49/62*100)으로, 보기 'ㄱ'과 'ㄴ' 모두 맞는 말이다. 또한 '나' 프로그램 참석자 중 업무가 향상되지 않은 비율은 21%로 'ㄹ' 역시 맞는 말이다.

● 자가진단

■ 진단 체크리스트

각 문항과 관련하여 자신의 행동 수준, 강도에 따라 평정하여 주시기 바랍니다.

문항	매우 미흡	미흡	보통	우수	매우 우수
1. 나는 범위와 평균이 무엇인지 설명할 수 있다	1	2	3	4	5
2. 나는 분산과 표준편차가 무엇인지 설명할 수 있다	1	2	3	4	5
3. 나는 기본적인 통계치들을 직접 구할 수 있다	1	2	3	4	5
4. 나는 제시된 통계치들의 의미를 설명할 수 있다	1	2	3	4	5
5. 나는 다섯숫자요약의 의미를 설명할 수 있다	1	2	3	4	5

■ 평정 결과

- 평균 3.0점 미만 : 기초통계능력을 발휘하는데 다소 어려움이 예상된다. 기초통계와 관련된 기본 개념과 원리를 정확하게 파악하고 적용하여 문제를 해결하기 위한 노력을 기울여야 한다.
- 평균 3.0점 이상~3.5점 미만 : 기초통계능력을 보유하고 있으나, 난이도 높은 업무 수행 시 어려움이 예상된다. 과제해결을 위한 적절한 통계 기법을 선택하여 연산을 수행하고 통계 결과와 기법에 대해 적절히 평가하기 위한 노력을 기울여야 한다.
- 평균 3.5점 이상~4.0점 미만 : 기초통계능력을 발휘할 수 있으나, 보다 우수한 수준의 기초통계능력을 발휘하기 위해서는 약점 중심으로 개발해 나가야 한다.
- 평균 4.0점 이상 : 업무 수행 시 우수한 수준의 기초통계능력을 발휘할 수 있다.

3 도표분석능력

● 학습모듈

① 도표의 종류

■ 도표의 종류와 사용

- 목적별 · 용도별 · 형상별로 구분
- 실제로는 목적과 용도와 형상을 여러 가지로 조합하여 하나의 도표 작성
- 도표는 관리나 문제해결의 과정에서 다양하게 활용, 활용되는 국면에 따라 도표의 종류 달리 적용

구분	종류
목적	관리(계획 및 통제), 해설(분석), 보고
용도	경과, 내역, 비교, 분포, 상관, 계산
형상	선(절선), 막대, 원, 점, 증별, 레이더 차트

② 다양한 도표의 특징

■ 도표의 의미와 특징

구분	의미	특징
선 그래프	시간의 경과에 따른 수량의 변화를 절선의 기울기로 나타냄	• 시간적 추이(시계열 변화)를 표시하는 데 적합함 • 주로 경과 · 비교 · 분포(도수 · 곡선 그래프)를 비롯하여 상관관계 등을 나타낼 때(상관선 그래프 · 회귀선) 쓰임
막대 그래프	비교하고자 하는 수량을 막대 길이로 표시하고 그 길이를 비교하여 각 수량 간의 대소 관계를 나타냄	• 비교하고자 하는 수량을 막대 길이로 표시하고, 그 길이를 비교하여 각 수량 간의 대소관계를 나타내고자 할 때 가장 기본적으로 활용함 • 내역 · 비교 · 경과 · 도수 등을 표시하는 용도로 쓰임
원 그래프	일반적으로 내역이나 내용의 구성비를 원을 분할하여 나타냄	원그래프를 정교하게 작성할 때 수치를 각도로 환산하여야 함

구분	의미	특징
점 그래프	종축과 횡축에 2요소를 두고, 보고자 하는 것이 어떤 위치에 있는가를 알고자 할 때 쓰임	지역분포를 비롯하여 도시, 지방, 기업, 상품 등의 평가나 위치, 성격을 표시하는 데 활용함
방사형 그래프	• 비교하는 수량을 직경, 또는 반경으로 나누어 원의 중심에서의 거리에 따라 각 수량의 관계를 나타냄 • 원그래프의 일종으로 레이더 차트, 거미줄 그래프라고도 함	대표적으로 다양한 요소를 비교하거나 경과를 나타낼 때 활용함

③ 효과적인 도표분석 방법

■ 도표 해석상의 유의사항

• 요구되는 지식의 수준 : 도표의 해석은 특별한 지식을 요구하지 않는 경우가 대부분이나 개인차 존재

• 도표에 제시된 자료의 의미에 대한 정확한 숙지 : 주어진 도표를 무심코 해석하다 보면 확대 해석 가능

• 도표로부터 알 수 있는 것과 없는 것의 구별 : 주어진 도표를 토대로 자신의 주장을 충분히 추론할 수 있는 보편타당한 근거 제시 필요

• 총량의 증가와 비율증가의 구분 : 비율이 같다고 하더라도 총량에 있어서는 많은 차이 발생 가능. 비율에 차이가 있다고 하더라도 총량이 표시되어 있지 않은 경우 비율차이를 근거로 절대적 양의 크기를 평가할 수 없기 때문에 이에 대한 세심한 검토 요구

• 백분위수와 사분위수의 이해

  – 백분위수 : 크기 순으로 배열한 자료를 100등분 하는 수의 값

  – 사분위수 : 자료를 4등분한 것임. 제1사분위수는 제25백분위수, 제2사분위수는 제50백분위수(중앙치), 제3사분위수는 제75백분위수에 해당

● 필기전형

■ NCS 직업기초능력 평가 문항 예시 및 해설

> 직업기초능력명 : 수리능력
> 하위영역명 : 도표분석능력

1 아래 〈그림〉은 최근 5년 간 A국에서 해외 각 지역별로 지원한 공적개발원조에 대한 자료이다. 이에 대한 설명 중 옳은 것은?

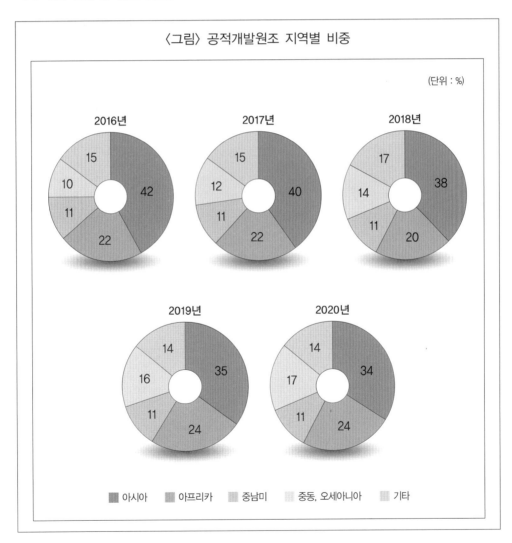

〈그림〉 공적개발원조 지역별 비중

(단위 : %)

■ 아시아   ■ 아프리카   ▥ 중남미   ▨ 중동, 오세아니아   ▨ 기타

① 2017년 아시아에 투입된 지원금 액수는 2016년보다 적어졌다.

② 아프리카에 대한 원조 비중이 꾸준히 감소해 왔다.

③ 지난 5년 동안 중남미에 대한 원조 비중은 늘 똑같이 유지되고 있다.

④ 중동, 오세아니아, 기타 지역에 대한 원조 비중은 항상 30%를 넘지 않는다.

⑤ 기타 지역에 대한 2020년 원조 비중은 2018년 대비 1% 감소했다.

출제 의도 원그래프로 구성된 자료의 의미를 이해할 수 있는지를 평가하고자 하였다.

정 답 ③

해 설 ③ 중남미에 대한 원조 비중은 5년 간 11%를 유지하고 있다.

① 아시아의 비중은 42%에서 40%로 줄어들었지만 총액이 주어져있지 않으므로 액수가 적어졌는지 여부는 알 수 없다.

② 아프리카에 대한 원조 비중은 감소했다가 다시 증가했다.

④ 중동, 오세아니아, 기타 지역의 합은 2018년부터 줄곧 30% 이상이다.

⑤ 2018년 17%에서, 2020년 14%로 감소했으므로 3% 감소했다.

2 아래는 A국의 2020년 6월 기준 온라인 소비 동향 관련 자료이다.
〈표〉와 〈그림〉에 대한 〈보기〉의 설명 중 옳은 것만을 모두 고르면?

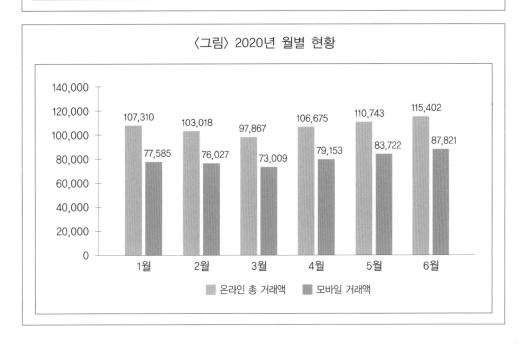

〈표〉 5~6월 현황

(단위 : 억원)

	2019년			2020년	
	연간 월 평균	5월	6월	5월	6월
총 거래액(A)	121,858	121,801	135,082	110,743	115,402
모바일 거래액(B)	77,178	77,610	86,723	83,722	87,821
비중(B/A)	63.3%	63.7%	64.2%	75.6%	76.1%

〈그림〉 2020년 월별 현황

<보기>

ㄱ. 2020년 6월 온라인 총 거래액의 전월 대비 증감액은 4,659억원이다.

ㄴ. 2020년 6월 모바일 거래액의 전년 대비 증감액은 1,098억원이다.

ㄷ. 2020년 3월은 9개월 전과 비교했을 때, 모바일 거래의 비중이 15% 이상 증가했다.

ㄹ. 2020년 상반기 평균과 2019년 연간 월 평균을 비교했을 때, 2020년에는 온라인 총 거래액은 줄고, 모바일 거래의 비중은 늘었다.

① ㄴ, ㄷ ② ㄷ, ㄹ

③ ㄱ, ㄴ, ㄷ ④ ㄱ, ㄴ, ㄹ

⑤ ㄴ, ㄷ, ㄹ

출제 의도 두 개 이상의 도표를 종합적으로 해석할 수 있는지를 평가하고자 하였다.

정답 ④

해설 ④ 2020년 3월 74.6%(=73,009/97,867*100)에서 2019년 6월 64.2%를 뺀 차이는 10.4%로, 보기 중 'ㄷ'은 틀렸다.

ㄱ. 2020년 6월 거래액에서 5월 거래액을 빼면 4,659(=115,402- 110,743)억원이 맞다.

ㄴ. 2020년 6월 거래액에서 2019년 6월 거래액을 빼면 1,098(=87,821-86,723)억원이 맞다.

ㄹ. 2019년 온라인 총 거래액 평균은 121,858억원, 모바일 거래 비중은 63.3%이며, 2020년 상반기 온라인 총 거래액 평균은 106,836억원, 모바일 거래 비중은 74.5%로 보기의 설명이 맞다.

● 자가진단

■ 진단 체크리스트

각 문항과 관련하여 자신의 행동 수준, 강도에 따라 평정하여 주시기 바랍니다.

문항	매우 미흡	미흡	보통	우수	매우 우수
1. 나는 도표의 종류별 특징에 대해 설명할 수 있다	1	2	3	4	5
2. 나는 업무 상황에 따라 적합한 도표의 종류를 알고 있다	1	2	3	4	5
3. 나는 다양한 도표를 읽고 해석할 수 있다	1	2	3	4	5
4. 나는 도표들에 담긴 의미를 종합적으로 분석하여 시사점을 도출할 수 있다	1	2	3	4	5
5. 나는 업무 수행 시 도표 분석한 내용을 적절히 적용할 수 있다	1	2	3	4	5

■ 평정 결과

• 평균 3.0점 미만 : 도표분석능력을 발휘하는데 다소 어려움이 예상된다. 도표의 특징을 고려하여 제시된 정보를 정확히 인식하고 해석하여 적절한 의미를 도출할 수 있도록 노력을 기울여야 한다.

• 평균 3.0점 이상~3.5점 미만 : 도표분석능력을 보유하고 있으나, 난이도 높은 업무 수행 시 어려움이 예상된다. 도표 종류별 특징 및 장단점에 대한 정확한 이해를 바탕으로 적절히 해석할 수 있도록 노력을 기울여야 한다.

• 평균 3.5점 이상~4.0점 미만 : 도표분석능력을 발휘할 수 있으나, 보다 우수한 수준의 도표분석능력을 발휘하기 위해서는 약점 중심으로 개발해 나가야 한다.

• 평균 4.0점 이상 : 업무 수행 시 우수한 수준의 도표분석능력을 발휘할 수 있다.

4 도표작성능력

● **학습모듈**

① 도표작성의 절차

■ **어떠한 도표로 작성할 것인지 결정**

• 자료를 면밀히 검토하여 어떠한 도표를 활용하여 작성할 것인지 결정

• 도표는 목적이나 상황에 따라 올바르게 활용할 때 실효를 거둘 수 있으므로 어떠한 도표를 활용할 것인지를 결정하는 일이 선행되어야 함

■ **가로축과 세로축에 나타낼 것을 결정**

• 주어진 자료 활용하여 가로축과 세로축에 무엇을 나타낼 것인지 결정

• 일반적으로 가로축에는 명칭구분(연, 월, 장소 등), 세로축에는 수량(금액, 매출액 등)을 나타내며 축의 모양은 L자형이 일반적

■ **가로축과 세로축의 눈금의 크기를 결정**

• 주어진 자료를 가장 잘 표현할 수 있도록 가로축과 세로축의 눈금 크기 결정

• 한 눈금의 크기가 너무 크거나 작으면 자료의 변화를 잘 표현할 수 없으므로, 자료를 가장 잘 표현할 수 있도록 한 눈금의 크기 정하는 것이 필요

■ **자료를 가로축과 세로축이 만나는 곳에 표시**

• 자료 각각을 결정된 축에 표시

• 가로축과 세로축이 만나는 곳에 정확히 표시하여야 정확한 그래프를 작성할 수 있으므로 주의 요망

■ **표시된 점에 따라 도표작성**

• 표시된 점들을 활용하여 실제로 도표작성

• 선 그래프라면 표시된 점들을 선분으로 이어 도표를 작성하며, 막대그래프라면 표시된 점들을 활용하여 막대를 그려 도표를 작성

■ **도표의 제목 및 단위 표시**

• 도표를 작성한 후에는 도표의 상단 혹은 하단에 제목과 함께 단위 표기

② 도표를 작성할 때의 유의사항

- **선(절선) 그래프 작성시 유의점**
  - 선(절선) 그래프를 작성할 때에는 세로축에 수량(금액, 매출액 등), 가로축에 명칭구분(연, 월, 장소 등) 제시
  - 축의 모양은 L자형으로 하는 것이 일반적
  - 선 그래프에서는 선의 높이에 따라 수치를 파악하는 경우가 많으므로 세로축의 눈금을 가로축의 눈금보다 크게 하는 것이 효과적
  - 선이 두 종류 이상인 경우에는 반드시 선의 명칭 기입
  - 그래프의 가독성 높이기 위해 중요한 선을 다른 선보다 굵게 하거나, 색을 다르게 하는 것이 필요

- **막대그래프 작성시 유의점**
  - 막대를 세로로 할 것인가 가로로 할 것인가의 선택은 개인의 취향에 따라 다르나, 세로로 하는 것이 보다 일반적
  - 축은 L자형이 일반적이나 가로 막대그래프는 사방을 틀로 싸는 것이 필요
  - 가로축은 명칭구분(연, 월, 장소, 종류 등), 세로축은 수량(금액, 매출액 등)
  - 막대 수가 부득이하게 많을 경우에는 눈금선을 기입
  - 막대의 폭은 모두 같게 하여야 함

- **원그래프 작성시 유의점**
  - 일반적으로 원그래프를 작성할 때에는 정각 12시의 선을 시작선으로 하여 이를 기점으로 오른쪽에 그릴 것
  - 분할선은 구성비율이 큰 순서로 그리되, '기타' 항목은 구성비율의 크기에 관계없이 가장 뒤에 그릴 것
  - 아울러 각 항목의 명칭은 같은 방향으로 기록하는 것이 일반적이지만, 만일 각도가 적어서 명칭을 기록하기 힘든 경우에는 지시선을 써서 기록할 것

③ 실제로 도표 작성해보기

엑셀을 통하여 작성한 도표는 대단히 호환성이 높고, 도표를 쉽게 작성할 수 있다는 장점이 있어 많은 직업인들이 활용하고 있다.

■ **엑셀 프로그램을 활용한 그래프 그리기**

풀다운 메뉴의 [삽입] 선택. 여러 유형의 그래프에 대한 아이콘이 나타나므로 원하는 것을 클릭하거나 왼쪽 하단의 차트삽입 아이콘(아래 그림에서 굵은 원형)을 눌러 차트삽입 메뉴에서 원하는 그래프의 종류 선택

• 자료의 입력

• 삽입−차트 선택

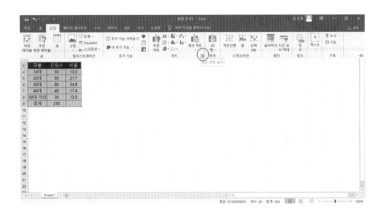

• 그래프의 종류 선택하기

• 그래프 그리기

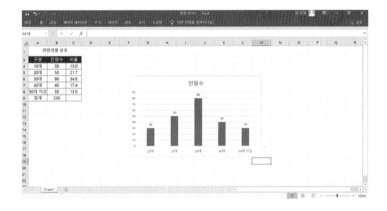

• 데이터의 범위와 계열 수정 : 축의 축값 더블클릭하거나 축값에 마우스를 위치시키고
마우스의 오른쪽버튼을 누른 후 축서식을 누르면 창 표시

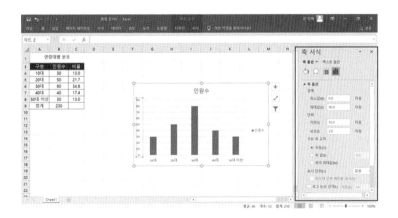

• 범례 수정 : 그래프에 있는 범례를 수정할 때는 범례를 클릭하면 범례 서식 표시. 범
례 위치는 드래그를 이용해 원하는 위치로 변경 가능

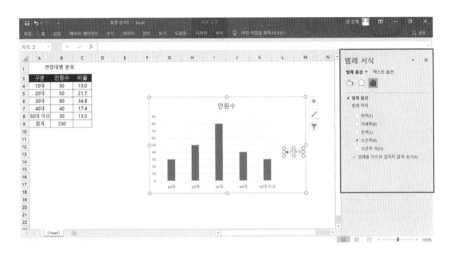

• 제목색 수정 : 차트 제목을 클릭하여 원하는 제목 입력. 그래프 색을 변경할 때는 막
대를 클릭 후 두 번째 붓 모양의 탭을 클릭하여 색 변경

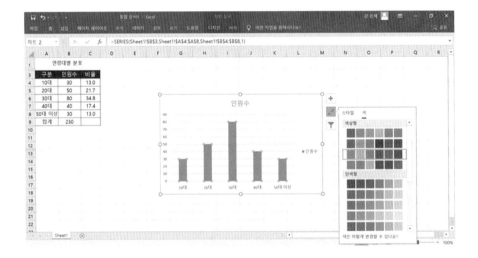

● 필기전형

- NCS 직업기초능력 평가 문항 예시 및 해설

> 직업기초능력명 : 수리능력
> 하위영역명 : 도표작성능력

1 아래는 A사 직원들의 2020년 사내 복지제도 이용 현황에 대한 자료이다. 〈표〉의 내용을 나타낸 것 중 옳지 않은 것은?

〈표〉 복지제도 이용 현황

(단위 : 명)

	총원	본사	국내지사	해외지사
	2,458	1,264	375	819
학자금	674 (27.4%)	303 (24.0%)	109 (29.1%)	262 (32.0%)
주택자금	96 (39.4%)	164 (13.0%)	34 (9.1%)	770 (94.0%)
의료비	1221 (49.7%)	341 (27.0%)	135 (36.0%)	745 (91.0%)
경조사비	232 (9.4%)	139 (11.0%)	68 (18.1%)	25 (3.1%)
문화비	1,056 (43.0%)	417 (33.0%)	90 (24.0%)	549 (67.0%)
기타	1,081 (44.0%)	455 (36.0%)	176 (46.9%)	450 (54.9%)

① 근무지별 직원 현황

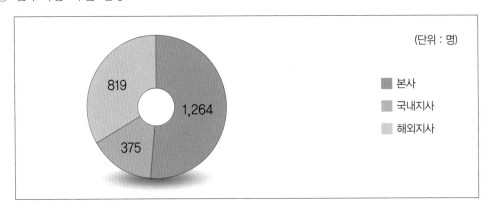

② 전 직원 복지 이용 현황

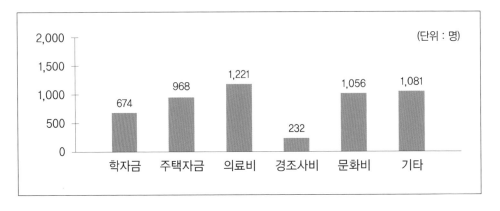

③ 본사 직원 복지 이용 현황

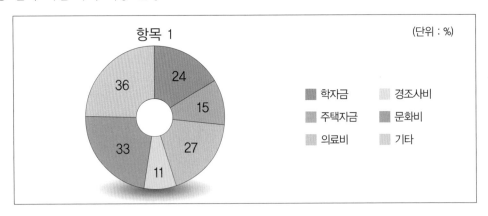

④ 근무지별 의료비 사용 현황

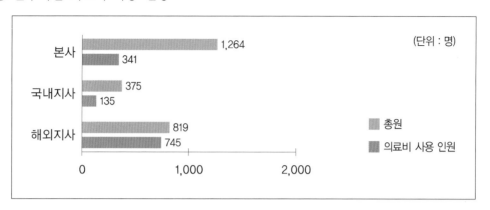

⑤ 근무지별 복지 이용 비교

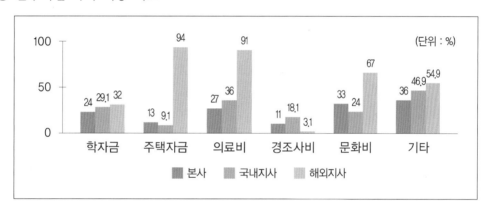

출제 의도 표로 된 자료를 이해하고 다양한 형태로 적합하게 표현할 수 있는지를 평가하고자 하였다.

정답 ③

해설 ③ 표는 본사 직원 인원 중 각 항목별로 이용한 비율을 나타낸 것으로, 총합이 100%가 아니기 때문에 해당 내용은 원그래프로 작성하는 것이 적절하지 않다. (막대그래프 또는 꺾은선 그래프로 인원 또는 비율을 비교하는 것이 적절하다.) 또한, 주택자금은 15.0%가 아니라 13.0%로, 세부 내용에 오류도 포함되어 있어 틀린 답이다.

2 아래는 A사의 해외지역별 사업 현황에 대한 〈보고서〉이다. 〈보고서〉의 내용과 부합하는 자료만을 〈보기〉에서 모두 고르면?

〈보고서〉

'가' 사업의 지역별 수익 비중은, 아시아 및 신흥시장 43%, 북미·유럽 15%, 오세아니아·중동 17%, 기타 25%로 구성되어 있다. '나' 사업의 경우, 아시아 및 신흥시장 39%, 북미·유럽 21%, 오세아니아·중동 23%, 기타 17%로 구성되어 있다.

두 사업 모두 중국을 포함한 아시아 및 신흥시장에서 높은 비중의 수익이 발생하고 있으며, 시장 규모 역시 중국이 가장 큰 상황이다. 2위는 북미, 3위는 유럽 시장이다. '가' 사업의 경우 2016~2020년 연평균 시장 규모는 중국 약 136,608만달러, 북미 약 96,184만달러, 유럽 약 91,495만달러 수준이다.

특히, '나' 사업의 경우 인도 시장의 성장세도 두드러지고 있어, 사업역량의 집중이 필요할 것으로 보인다. 2016 대비 2020년 인도 시장 성장률은 약 26% 수준으로, 매년 성장하고 있다.

〈보기〉

ㄱ. '가' 사업 시장 규모 추정 자료

(단위 : 만달러)

	2016	2017	2018	2019	2020	평균
북미	98,610	88,380	92,130	100,060	101,740	96,184
유럽	91,707	86,612	88,445	94,056	96,653	91,495
중국	127,650	132,450	146,400	139,840	136,700	136,608
일본	77,867	78,146	79,056	75,514	77,919	77,700
인도	17,808	19,589	17,630	17,806	19,231	18,413
계	413,642	405,177	423,661	427,276	432,243	420,400

ㄴ. '나' 사업 시장 규모 추정 자료

(단위 : 만달러)

	2016	2017	2018	2019	2020	평균
북미	76,513	77,112	92,349	84,575	81,337	82,377
유럽	71,157	75,570	88,655	79,501	77,270	78,431
중국	94,461	94,040	111,264	100,685	95,690	99,228
일본	57,621	55,483	60,083	54,370	54,543	56,420
인도	34,573	41,487	44,806	43,910	46,984	42,352
계	334,326	343,693	397,157	363,041	355,823	358,808

ㄷ. '가' 사업 지역별 수익 비중

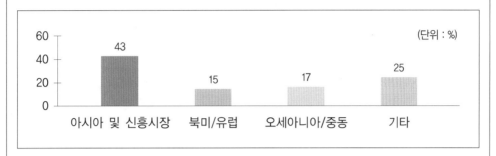

ㄹ. '나' 사업 지역별 수익 비중

① ㄱ, ㄴ

② ㄱ, ㄹ

③ ㄷ, ㄹ

④ ㄱ, ㄷ, ㄹ

⑤ ㄴ, ㄷ, ㄹ

출제 의도 글로 된 자료를 이해하고, 이를 도표로 작성된 것과 비교할 수 있는지를 평가하고자
하였다.

정답 ④

해설 ④ 보고서의 내용에 따르면 '나' 사업의 인도 시장은 매년 성장한다고 되어 있으나 'ㄴ' 표에
서는 2019년 감소세가 있어 불일치하는 내용이다. 나머지 보기들인 ㄱ, ㄷ, ㄹ은 모두 보고
서의 설명과 표의 내용이 일치한다.

● 자가진단

■ 진단 체크리스트

각 문항과 관련하여 자신의 행동 수준, 강도에 따라 평정하여 주시기 바랍니다.

문항	매우 미흡	미흡	보통	우수	매우 우수
1. 나는 도표를 일반적인 절차에 따라 작성할 수 있다	1	2	3	4	5
2. 나는 목적에 적합한 도표 제시 방법을 선택할 수 있다	1	2	3	4	5
3. 나는 선, 막대, 원 등 그래프 작성 시 유의사항에 대해서 설명할 수 있다	1	2	3	4	5
4. 나는 엑셀프로그램을 활용하여 도표를 작성할 수 있다	1	2	3	4	5
5. 나는 도표 작성의 적절성에 대해 평가할 수 있다	1	2	3	4	5

■ 평정 결과

- 평균 3.0점 미만 : 도표작성능력을 발휘하는데 다소 어려움이 예상된다. 도표의 특징을 고려하여 적절한 도표 제시 방법을 선택하고, 도표를 이용하여 효과적으로 정보를 제시할 수 있도록 노력을 기울여야 한다.
- 평균 3.0점 이상~3.5점 미만 : 도표작성능력을 보유하고 있으나, 난이도 높은 업무 수행 시 어려움이 예상된다. 다양한 도표를 상황에 맞게 적절히 구성하고, 그 결과를 평가할 수 있도록 노력을 기울여야 한다.
- 평균 3.5점 이상~4.0점 미만 : 도표작성능력을 발휘할 수 있으나, 보다 우수한 수준의 도표작성능력을 발휘하기 위해서는 약점 중심으로 개발해 나가야 한다.
- 평균 4.0점 이상 : 업무 수행 시 우수한 수준의 도표작성능력을 발휘할 수 있다.

04

자원관리능력

[1] 시간관리능력
[2] 예산관리능력
[3] 물적자원관리능력
[4] 인적자원관리능력

학습에 들어가기 전에...

자원관리능력의 하위능력인 시간관리능력, 예산관리능력, 물적자원관리능력, 인적자원관리능력은 보통 하위능력별로 독립적으로 평가하지 않는다. 특히, 서류전형과 면접전형에서 통합적으로 평가하며, 필기전형의 경우 모듈형 문제는 하위능력별로 문항이 출제되기도 한다.

일반적으로 모든 하위영역에 대해 평가하지는 않으며, 기관마다 보다 중요하게 여기는 자원관리능력의 하위능력에 따라 자원관리능력에 대한 평가기준은 조금씩 다르다.

이에 자원관리능력 단원에서는 직업기초능력 단위에서 서류전형, 면접전형의 평가 방안 및 준비 방안에 대해 기술하였다.

| Chapter 01 | Chapter 02 | Chapter 03 | Chapter 04 | Chapter 05 |

자원관리능력

● 학습모듈

① 자원의 개념

■ 자원의 정의

- 기업의 입장에서 자원은 무엇보다 중요하며, 기업 경영은 경영 목적, 인적자원, 자금, 전략의 네 가지 요소로 구성

구분	특징
경영 목적	• 기업이 나아가야 할 방향과 목적, 기업 전체가 공유하는 비전, 가치관, 사훈, 기본 방침 등으로 표현 • 경영자를 포함한 전체 구성원의 공유 필요 • 기업 문화를 조성하여 기업 경영의 성패를 좌우하는 요소
인적자원	• 기업 경영 목적을 달성하기 위한 조직의 구성원 • 기업 경영은 조직 구성원들의 역량과 직무수행에 기초하여 이루어지기 때문에 인적자원의 선발, 배치 및 활용이 중요
자금	• 기업 경영 활동에 필요한 돈을 의미 • 기업의 경영 목표를 달성하는 데 필요한 활동은 자금에 의해 수행되고, 확보되는 자금 정도에 따라 기업 경영의 방향과 범위 설정
전략	• 기업 경영 목적을 달성하기 위해 기업 내 모든 자원을 조직화하기 위한 일련의 방침 및 활동 • 경영전략은 조직의 목적에 따라 전략 목표를 설정하고, 조직 내외부의 환경 분석 통해 도출

- 기업 활동을 위해 사용되는 기업 내의 모든 시간, 예산, 물적 · 인적자원 의미

- 과거에는 제품 생산의 원료인 천연자원이 가장 중요했으나, 최근의 무한 경쟁 시대에는 시간이나 예산 그리고 역량 있는 인적자원의 보유 여부가 중요한 자원으로 인식

- 자원은 기업 활동에 있어서 더 높은 성과를 내고, 경쟁 우위의 발판이 될 수 있는 노동력이나 기술을 통틀어 이르는 말

- **자원의 특징**
  - 다양한 자원들이 가지고 있는 공통점 : 유한성
  - 한 사람이나 조직에게 주어진 시간, 돈과 물적자원(석탄, 석유, 시설 등), 인적자원은 제한되어 있기에 정해진 것들을 효과적으로 확보, 유지, 활용하는 자원관리 매우 중요

- **자원관리능력의 중요성**
  - 목표달성을 위해 한정된 자원을 효율적으로 사용하는 선택의 과정이며, 최소의 비용이나 희생으로 최대의 효과를 거두는 것
  - 효율적 자원관리는 조직, 기업, 국가에 경쟁우위를 가져다 줄 뿐만 아니라 한 개인의 자기실현과 삶의 질 향상에도 영향
  - 필요자원이 하나라도 확보되지 않는다면 일을 진행할 수 없거나, 또 다른 유형의 자원 확보가 어려울 수 있기 때문에 모든 사람이 자원관리능력을 지니는 것이 필수적

② **자원낭비의 범인 찾기**

- **자원낭비의 4가지 공통 요인**
  - 비계획적 행동 : 자원 활용 계획이 없는 사람들은 충동적이고 즉흥적으로 행동하기 때문에 활용 가능한 자원 낭비. 계획적인 사람은 분명한 목표치가 있어 만족시키려고 노력하는 반면, 비계획적인 사람은 목표 부재로 얼마나 낭비하는지조차 파악 불가
  - 편리성 추구 : 자원 활용 시 자신의 편리함을 최우선으로 추구하기 때문에 할 일 미루기, 약속 불이행 등의 현상 발생. 이는 물적자원, 시간, 돈의 낭비뿐만 아니라 주위의 인맥 또한 감소
  - 자원에 대한 인식 부재 : 자신이 가지고 있는 중요한 자원을 인식하지 못해 무의식적으로 해당 자원 낭비
  - 노하우 부족 : 자원관리의 중요성은 인식하지만 효과적인 방법, 노하우가 부족하여 자원 낭비. 이러한 사람들은 자원관리에 실패한 경험을 통해 노하우를 축적하거나 별도의 학습을 통해 극복 가능

③ **효과적인 자원관리 과정**

- **(1단계) 필요한 자원의 종류와 양 확인**
  - 업무 추진 시 어떤 자원이, 얼마나 필요한지 파악하는 단계

• 실제 업무 수행에서 필요한 자원을 구체적으로 나누고, 세부 활동에 어느 정도의 시간과 돈, 물적·인적자원이 필요한지 파악

■ **(2단계) 이용 가능한 자원 수집(확보)하기**

• 파악한 필요자원을 실제 상황에서 확보하는 단계

• 실제 준비나 활동 시 계획과 차이를 보이는 경우가 빈번하기 때문에 여유 있게 확보하는 것이 안전

■ **(3단계) 자원 활용 계획 세우기**

• 필요자원을 확보했다면, 업무나 활동의 우선순위를 고려해 자원을 할당하여 계획 수립

• 확보한 자원이 실제 활동 추진에 비해 부족할 경우 최종 목적을 이루는데 가장 핵심이 되는 것에 우선순위를 두고 계획 수립

■ **(4단계) 계획대로 수행하기**

• 계획에 맞게 업무를 추진하고 수행하는 단계

• 최대한 계획대로 수행하는 것이 바람직하지만, 불가피하게 수정해야 하는 경우 전체 계획에 미칠 수 있는 영향 고려

● 적용사례

■ 예산관리, 물적자원관리 발휘 사례

> K사의 A사원은 주단위, 일단위로 계획을 세워 일을 처리한다. 일을 시작하기 전에 해야 할 일과 필요한 자료 등을 적어서 컴퓨터 앞에 붙여놓고, 필요한 물품이 무엇인지, 얼마의 예산과 시간이 필요한지 미리 계획을 세워 일을 시작한다. A사원은 최근에 '스마트 오피스 재택근무 효율성 향상 방안'을 마련하는 프로젝트에 참여하였다. A사원은 프로젝트의 예산 계획 수립부터 집행, 비용 처리 등의 업무를 담당하고 있다. 초기에 예산 계획을 수립할 때에는 예산이 필요한 항목들을 모두 나열하여 그룹화하고 정리하였다. 가용한 예산 범위를 넘어가지 않도록, 기존의 가용한 자원을 파악하여 예산을 줄일 수 있는 부분까지 꼼꼼하게 확인하였다. 또한 A사원은 예산 집행에 차질이 발생하지 않도록 프로젝트 중간에 예산 집행 현황을 점검하여 예산 변경 계획서를 제출하였다. 프로젝트가 진행되면서 초기 계획과는 다르게 여러 가지 물품과 기자재를 구입해야 되는 상황이 발생하기도 하였다. A사원은 물품과 기자재를 추가로 구입하지 않고 일을 처리할 수 있는 방법을 찾아 추가 비용 지출을 막았다. 그러나 기존 물품이나 기자재 활용이 불가능할 경우에는 계획을 변경하였다. 이와 같은 중간 점검 및 관리, 변경을 통해 프로젝트 종료 시점까지 예산 범위 내에서 차질없이 예산이 집행되었다.

■ 시간관리, 인적자원관리 발휘 사례

> Y사의 B사원은 제주도 팀 워크숍 행사 진행을 담당하게 되었다. 기한이 2주 정도 밖에 남지 않은 상황인데, 기존에 담당하고 있던 업무들이 많아서 워크숍 준비를 할 시간이 충분하지 않았다. 다행히 인턴 직원 두 명은 업무적으로 여유가 있어 인턴 직원 두 명에게 업무를 배분하였다. 전체적인 워크숍 프로그램 기획은 되어 있었지만 세부적인 준비가 되어 있지 않았다. 장소 및 식사 예약, 다과, 기자재 준비, 게임 및 레크레이션 계획 수립 및 물품 준비 등의 일을 처리해야만 했다. 평소 꼼꼼하고 차분하게 일을 처리하는 C에게는 워크숍 프로그램 준비 체크리스트를 작성하고, 장소 및 식사 예약, 기자재 준비를 맡겼다. 그리고 센스있고 아이디어가 넘치는 D에게는 게임 및 레크레이션 계획을 세우고 물품을 준비하는 일을 시켰다. 우선 장소 및 식사 예약이 가장 시급하여 그 일을 처리한 후에는 인턴들이 진행하는 일을 매일 확인하고 점검하였다. 2주 기한 동안 일정 계획에 따라 차질없이 일이 진행되었고, 워크숍은 성공적으로 진행되었다.

● 서류전형

■ 주요 평가 방안

- 주로 필요한 자원과 가용한 자원을 파악하여 적절히 자원을 배분하여 일을 처리하는지, 제한된 자원을 효율적으로 활용하여 성공적으로 과업을 수행하는지에 대해 평가한다.

■ 준비 방안

- 시간관리와 일정 계획을 세워 제한된 기한 동안 체계적으로 시간관리를 하며 과업을 수행했던 경험, 체계적인 예산 계획을 세워 제한된 비용으로 예산을 관리하며 일을 추진했던 경험, 제한된 인력으로 개인의 특성을 고려하여 업무를 배분하여 일을 처리했던 경험 등에 대해 평소 구체적으로 기록해 두어야 한다.

- 자신이 직접 일정관리를 했던 경험, 예산이나 인력을 배분했던 경험에 대해 기술해야 한다.

- 자원관리 배경 상황이나 결과보다는 자원을 관리했던 과정과 행동에 대해 구체적으로 기술해야 한다.

- 필요한 자원은 어느 정도였고, 가용한 자원은 어느 정도였는지 인원, 금액, 일정 등에 대한 구체적인 수치를 작성해야 한다.

■ **자기소개서 사례**

[자기소개서 문항 1]

> 공동의 목표달성을 위해 시간, 비용, 인적, 물적자원 등을 관리했던 경험에 대해 작성해 주시기 바랍니다.

• GOOD 사례 ❶

> 작년 가을에 학과 동아리에서 제가 리더 역할을 맡아 손세정제를 판매한 적이 있습니다. 당시 얼마의 기간 동안 몇 명이 참여하여 판매를 진행해야 할지, 몇 개를 만들어서 몇 개를 판매할 수 있을지 등 계획을 세우기가 어려웠습니다. 학기 중이어서 참여할 수 있는 인원이 많지 않았고, 오랫동안 일을 진행할 수 없었습니다. 우선 한 달 정도의 기한 내에 만들 수 있는 손세정제가 몇 개인지 조사를 했고, 예약 판매 계획을 세웠습니다. 오프라인에 참여할 수 없으면서 컴퓨터를 잘 다루는 친구들 중심으로 온라인 팀을 꾸려 인스타그램을 만들고 홍보와 사전 예약을 받았습니다. 이를 통해 총 100개를 판매하는 계획을 수립할 수 있었습니다. 또한, 적극적이고 외향적인 친구들 중심으로 오프라인 팀을 꾸려 판매 계획을 세웠습니다. 각 개개인의 가능한 시간표를 취합해 시간대를 선정했고, 휴식 시간도 활용할 수 있도록 계획했습니다. 이러한 과정을 통해 한 달 동안 계획에 따라 5명이 손세정제 100개를 판매할 수 있었습니다.

GOOD POINT 제한된 시간, 비용, 인력으로 어떻게 계획을 세워서 목표를 달성할 수 있었는지에 대한 내용을 구체적으로 제시하였다. 손세정제를 제한된 기간 동안 100개를 판매할 수 있도록 인력, 시간, 홍보 계획을 적절히 수립하였다.

• BAD 사례 ❶

> 대학교 마지막 여름방학을 의미있게 보내기 위해서 친한 친구 3명과 함께 약 3주 동안 유럽 여행을 다녀왔습니다. 비용과 시간을 고려해서 무사히 여행을 마치려면 각자 역할을 분담하는 게 좋을 것 같아서 제가 역할 분담할 것을 제안했습니다. 제가 숙소 예약을 담당했고, 친구들은 일정과 비용을 고려하여 코스를 짰습니다. 여행 중 문제가 발생할 때마다 제가 나서서 친구들을 다독이며 문제를 해결했습니다. 여행 마지막 날에는 파리에서 인천 공항으로 들어오는 비행기를 놓쳐 다음 날 비행기로 다시 예약해야 했는데, 그런 일도 제가 모두 나서서 했습니다. 저는 여행을 하면서 예상하지 못했던 상황에서 차분히 문제를 해결하는 능력을 기를 수 있었습니다.

BAD POINT 여행 계획을 세우는 과정에서 역할 분담을 제안했지만, 직접 개개인의 특성을 고려하여 역할을 분담하지는 않았다. 여행 과정 중에서 발생한 문제를 해결하였다고 했으나, 자원관리와 관련하여 일정이나 비용을 고려하여 여행 전반을 관리했던 경험이 드러나지 않았다. 자원관리능력보다는 예상 밖의 상황에서 문제를 해결했음을 강조하고 있다.

[자기소개서 문항 2]

체계적인 자원관리를 통해 자신이 맡았던 과업을 성공적으로 수행했던 경험에 대해 작성해주시기 바랍니다.

• GOOD 사례 ❷

의류회사 인턴 당시, 5명의 인턴 친구들과 함께 '직원 장터' 행사를 맡았습니다. 그러나 비주얼 머천다이저, 구상, 기획안, 판매 등 행사를 위해 준비해야 할 업무가 많았습니다. 제가 '직원 장터' 행사의 책임자나 관리자는 아니었는데, 자연스럽게 '직원 장터' 행사의 리더처럼 일을 하게 되었습니다. '직원 장터' 행사 준비 기한이 2주 정도의 시간만 주어졌고, 인턴 중심으로 일을 진행해야 하는 상황이었습니다. 2주 동안 차질없이 업무가 마무리될 수 있도록 일정 계획을 세우고, 인턴 친구들의 성향에 맞게 업무를 분담했습니다. 손재주가 많은 친구에게는 행사장 꾸미기 및 POP 제작을 맡겼고, 파워포인트 작업을 잘하는 친구에게는 기획안 작성을 맡겼습니다. 또한, 비교적 내향적인 친구들은 상품판매를 꺼렸기에 홍보물부착, 상품 포장업무를 맡겼습니다. 대신 활발하고 붙임성이 좋았던 저는 전단지 배포 및 판매를 담당했습니다. 평소 팀원들의 성격을 파악하고 있었기에 각자의 특성에 맞는 역할을 잘 분담할 수 있었습니다. 그로 인해 행사를 성공적으로 마무리할 수 있었습니다.

GOOD POINT 수행해야 했던 과업에 대해 상세히 기술했으며, 구성원들의 특성을 고려하여 배분했던 상황에 대해 구체적으로 작성하여 일정 및 인적관리 측면이 잘 드러났다.

• BAD 사례 ❷

> 작년에 한 수업의 조별과제에서 리더처럼 나서서 과제를 수행했던 적이 있습니다. 누군가 나서지 않으면, 한두 명만 과제에 참여하고 시간 내에 과제를 마칠 수 없을 것 같아서 제가 나섰습니다. 각자 역할을 맡아 과제를 수행하는 게 좋을 것 같은데, 그런 이야기를 친하지 않은 상태에서 하면 어색할 것 같아 우선 가볍게 식사하며 술을 한 잔하는 분위기를 만들었습니다. 식사를 하며 이야기를 나눠 보니 다들 재미있고, 하고자 하는 의욕이 있어 보였습니다. 저는 그 이후로도 함께 모이는 자리를 자주 만들었고, 각자 하나씩은 역할을 맡도록 하는 분위기를 만들었습니다. 저는 중간에서 한 사람에게 일이 너무 많이 몰리지 않도록 업무를 관리하였고, 무사히 조별과제를 끝낼 수 있었습니다.

BAD POINT 개개인의 특성을 고려하여 업무를 할당하였다기 보다 구성원들이 책임감 있게 자신의 역할을 잘 수행했던 측면을 강조하고 있어 지원자가 인적자원관리를 잘한 부분이 드러나지 않았다. 한 사람에게 일이 너무 많이 몰리지 않도록 업무를 관리하였다고 하는데 그것을 어떻게 했는지가 명확히 드러나지 않았다.

● 면접전형

■ 주요 평가 방안

학교 전공 관련 팀 프로젝트, 아르바이트, 인턴, 공모전, 스터디, 봉사활동 등의 경험을 통해 시간(일정), 비용(예산), 인력에 대해 계획을 세우고 관리를 해나갔던 경험에 대한 질의응답을 통해 자원관리능력의 수준을 평가한다.

■ 준비 방안

- 평소 학업 및 학과외 활동을 하면서 제한된 시간, 비용, 인력에 대한 계획을 세워 과업을 추진하기 위한 고민과 노력 행동을 하는 것이 가장 중요하다.
- 구체적으로 가용한 자원과 필요한 자원의 수치를 언급할 수 있어야 한다.
- 효율적 또는 효과적으로 자원을 관리했던 경험에 대해 지속적으로 기록을 해두어야 한다.
- 본인이 직접 시간, 비용, 인력 계획을 세우고 관리를 했던 경험에 대해 이야기해야 한다.
- 어떤 점을 고려하여 왜 그렇게 시간, 비용, 인력 계획을 세웠는지에 대해 이야기할 수 있어야 한다.

■ 경험면접 사례

[면접 질문 1]

> 시간, 비용, 인력 계획을 수립하여 과업을 수행했던 경험에 대해 이야기해주시기 바랍니다.

- GOOD 사례 ❶

A. 학교 웹진 기자로 활동했을 때의 일입니다. 매월 4명씩 조를 이뤄 그달의 기사를 작성해야 했는데, 제가 조장을 맡아 효율적으로 업무를 배분하여 마감기한 내에 기사를 작성했던 적이 있습니다.

Q. 언제 있었던 일입니까?
A. 작년 5월에 있었던 일입니다.

Q. 어떤 기사를 작성했습니까?
A. 조 구성원들과 기사 주제를 논의해서 '학교 구내식당 소개 기사'를 쓰게 되었습니다.

Q. 기사를 작성하는 데 기한은 어느 정도로 주어졌습니까?

A. 보통 3주 정도 주어집니다.

Q. 조장을 맡았다고 하셨는데, 조장으로서 어떤 일을 하셨나요?

A. 3주의 기한은 어떻게 보면 짧고, 어떻게 보면 길 수도 있는 기한입니다. 그런데 조 구성원들의 전공, 연령, 성향이 모두 다른 상황에서 3주 안에 기사를 완료하는 것이 쉽지 않다는 생각이 들었습니다. 그래서 저는 우선 해야 할 업무 목록을 꼼꼼하게 작성하고, 각 업무별 일정 계획을 세웠습니다. 저는 영상 촬영 및 편집, 인터뷰 진행, 전체 기사 작성으로 업무를 나누고 팀원들에게 업무를 배분했습니다.

GOOD POINT 본인이 조장으로서 했던 일을 구체적으로 언급하였으며, 일의 성공적 완수를 위해 일정, 인력 배분 계획을 수립하였음을 언급하였다.

Q. 업무 배분은 어떻게 했습니까?

A. 우선 각자 하고 싶은 일 또는 할 수 없을 거 같은 일에 대해 물어봤습니다. 그런 후에 구성원들의 성향이나 니즈를 반영해서 업무를 배분했습니다. 조 구성원 중 한 명이 취미로 개인 유튜브 활동을 하고 있어서 영상 촬영이나 편집을 잘한다는 것을 알고 있었습니다. 또 다른 친구 한 명은 사진 동아리 활동을 하고 있는데 사진뿐만 아니라 영상 촬영을 잘 하는 걸 알게 되었습니다. 그 두 명에게 영상 촬영과 편집을 맡겼습니다. 또 다른 한 명은 개인적인 일로 인해 시간을 많이 쓸 수 없으며, 글을 쓰는 건 자신이 없다고 했습니다. 그래서 그 친구에게 인터뷰 관련 일을 맡겼습니다. 인터뷰 대상자 섭외부터, 일정 조율, 인터뷰 진행까지 맡기로 했습니다. 그리고 제가 인터뷰 질문을 구성하고 전체 기사를 작성하는 일을 맡기로 했습니다.

GOOD POINT 어떤 점을 고려하여 어떻게 업무를 배분했는지를 구체적으로 언급하였다.

Q. 그렇게 업무 배분을 한 뒤에 일을 진행하는 과정에서는 어떤 어려움이 있었고, 어떻게 대처했습니까?

A. 학교 구내 식당이 세 군데 있는데, 세 군데의 영양사분을 어렵게 섭외하여 촬영을 진행했었습니다. 그런데 세 번째 영상 촬영이 끝나고 편집하려는 데 세 번째 영상의 음성 녹음이 안되었다는 걸 알게 되었습니다. 기사 마감기한을 일주일 앞두고 발생한 일이어서 당황했습니다. 우선 인터뷰에 어렵게 응해주신 영양사분께 사과

드리고 다시 인터뷰 및 촬영을 해야하는 상황에 대해 양해를 구했습니다. 그 영양 사분도 처음에는 당황하기도 하고 화도 난 것 같았는데, 다행히 재촬영에 임해주 셨습니다.

GOOD POINT 일정 및 업무 계획에 차질이 발생했던 상황에 대해 솔직하게 이 야기하였다.

Q. 영상 재촬영 외에는 방법이 없었습니까?

A. 온라인으로 동영상이 업로드되어야 해서 반드시 영상이 필요했습니다. 그리고 세 번째로 인터뷰했던 구내 식당은 학생들이 가장 많이 이용하는 곳이기도 했습니 다. 핵심적인 식당이라 할 수 있는데, 그곳의 인터뷰가 빠져서는 안된다고 생각했 습니다.

Q. 영상 재촬영은 어떻게 진행되었습니까?

A. 그런데 다시 촬영을 하려면 영양사분, 영상 촬영하는 사람, 인터뷰 하는 사람 모두 의 일정이 가능한 날로 다시 조정해야 했는데 모두가 가능한 날이 없었습니다. 일단 영양사님이 가능한 날 중에 영상 촬영하는 사람이 가능한 날로 조정하였고, 인터뷰를 제가 진행했습니다. 대신 기존에 인터뷰를 했던 친구한테는 나머지 두 개의 인터뷰 내용을 정리해줄 것을 요청했습니다.

GOOD POINT 일정 및 업무 계획에 차질이 발생했던 상황에서의 대응 방법을 구체적으로 이야기하였다.

Q. 영상 재촬영 이후에는 어떤 일을 했습니까?

A. 기존의 일정 계획대로 일을 진행하기는 어려웠습니다. 재촬영이 진행되기 전에 인터뷰가 마무리된 곳의 영상 편집, 인터뷰 정리, 기사 작성을 일부 진행했었습니 다. 그리고 영상 재촬영이 끝나고 기사 마감기한까지는 3일 정도가 남았는데, 그때 부터는 재촬영한 영상 편집, 인터뷰 정리, 기사 작성을 동시에 진행했습니다.

Q. 그 결과는 어땠습니까?

A. 마감기한 내에 기사를 완성할 수 있었습니다. 그리고 보통 학교 웹진 기사에는 별 반응이 없는데, 신입생들의 긍정적인 리플과 공감을 많이 받았습니다.

• BAD 사례 ❶

A. 영국 어학연수 당시 어학원에선 주말마다 친목 활동을 했는데, 조를 구성하여 요리 경연을 한 적이 있습니다. 요리 경연이 보다 더 효과적으로 이루어질 수 있도록 팀원마다 역할을 나눠서 일을 진행한 적이 있습니다.

Q. 언제 있었던 일인가요?

A. 재작년 가을쯤에 있었던 일입니다.

Q. 주말마다 하는 친목 활동은 어학원에서 하는 공식적인 활동이었나요? 아니면 비공식적인 친목 모임이었나요?

A. 학생들 간 친목을 도모하여 활발한 교류를 통해 어학 실력이 향상될 수 있도록 어학원측에서 권장하는 주말 활동이었습니다. 공식적이라고 할 수는 없지만 어학원 사람들끼리 오랫동안 해온 주말 활동입니다.

Q. 요리 경연은 어떻게 준비하고 진행했습니까?

A. 요리 경연은 4명씩 팀을 이루어 요리를 하고 마지막에 맛을 평가하는 방식으로 진행되었습니다. 어학원에는 한국인, 일본인, 중국인이 대부분이긴 했지만, 서로 영어로만 대화를 하면서 진행했습니다. 다양한 국가의 사람들이 섞일 수 있도록 조를 구성했습니다. 저희 조에는 저를 포함해서 한국인 두 명, 일본인 한 명, 중국인이 한 명 있었습니다. 한국 음식에 대한 팀원들의 관심이 높았기 때문에, 저희 조에서는 간장 소스 닭강정을 하기로 했습니다. 경연까지 2주 정도의 시간이 있었고 저희 팀은 날을 잡아 요리 연습을 해보기로 했습니다. 재료를 선정하고 구입하는 것에서부터 연습날 다 같이 요리를 하고 있는 과정까지 저는 각자의 행동과 움직임을 집중해서 관찰해 보았습니다. 요리를 할 때 손이 빠른 스타일, 그때그때 바로 뒷정리를 하는 스타일 등 모두가 비슷한 일을 하는 와중에도 서로 다른 특징들을 발견할 수 있었습니다. 요리 연습이 끝난 후 팀원들에게 관찰 내용을 이야기하니 다들 신기한 반응을 보였고 이를 바탕으로 더 쉽고 효과적으로 역할을 배분할 수 있었습니다. 사소한 행동에서부터 팀원들의 특성을 이해하기 위한 노력이 중요한 도움이 되었습니다.

BAD POINT 구체적으로 역할 배분을 어떻게 했는지가 명확히 드러나지 않았다.

Q. 역할 배분은 구체적으로 누가 어떻게 했습니까?

A. 특별히 역할을 누군가 정하지는 않았고, 서로의 특징이나 성향, 니즈에 대해 이야기하면서 자연스럽게 정해졌습니다. 그런데 그런 과정이 없었다면 효과적으로 요리 경연을 할 수 없었을 것 같습니다.

> **BAD POINT** 본인이 직접 인력 특성을 반영하여 인력 배분을 한 것이 아니라 구성원들이 논의를 통해서 정한 사례를 이야기하였다.

Q. 요리 경연을 준비하면서 겪은 어려움은 무엇이며 어떻게 대처했습니까?

A. 특별한 어려움은 없었습니다. 그런데 우리나라의 간장소스 닭강정과 비슷한 음식이 일본과 중국에도 있었습니다. 서로 의견이 다른 부분들이 있었는데, 이야기를 많이 나누면서 한국, 중국, 일본의 소스나 양념, 재료를 가미해서 만들었습니다.

> **BAD POINT** 이런 질문을 한 의도는 기존 계획과 다르게 일정, 비용, 인력, 기타 물적자원 관련하여 기존 계획을 수정해야 했던 돌발적인 상황에 대해 어떻게 대처했는지를 확인하고 싶었던 것인데 그런 부분이 드러나지 않았다.

Q. 결과적으로는 어땠습니까?

A. 저희 팀에서 만든 닭강정은 폭발적 반응을 얻었습니다. 아쉽게 2등을 하긴 했지만 어학원 선생님도 드셔보시고 너무 좋아하셨습니다.

[면접 질문 2]

> 최근 3년 이내 어떤 일을 추진하면서 제한된 시간, 인력, 비용을 효율적으로 관리했던 경험에 대해 이야기해주시기 바랍니다.

• GOOD 사례 ❷

A. 학교에서 미얀마 양곤에 해외 봉사단을 파견했는데 이에 참여했을 때의 일입니다. 해외 봉사단은 교육과 의료지원이 대부분이었는데 저는 교육 부분에 참여하였고, 그 중 하나의 프로그램의 팀장 역할을 맡았습니다. 해외로 나가기 전 교육 프로그램 기획부터 해외에서 교육 프로그램 운영하는 일을 맡았는데, 일정 계획부터 인력 배분, 업무 관리를 했던 경험이 있습니다.

Q. 언제 있었던 일입니까?

A. 작년 6월말부터 8월초순 정도까지 있었던 일입니다. 봉사활동 관련 교육 프로그램 준비를 6월말부터 7월말까지 약 한 달 정도 했었고, 봉사활동은 7월말부터 8월 초순까지 약 2주 정도 했었습니다.

> **GOOD POINT** 기한을 구체적으로 제시하여, 이야기의 진실성, 신뢰성을 다소 높였다.

Q. 몇 명 정도 참여하였습니까?

A. 교육팀 10명, 의료지원팀 10명, 그 외 스텝이 10명 정도 참여했습니다. 각 팀도 그 안에서 업무 영역에 따라 5명씩 2개의 팀으로 나눠졌습니다.

> **GOOD POINT** 참여 인원 수치를 구체적으로 제시하여, 이야기하고 있는 경험의 진실성, 신뢰성을 다소 높였다.

Q. 약 한 달 반 정도 참여했다는 건데, 업무 계획을 어떻게 세웠습니까?

A. 우선, 교육 프로그램 기획, 교재 및 강의 PT 개발, 교구 준비, 강의 진행으로 업무를 구분하였습니다. 업무별 일정 계획을 세우고, 담당자를 지정했습니다.

Q. 구체적으로 업무별 담당자는 어떻게 지정했습니까?

A. 교육 프로그램 기획의 경우, 모두 모여 브레인스토밍을 통해 아이디어를 모아서 만들어 나갔습니다. 교육 프로그램 전문가로 가는 것은 아니었기에 기획안은 간단히 작성하였습니다. 교육 프로그램 기획 회의를 통해 종이 접기와 아기상어 율동 교육을 하는 것으로 정했습니다. 교육 관련해서 교재를 만들고 교구를 준비하는데 예산이 한정되어 있었기 때문에 예산 내에서 가능한 교육 방안에 대해 고민했습니다. 종이 접기와 아기상어 율동 교육 교재 및 강의 PT 개발, 교구 준비, 강의 운영은 역할을 분담했습니다. 우선 종이접기 파트 3명, 아기상어 율동 파트 2명을 배정했습니다. 각 파트별로 교육 교재 및 강의 PT개발은 콘텐츠를 정리하는 사람과 파워포인트를 만드는 사람을 배정했습니다. 파워포인트 작업 경험이 많고 잘 다루는 사람에게 파워포인트 작업을 맡겼습니다. 교구 준비는 종이접기 파트에서 교재 작업 역할을 맡지 않았던 1명이 담당해서 진행하기로 했습니다. 저는 종이접기 파트에서 컨텐츠를 정리하는 일을 맡았습니다. 강의 운영은 2주 동안 종이접기 3회, 아기상어 율동 교육 3회를 진행했는데, 두 명씩 짝을 지어서 모두 강의 운영에 참여하도록 했습니다.

GOOD POINT 어떤 점을 고려하여 업무를 배분했는지 구체적으로 언급하고, 본인이 했던 일을 명확히 짚어서 이야기했다.

Q. 교육 프로그램을 준비하는 과정에서 겪었던 어려움은 무엇이었고, 어떻게 대응했습니까?

A. 미얀마는 미얀마어를 쓰기 때문에 언어적인 부분이 가장 걱정되었습니다. 통역하는 분이 있긴 하지만, 최대한 텍스트보다는 이미지나 영상 중심으로 교육 교재안을 만들었습니다. 이미지나 영상 중심의 교재안을 만드는 게 가장 어려웠습니다. 이 부분을 교육 기획 단계부터 고민했었습니다. 그래서 최대한 언어 장벽을 적게 느낄 만한 영역을 골랐습니다. 그리고 아기상어의 경우, 가사를 미얀마어로 번역하는 것을 미리 통역하는 분에게 부탁했었습니다. 5명이 두 개 파트로 나눠서 교재 작업을 하긴 했지만 서로 일정을 맞춰서 만나는 게 어려웠습니다. 온라인 미팅, 구글 독스를 활용해서 의견을 나누며 공동 교재 작업을 했습니다.

GOOD POINT 언어적 제약, 시간적 제약을 고려하여 물적자원을 적절히 활용하였다.

Q. 실제 교육을 운영하는 과정에서 겪었던 어려움은 무엇이었고, 어떻게 대응했습니까?

A. 교육 인프라가 좋지 않은데다 커뮤니케이션의 미스로 첫째 날에 교육 기자재 준비가 제대로 되어 있지 않았습니다. 미얀마에 도착하자마자 첫 번째 교육을 위해서 전지에 별도로 교육 자료를 만들어야 했습니다. 첫 번째 교육이 끝나서 나서, 교육 기자재 준비가 어렵다고 하여 대책이 필요했습니다. 스텝들이 사용하는 빔프로젝터와 노트북, 블루투스 스피커가 있었는데 스텝들이나 다른 봉사활동원들이 반드시 사용해야 하는 때와 그렇지 않은 때를 파악해서 계획을 세웠습니다. 교육할 때 빔프로젝터와 노트북을 사용할 수 없을 때는 전지로 대체했습니다. 다행히 인쇄본 교재가 있어서 크게 무리없이 교육을 진행할 수 있었습니다.

GOOD POINT 초기 계획에 차질이 발생했음에도 불구하고 적절히 대처하고 물적자원을 효과적으로 활용하였다.

Q. 결과적으로는 어땠습니까?

A. 아이들이 워낙 맑고 순수해서 종이접고 율동하는 것만으로도 너무 즐거워했습니다. 아이들과 현지 선생님들이 모두 긍정적인 반응을 해줬습니다.

• BAD 사례 ❷

A. 광고홍보 과목에서 4명의 팀원이 한 주제에 대해 보고서를 제출하고 발표하는 프로젝트를 진행한 적이 있습니다. 4명의 팀원이 각각 다른 역할을 맡아서 수행했었습니다.

Q. 언제 있었던 일인가요?

A. 작년 4월에 있었던 일입니다.

Q. 당시 주제는 무엇이었나요?

A. 정확하게 생각은 나지 않지만, '지역축제 활성화를 위한 홍보 방안'이었던 것 같습니다.

> **BAD POINT** 면접 장면에서 긴장하여 생각이 나지 않을 수 있다. 생각 나지 않는다고 하여 감점이 되진 않지만, 자신의 이야기에 대한 진정성, 진실성을 보여주기 위해서는 직업기초능력 발휘 사례의 세부 사항들에 대해서는 구체적으로 이야기할 수 있어야 한다. 면접위원은 본인이 직접 경험하지 않으면 답변할 수 없는 상세한 질문을 많이 한다.

Q. 4명의 팀원 역할을 어떻게 나눴나요?

A. 각자 자신이 잘하는 부분, 못하는 부분에 대해 이야기를 나눈 뒤에 역할을 정했습니다.

Q. 본인이 프로젝트 팀장이었습니까? 역할 배분은 직접한건가요?

A. 제가 프로젝트 팀장은 아니었습니다. 팀장이 따로 있긴 했지만 모든 구성원이 리더처럼 열심히 작업했습니다. 역할 배분은 회의를 통해서 정했습니다. 한 친구는 꼼꼼하게 자료를 분석하고 정리하고 보고서 최종 편집하는 일을 했고, 한 언니는 논리적이라 보고서 내용을 작성할 때 많은 도움을 주었습니다. 한 친구는 디자인을 잘해 PPT를 작성했습니다. 저는 조사 결과를 코딩하고 결과를 분석하는 일을 했습니다. 다 함께 맡은 바를 제대로 수행하여, 최대한 시간을 맞춰서 프로젝트를 진행하려다 보니 다른 조보다 일찍 만족스러운 보고서를 작성할 수 있었습니다. 4명이서 온전히 정의를 정하고, 설문조사표를 만들고 결론까지 제대로 진행하여, 보고서가 나온 것 같아 뿌듯함을 느낄 수 있었습니다.

BAD POINT 직업기초능력 관련 경험면접에서는 팀 구성원들의 능력과 태도가 훌륭해서 좋은 결과가 나타났던 경험보다는, 본인이 제시한 아이디어로 본인이 직접 노력했던 행동으로 인해 긍정적인 결과가 발생했던 경험을 이야기해야 한다.

Q. 프로젝트를 진행하면서 일정이나 인력 계획에 변동이 생긴 부분이 있습니까?

A. 특별히 그런 부분은 없었습니다. 팀원들이 모두 책임감이 강해서 각자 자신이 맡은 바에 대해서는 일정에 차질이 없도록 진행했습니다.

Q. 본인이 직접 일정, 비용, 인력, 기타 물적자원 관련 계획을 세워서 일을 추진했던 경험이 있습니까?

A. 죄송합니다. 당장 생각나는 경험이 없습니다.

BAD POINT 이런 질문은 보통 면접위원이 지원자에게 관련 경험을 좀 더 이야기할 수 있는 기회를 주기 위해서 하는 것이다. 직업기초능력별로 관련 사례는 2~3개 정도는 준비를 해두는 게 좋다. 당장 생각나지 않지만 면접위원 입장에서는 직접 자원관리를 한 경험이 없는 것으로 간주할 수도 있다.

1 시간관리능력

● 학습모듈

① 시간과 시간관리의 효과

■ **시간의 특성**

- 매일 24시간씩 주어지는 것

- 미리 사용할 수는 없지만 끊임없이 주어지는 것

- 본인에게 주어지는 시간을 써야만 하는 것

- 잘 사용하면 무한한 이익을, 잘못 사용하면 엄청난 손실 초래

- 시절에 따라 밀도와 가치가 다르기 때문에 인생에도 황금기가 있으며 하루에도 황금
  시간대(golden hour)가 있음

■ **시간관리의 효과**

- 작업 소요시간 단축으로 기업은 1) 생산성 향상 2) 가격 인상(비용 절감) 3) 위험 감소
  4) 시장 점유율 증가 등의 효과 발생

- 직장에서 시간을 효과적으로 관리함으로써 삶의 문제 개선

  - 스트레스 관리 : 시간 낭비 요인은 잠재적인 스트레스 유발 요인, 시간관리를 통해
    일에 대한 부담을 줄이는 것이 효과적

  - 균형적인 삶 : 시간관리를 잘 한다면 직장에서 일을 수행하는 시간을 줄이고 일과
    가정 혹은 자신의 다양한 여가를 동시에 즐기는 것 가능

  - 생산성 향상 : 생산성 산출에 있어서 Input은 Output을 생산하는 데 투입되는 시
    간을 포함한 모든 자원을 의미하며, Output은 일종의 획득된(captured) 시간, 즉
    결과의 형태를 띠는 시간을 의미. 매우 한정된 자원 중 하나인 시간을 적절히 관리
    하여 효율적으로 일을 하게 된다면 생산성 향상 가능

  - 목표 성취 : 목표는 좀 더 훌륭한 결과를 얻을 수 있도록 스스로에게 동기를 부여하
    는 매우 강력한 방법이자 수단. 목표를 성취하기 위해서는 시간이 필요하고, 시간
    관리와 관련된 중요한 걸 얻기 위해서는 목표가 필요하므로 목표의 설정과 시간관
    리의 관계는 성공적인 시간관리를 위한 매우 중요한 요인

② 시간 낭비의 범인 찾기

■ 시간 낭비의 요인

- 외적 요인 : 동료, 가족, 세일즈맨, 고객들, 문서, 교통혼잡 등, 외부인이나 외부에서 일어나는 시간에 의한 것으로 본인 스스로 조절하기 어려운 요인
- 내적 요인 : 자신의 내부에 있는 습관으로 일정을 연기하는 것, 사회활동, 계획의 부족, 거절하지 못하는 우유부단함, 혼란된 생각 등, 직업능력개발이나 성공적인 직장 생활을 정복하기 어렵게 만드는 요인

■ 직장에서 발생할 수 있는 시간 낭비 요인

목적이 불명확하다.	우선순위가 없이 일을 한다.
여러 가지 일을 한 번에 많이 다룬다.	장래의 일에 도움 되지 않는 일을 한다.
1일 계획이 불충분하다.	게으른 성격, 책상 위는 항상 번잡하다.
서류정리를 하거나 서류를 숙독한다.	부적당한 파일링 시스템
불필요한 스마트폰이나 컴퓨터 사용	일에 대한 의욕 부족, 무관심
조정 부족, 팀워크의 부족	전화를 너무 많이 한다.
예정 외의 방문자가 많다.	'No'라고 말하지 못하는 성격
불완전한 정보, 정보의 지연	극기심의 결여
일을 끝내지 않고 남겨둔다.	소음이나 주의를 흩트리는 경우
긴 회의	회의나 타협에 대한 준비 불충분
커뮤니케이션 부족 또는 결여	잡담이 많다.
일을 느긋하게 하는 성격	모든 것에 대해 사실을 알고 싶어 한다.
기다리는 시간이 많다.	초조하고 성질이 급하다.
권한위양을 충분히 하지 않고 있다.	권한위양한 일에 대한 부적절한 관리

■ 시간관리에 대한 오해

- 시간관리에 대한 오해
  - 나는 회사에서 일을 잘하고 있기 때문에 시간관리도 잘하고 있다는 생각
  - 나는 시간에 쫓기면 일을 더 잘하는데, 시간을 관리하면 오히려 나의 이런 강점이 없어질지도 모른다는 생각
  - 나는 약속을 표시해둔 달력과 해야 할 일에 대한 목록만으로 충분하다는 생각

- 시간관리 자체는 유용할지 모르나 창의적인 일을 하는 나에게는 잘 맞지 않는다는 생각

- **시간관리에 대한 올바른 인식** : 어떤 일이든 기한을 넘기는 것은 인정을 받기 어려움. 완벽에 가깝더라도 기한을 넘긴 일보다 다소 완벽하지 않더라도 기한 내에 끝낸 일이 더 인정받을 수 있음

- **시간에 대한 잘못된 인식** : 시간 낭비 원인이 될 수 있고, 직업생활을 하는 사람들이 시간관리를 소홀하게 하는 이유. 시간 낭비 요인을 찾아 제거할 때 비로소 진정한 시간관리가 이루어질 수 있는 것, 이를 위해 자신의 행동에 대한 정확한 성찰 후, 자신이 가지고 있는 잘못된 관념을 변화 필요

③ **효과적인 시간계획**

■ **시간계획 세우기**

- 시간계획 세우기에 대한 노하우가 없기 때문에 실제 그것이 잘 지켜지지 않는 경우 다수 존재

- **좋은 계획** : 수많은 시간을 절약 가능한 것

- **시간 계획** : 시간이라고 하는 자원을 최대한 활용하기 위해 가장 많이 반복되는 일에 가장 많은 시간을 분배하고, 최단시간에 최선의 목표를 달성하는 것 의미

- **효과적인 시간계획 작성 순서**

  - 명확한 목표 설정 : 한정된 시간을 효율적으로 활용하기 위해서는 먼저 분명한 목표를 설정하는 것이 필요함

  - 일의 우선순위 결정 : 일의 우선순위를 결정하는 기법은 매우 다양하지만, 일반적으로 일이 가진 중요성과 긴급성을 바탕으로 구분함. 이를 바탕으로 시간관리 매트릭스를 만들어 일의 우선순위를 결정함. 중요성은 결과와 연관되는 사명과 가치관 그리고 목표에 기여하는 정도를 의미하며, 긴급성은 즉각적인 처리가 요구되고 보통 눈앞에 보이며 심리적으로 압박감을 주는 정도를 의미함

[일의 우선순위 판단을 위한 매트릭스]

	긴급함	**긴급하지 않음**
중요함	**Ⅰ 긴급하면서 중요한 일** · 위기상황 · 급박한 문제 · 기간이 정해진 프로젝트	**Ⅱ 긴급하지 않지만 중요한 일** · 예방 생산 능력 활동 · 인간관계 구축 · 새로운 기회 발굴 · 중장기 계획, 오락
중요하지 않음	**Ⅲ 긴급하지만 중요하지 않은 일** · 잠깐의 급한 질문 · 일부 보고서 및 회의 · 눈앞의 급박한 상황 · 인기 있는 활동 등	**Ⅳ 긴급하지 않고 중요하지 않은 일** · 바쁜 일, 하찮은 일 · 우편물, 전화 · 시간낭비거리 · 즐거운 활동 등

(Adapted from Stephen Covey's "First Things First"– Covey Leadership Center, Inc ⓒ2003)

- 예상 소요시간 결정 : 각각의 할 일에 소요되는 예상 시간 결정 필요. 모든 일마다 자세한 계산을 할 필요는 없지만 규모가 크거나 힘든 일을 해야 할 때는 정확한 소요시간을 계산하여 결정하는 것이 효과적

- 시간 계획서 작성 : 앞서 도출한 해야 할 일의 우선순위와 소요시간을 바탕으로 시간 계획서 작성. 시간 계획서는 간단한 서식에 직접 작성하거나, 달력이나 다이어리, 일정관리 소프트웨어, 개인 휴대 단말기 등 다양한 도구들 활용 가능

■ **시간 계획의 기본 원리**

• 주어진 모든 시간을 계획적으로 사용하는 것은 현실적으로 불가능. 시간 계획 시 어느 정도를 내가 할 수 있는 일에 할당해야 하는지와 관련하여 전문가들은 아래 그림과 같이 60:40의 규칙 제시

계획된 행동(60%)	계획외의 행동(20%)	자발적 행동(20%)

|←————————————————— 총 시간 —————————————————→|

- 자신이 가진 총 시간 중 계획에 포함되는 행동(60%), 계획 외의 행동(20%, 예정 외의 행동에 대비한 시간), 자발적 행동(20%, 창조성을 발휘하는 시간)의 세 가지 범주로 구분

- 자신에게 주어진 시간 중 60%는 계획된 행동을 해야 한다는 뜻, 예측하지 못한 사태와 일의 중단(낭비 시간의 발생 요인), 개인적으로 흥미를 가지는 것과 개인적인 일 등에 대응할 수 있도록 자신이 가지고 있는 시간 중 60%만 계획하는 것 의미

■ **기타 시간 계획 시 명심해야 할 사항**

- 행동과 시간·저해요인의 분석 : 어디에서 어떻게 시간을 사용하고 있는지 확인

- 일 행동의 목록화 : 해당 기간에 예정된 행동 모두 나열

- 규칙성–일관성 : 시간 계획을 정기적·체계적으로 체크하여 일관성있는 마무리

- 현실적인 계획 : 무리한 계획을 세우지 말고, 실현 가능한 것만 계획

- 유연성 : 시간 계획 자체가 중요한 것이 아니고 목표달성을 위해 필요한 것임을 명심하고 유연성 발휘

- 시간의 손실 : 발생된 시간 손실에 대해서 미루지 않고 가능한 즉시 보상

- 기록 : 체크리스트나 스케줄표를 사용해 계획을 반드시 기록하고 전체 상황 파악

- 미완료의 일 : 꼭 해야만 하는 일을 끝내지 못했을 경우, 차기 계획에 반영

- 성과 : 예정 행동만을 계획하는 것이 아니라 기대되는 성과나 행동의 목표도 기록

- 시간 프레임(Time Frame) : 적절한 시간 프레임을 설정하고 특정한 일을 하는 데 소요되는 꼭 필요한 시간만을 계획에 삽입

- 우선순위 : 여러 일 중에서 가장 우선적으로 처리해야 할 일이 무엇인지 결정

- 권한위양(delegation) : 경영조직의 원칙 중 하나로, 기업의 규모가 커질수록 그 업무 활동은 점점 복잡해져서 관리자가 모든 것을 다스리기 어렵기 때문에 자기 사무를 분할하여 일부를 부하에게 위임하고 그 수행에 책임을 지우는 것

  – 권한위양 효과 : 조직의 탄력 있는 운용, 조직을 구성하는 사람들의 근로의욕 고취 등

- 시간의 낭비 요인과 여유 시간 : 예상 못한 방문객 접대, 전화 등의 사건으로 예정된 시간이 부족할 경우를 대비해 여유 시간 확보

- 여유 시간 : 자유롭게 된 시간(이동시간 또는 기다리는 시간)도 계획에 삽입하여 활용

- 정리할 시간 : 중요한 일에는 좀 더 시간을 할애하고 그렇지 않은 일에는 시간을 단축시켜 전체적인 계획 정리

- 시간 계획의 조정 : 자기 외 다른 사람(비서, 부하, 상사)의 시간 계획을 감안하여 계획수립

● 필기전형

■ NCS 직업기초능력 평가 문항 예시 및 해설

> 직업기초능력명 : 자원관리능력
> 하위영역명 : 시간관리능력(모듈형)

1 E기업의 신입사원들은 직장에서의 시간관리 강연을 듣고, 아래 대화를 나누었다. 효과적인 시간관리에 대한 인식이 부족한 사람은 누구인가?

> • 강민구 : 주 52시간 근로가 법으로 정해지면서 일의 생산성과 워라밸이 중요해졌어. 효율적으로 일하기 위해서는 팀원들과 일을 분배할 필요가 있어. 나는 권한을 위양할 수 있는 일과 그렇지 못한 일을 나눠볼 거야.
> • 박지영 : 그런데 이미 계획했던 일뿐만 아니라 갑자기 예상치 못한 일이 생길 때가 있어. 나는 시간이 부족할 경우를 항상 염두에 두고 예비 시간까지 고려해.
> • 이상수 : 효율성을 위해서는 데드라인도 잘 지켜야 해. 그러나 기한을 엄수하는 것보다 더 중요한 것은 스스로 결과물이 만족스럽다는 확신이 들 정도로 결과의 질과 완성도를 높이는 것이지.
> • 유진명 : 시간의 손실이 발생하면 가능한 즉시 메워야겠어. 일을 미루는 것도 반복되면 습관이 될 수 있어. 밤을 새우더라도 일을 미루지 말자.
> • 최원종 : 많은 업무를 소화한다고 업무를 초 단위까지 쪼개는 것은 무리를 주는 것 같아. 시간을 계획할 때에는 적절한 시간 프레임을 설정하고, 꼭 해야만 할 일을 끝내지 못한 경우에는 차기 계획에 반영해야 해.

① 강민구   ② 박지영
③ 이상수   ④ 유진명
⑤ 최원종

출제 의도 업무를 수행할 때, 효과적으로 시간을 계획하고 관리할 수 있는지를 파악하고자 하였다.
정답 ③
해설 마감기한에 대한 관념보다는 결과의 질을 더 중요하게 생각할 수 있다. 그러나 어떤 일이든 기한을 넘겨서 처리하면 인정을 받기 어려운 경우가 많다. 특히 신입사원은 결과가 미흡하더라도 마감기한을 지키고 이후 피드백을 통해 사후 수정하는 것이 더 바람직하다.

직업기초능력명 : 자원관리능력
하위영역명 : 시간관리능력(PSAT형)

2 서울 본사의 박 부장은 파리의 김 대리, 로스앤젤레스의 최 과장과 글로벌 신사업 프로젝트를 담당하고 있다. 아래 상황과 대화에 근거하여 박 부장이 사장단 회의에 들어가게 될 시각은 언제인가?

[상황]
• 현재 세 사람은 그룹 통화 중이며, 한국 시각으로 7월 5일 23시다.
• 대화에서 나오는 시간은 현재 근무지 기준이다.
• 파리는 서울보다 8시간 느리고 로스앤젤레스보다 9시간 빠르다.

[대화]
• 박 부장 : 프로젝트가 중반부에 접어들었어요. 그동안 얼마나 진척되었는지 확인하려고 합니다. 현재 시점으로 보고서를 작성하고 취합하는 대로 저에게 보내주세요.
• 김 대리 : 네, 알겠습니다. 최 과장님, 제가 지금 외근 중이라 3시간 이후에 2시간 동안 작성해서 보내드릴게요. 양해 부탁드리겠습니다.
• 최 과장 : 괜찮아요. 다만 당일 외부 점심식사가 있어 오후 2시에 사무실 복귀 예정입니다. 이후 1시간 동안 검토 후 바로 취합하여 박 부장님께 전달하겠습니다.
• 박 부장 : 그래요, 시간을 계산해 보니 내가 사장단 회의에 들어가기까지 약 5시간 동안 준비 시간을 확보할 수 있겠어요. 모두 바쁘겠지만 고생해주세요.

① 7월 6일 오후 1시
② 7월 6일 오후 8시
③ 7월 7일 오후 1시
④ 7월 7일 오후 8시
⑤ 7월 8일 오후 8시

출제 의도 제시된 자료를 이해하여 업무를 수행하는 데 필요한 소요시간을 계산하여 시간을 관리할 수 있는지를 측정하고자 하였다.

정답 ①

해설 김 대리가 보고서 작성을 시작하는 시간은 서울 기준 7월 6일 2시이므로 파리 기준 7월 5일 18시이다. 그리고 보고서를 작성하고 최 과장에게 자료를 공유한 시간은 파리 기준 7월 5일 20시이므로 로스앤젤레스 기준 7월 5일 11시이다. 이후 최 과장이 박 부장에게 자료를 공유한 시간은 로스앤젤레스 기준 7월 5일 15시이며, 서울은 로스앤젤레스보다 17시간 빠르므로 서울 기준 7월 6일 8시이다. 이때, 박 부장이 사장단 회의에 들어가기까지 약 5시간의 준비 시간이 있다고 하였으므로 7월 6일 13시, 즉 7월 6일 오후 1시에 들어가게 된다.

● 자가진단

■ 진단 체크리스트

각 문항과 관련하여 자신의 행동 수준, 강도에 따라 평정하여 주시기 바랍니다.

문항	매우 미흡	미흡	보통	우수	매우 우수
1. 나는 시간관리의 중요성에 대해 알고 있다	1	2	3	4	5
2. 나는 시간 낭비 요인을 알고 있다	1	2	3	4	5
3. 나는 소요시간과 가용시간을 파악하여 업무를 수행할 수 있다	1	2	3	4	5
4. 나는 효과적으로 일정계획을 세울 수 있다	1	2	3	4	5
5. 나는 제한된 시간 내에 업무를 수행할 수 있는 방법을 알고 있다	1	2	3	4	5

■ 평정 결과

- 평균 3.0점 미만 : 시간관리능력을 발휘하는데 다소 어려움이 예상된다. 가용한 시간을 확인하고, 필요한 시간을 확보하고, 시간을 효과적으로 관리하기 위한 구체적인 계획을 수립하기 위한 노력을 기울여여 한다.

- 평균 3.0점 이상~3.5점 미만 : 시간관리능력을 보유하고 있으나, 시간 제약이나 압박이 큰 상황에서 업무 수행 시 어려움이 예상된다. 제한된 시간을 효과적으로 활용하기 위한 방안을 체계적으로 수립하여 실행하기 위한 노력과 함께 상황에 따라 유연하게 시간자원을 활용하기 위한 노력을 기울여야 한다.

- 평균 3.5점 이상~4.0점 미만 : 시간관리능력을 발휘할 수 있으나, 보다 우수한 수준의 시간관리능력을 발휘하기 위해서는 약점 중심으로 개발해 나가야 한다.

- 평균 4.0점 이상 : 업무 수행 시 우수한 수준의 시간관리능력을 발휘할 수 있다.

2 예산관리능력

● 학습모듈

① 예산관리의 개념

- **예산의 정의**
  - 사전적 의미 : 필요한 비용을 미리 헤아려 계산함. 또는 그 비용
  - 넓은 범위에서 민간기업, 공공단체 및 기타 조직체와 개인의 수입, 지출에 관한 것도 포함
  - 예산은 대부분 한정되어 있기 때문에 정해진 예산을 얼마나 효율적으로 사용하느냐는 중요한 문제

- **예산관리와 예산관리능력의 필요성**
  - 예산관리는 활동이나 사업에 소요되는 비용을 산정하고, 예산을 편성하는 것뿐만 아니라 예산을 통제하는 것 모두를 포함. 예산을 수립하고 집행하는 모든 일
  - 무조건 비용을 적게 들이는 것이 좋은 것이 아니며, 책정 비용과 실제 비용의 차이를 줄여 비슷한 상태가 되는 것이 가장 이상적인 것

개발 책정 비용	>	실제 비용	⇒	경쟁력 손실
개발 책정 비용	<	실제 비용	⇒	적자 발생
개발 책정 비용	=	실제 비용	⇒	이상적임

  - 아무리 예산을 정확히 수립했더라도, 활동이나 사업 진행 과정에서 계획에 따라 적절한 관리가 이루어지지 않으면 효과가 없기 때문에 실행 과정에서 적절히 예산을 통제하는 것 필수적
  - 예산관리능력은 이용 가능한 예산을 확인하고, 사용 계획을 세워 그대로 사용하는 능력을 의미하며, 최소 비용으로 최대 효과를 얻기 위해 요구되는 능력
  - 예산관리능력은 개인의 생활과 경쟁력에 영향을 미칠 수 있으며, 크게는 팀, 기업, 국가 경쟁력에 영향을 미칠 수 있기 때문에 모든 사람에게 필수적

② 예산을 구성하는 요소

■ 예산의 구성요소

• 비목 : 예산을 구성하는 모든 원가의 속성을 파악하여 유사한 군별로 묶어 표현한 대분류 원가항목으로 직접비용과 간접비용으로 구분

– 직접비용(Direct Cost) : 제품 생산 또는 서비스를 창출하기 위해 직접 소비된 것으로 여겨지는 비용으로 재료비, 원료, 장비, 시설비, 인건비 등으로 구분

구분	설명
재료비	제품의 제조를 위해 구매된 재료에 지출한 비용
원료와 장비	제품 제조 과정에서 소모된 원료나 필요한 장비에 지출한 비용. 이 비용에는 실제 구매된 비용이나 임대한 비용이 모두 포함
시설비	제품을 효과적으로 제조하기 위한 목적으로 건설되거나 구매된 시설에 지출한 비용
여행(출장) 및 잡비	제품 생산 또는 서비스를 창출하기 위해 출장이나 타 지역으로의 이동이 필요한 경우와 기타 과제 수행 상에서 발생하는 다양한 비용을 포함
인건비	제품 생산 또는 서비스 창출을 위한 업무를 수행하는 사람들에게 지급되는 비용. 계약에 의해 고용된 외부 인력에 대한 비용도 인건비에 포함. 일반적으로 인건비는 전체 비용 중 가장 큰 비중을 차지함

– 간접비용(Indirect Cost) : 제품을 생산하거나 서비스를 창출하기 위해 소비된 비용 중에서 직접비용을 제외한 비용으로, 제품 생산에 직접 관련되지 않은 비용

✓ 과제에 따라 또는 과제가 수행되는 상황에 따라 매우 다양한 유형 존재(예; 보험료, 건물관리비, 광고비, 통신비, 사무비품비, 각종 공과금 등). 많은 사람들이 이처럼 간접비용을 정확하게 예측하지 못해 어려움을 겪는 경우가 많음

– 개인의 생활비 지출의 경우, 의식주에 직접적으로 필요한 비용은 직접비용과 관계가 있으며, 세금, 보험료 등은 간접적인 비용에 해당

• 세목 : 비목의 구성요소를 비교적 상세하게 표현한 중분류 원가항목

• 예산서는 예산의 구성요소를 바탕으로 작성하며, 계획된 일의 목표달성 뿐만 아니라, 사업 및 프로젝트 수주 시 중요한 평가항목 중 하나로 활용됨

③ 효과적인 예산수립과 집행

■ 예산수립 절차

• 필요 과업 및 활동 구명

　– 예산을 수립하는 경우 계속 추가되는 항목으로 인해 어려움을 겪을 수 있기 때문에 예산 배정 전에 예산 범위 내에서 수행해야 하는 활동과 소요될 것으로 예정되는 예산 정리

　– 과제 수행에 필요한 활동 구명 시, 과업세부도를 활용하는 것이 효과적. 과업세부도는 과제 및 활동 계획을 수립할 때 가장 기본적인 수단으로 활용되는 그래프로, 필요한 모든 일들을 중요한 범주에 따라 체계화하여 구분해 놓은 것

• 우선순위 결정

　– 경우에 따라 배정된 예산으로 모든 업무를 수행할 수 없기 때문에 과제 수행에 필요한 활동별로 예산 지출 규모를 확인하고 우선적으로 추진해야 하는 활동을 선정

　– 과제에서 핵심적인 활동과 부수적인 활동을 고려해 예산 여건이 되지 않는 경우 핵심 활동 위주로 예산을 편성

• 예산 배정

　– 우선순위가 높은 활동부터 적절하게 예산을 배정하고 실제 예산을 사용

　– 이 때 과업세부도와 예산을 매치시키는 것이 효과적

■ 과업세부도 활용의 장점

• 과제에 필요한 활동이나 과업을 파악하고, 이를 비용과 매치시켜 어떤 항목에 얼마만큼의 비용이 소요되는지 정확하게 파악

• 과제 수행에 필요한 예산 항목을 빠뜨리지 않고 확인 시 전체 예산의 정확한 분배 가능

• 과제 수행 중 예상외의 비용이 발생하는 경우에 대비할 수 있는 항목을 마련해 두는 것이 가능

• 직장에서 사업과 같은 큰 단위의 예산을 수립하고자 할 때, 기관마다 과제 예산에 대한 규정을 수립하고 있는 경우가 있으므로 기관의 규정을 파악해 예산수립에 반드시 반영

■ **예산관리의 중요성**

- 예산관리 과정에서 예산을 얼마나 사용했는지 수시로 점검하는 것 필요

  - 관리자는 월 단위로 실행예산 대비 사용실적을 나타낸 예상 집행 실적을 작성함으로써 예산관리

  - 예산 편성 항목과 항목별 배정액을 작성하고, 해당 항목에 대한 당월 지출액, 누적 지출액을 작성. 잔액은 '배정액−누적 지출액'을 적고, 사용률은 '누적 지출액/배정액×100'을 작성. 비고에는 어떤 목적으로 사용했는지에 대한 정보를 기입

예산 집행 실적						
항목	배정액	당월 지출액	누적 지출액	잔액	사용률(%)	비고
합계						

  - 예산 집행 실적 작성을 통해 각 항목의 예산이 남은 정도와 앞으로 얼마나 사용할 수 있을지를 파악 가능

- 기관에 따라 항목별 예산 이동이 자유로운 곳도 있지만, 이를 20% 혹은 다양한 기준으로 제한한 경우도 있으므로 미리 예산 집행 실적을 작성하며 관리하는 것이 효과적

- 예산 계획을 차질 없이 집행하기 위해서는 예산 집행 내역과 계획을 지속적으로 비교, 검토하는 것이 중요

● 필기전형

■ NCS 직업기초능력 평가 문항 예시 및 해설

> 직업기초능력명 : 자원관리능력
> 하위영역명 : 예산관리능력(모듈형)

1 다음은 G기업이 지난달 프로젝트에 집행한 비용의 내역이다. 이에 대한 설명으로 옳지 <u>않은</u> 것은 무엇인가?

- 직원 급여 : 2,500만 원, 상여금 300만 원
- 화재 보험료 : 75만 원
- 인터뷰 조사비 : 150만 원
- 유인물 및 보고서 인쇄비 : 40만 원
- 사무 비품비 : 25만 원
- 국내 출장비 : 100만 원
- 통신비 : 50만 원
- 광고비 : 225만 원
- 장비 및 재료비 : 1,500만 원
- 공과금 : 60만 원

---

① 직접비와 간접비의 항목 수는 동일하다.
② 유인물 및 보고서 인쇄비는 직접비에 해당한다.
③ 지난 달에 상여금이 지급되지 않았다면, 직접비는 간접비의 10배를 넘지 않는다.
④ 간접비는 직접비의 15% 이상을 차지한다.
⑤ 지난 달의 국내 출장비를 이번 달에 지급한다면 이번 달의 총 직접비는 증가한다.

출제 의도 예산을 구성하는 요소인 직접비와 간접비를 구분하여 예산을 체계적으로 관리할 수 있는지를 평가하고자 하였다.

정답 ④

해설 G기업이 지출한 비용을 직접비와 간접비로 구분하면 다음과 같다.
- 직접비 5개 : 직원 급여 및 상여금 2,800만 원, 인터뷰 조사비 150만 원, 유인물 및 보고서 인쇄비 40만 원, 국내 출장비 100만 원, 장비 및 재료비 1,500만 원→총 4,590만 원
- 간접비 5개 : 화재 보험료 75만 원, 사무 비품비 25만 원, 통신비 50만 원, 광고비 225만 원, 공과금 60만 원→총 435만 원

따라서 간접비는 직접비의 약 9.5%에 해당한다. 그리고 지난 달의 상여금이 지급되지 않았다면 직접비는 4,290만 원이 되며, 간접비의 10배인 4,350만 원을 넘지 않는다.

직업기초능력명 : 자원관리능력
하위영역명 : 예산관리능력(PSAT형)

2 H기업의 안 사원은 컨퍼런스 식사 예산을 준비하고 있다. 아래 자료에 근거하여 안 사원이 고른 식사 메뉴의 총 지출액은 얼마인가?

- 컨퍼런스에는 부장 3명, 차장 6명, 과장 15명, 대리 26명, 사원 30명이 참석한다.
- 메뉴는 반찬 4가지 이상, 국, 과일이 포함된 것으로 정하고자 한다.
- 컨퍼런스가 마치는 오후 12시까지는 식사 세팅을 완료해야 한다.
- 모든 조건을 충족하는 업체 중 가장 저렴하게 주문 가능한 곳으로 선정한다.

업체	메뉴 구성(밥 포함)	세팅 시작 시간	세팅 시간	금액(메뉴 1개)
A	반찬 5개, 국, 과일	10시	75분	9,000원 (15개 주문마다 1개 서비스)
B	반찬 4개, 과일, 음료	10시 30분	60분	8,000원 (40개 이상 주문 시 5% 할인)
C	반찬 5개, 국, 과일, 떡	10시 15분	120분	9,500원 (10개 주문마다 1개 서비스)
D	반찬 5개, 국, 과일, 음료	10시	90분	9,500원 (80개 이상 주문 시 10% 할인)
E	반찬 3개, 국, 과일	9시 30분	75분	7,500원
F	반찬 4개, 국, 과일	9시 45분	90분	8,500원 (30개 주문마다 1개 서비스)

① 600,000 ② 608,000
③ 663,000 ④ 675,000
⑤ 684,000

출제 의도 주어진 조건과 자료에 근거하여 적합한 업체를 선정하여 필요한 비용을 계산할 수 있는 지를 측정하고자 하였다.

정답 ③

해설 메뉴는 반찬 4가지 이상, 국, 과일이 반드시 포함되어야 하므로 B와 E는 제외된다. 그리고 식사 세팅은 오후 12시까지 완료되어야 하므로 C는 제외된다. 컨퍼런스 참석 인원은 총 80명이며, 나머지 업체들의 결제 금액을 비교해 보면 다음과 같다. A=9,000원×(80-5)=675,000원, D=9,500원×80×0.9=684,000원, F=8500원×(80-2)=663,000원이다. 따라서 안 사원은 F를 선정할 것이고, 지불 비용은 663,000원이다.

● 자가진단

■ 진단 체크리스트

각 문항과 관련하여 자신의 행동 수준, 강도에 따라 평정하여 주시기 바랍니다.

문항	매우 미흡	미흡	보통	우수	매우 우수
1. 나는 예산관리의 중요성을 이해하고 있다	1	2	3	4	5
2. 나는 예산의 구성요소를 설명할 수 있다	1	2	3	4	5
3. 나는 예산수립에 효과적인 방법을 설명할 수 있다	1	2	3	4	5
4. 나는 가용 예산과 필요 예산을 파악하여 업무를 수행할 수 있다	1	2	3	4	5
5. 나는 업무 수행 과정에서 적절하게 예산을 관리할 수 있다	1	2	3	4	5

■ 평정 결과

- **평균 3.0점 미만** : 예산관리능력을 발휘하는데 다소 어려움이 예상된다. 가용한 예산을 확인하고, 필요한 예산을 확보하고, 예산을 효과적으로 관리하기 위한 구체적인 계획을 수립하기 위한 노력을 기울여여 한다.

- **평균 3.0점 이상~3.5점 미만** : 예산관리능력을 보유하고 있으나, 제한된 예산으로 업무를 처리해야 하는 상황에서 어려움이 예상된다. 제한된 예산을 효과적으로 사용하기 위한 방안을 체계적으로 수립하여 실행하기 위한 노력을 기울여야 한다.

- **평균 3.5점 이상~4.0점 미만** : 예산관리능력을 발휘할 수 있으나, 보다 우수한 수준의 예산관리능력을 발휘하기 위해서는 약점 중심으로 개발해 나가야 한다.

- **평균 4.0점 이상** : 업무 수행 시 우수한 수준의 예산관리능력을 발휘할 수 있다.

3 물적자원관리능력

● 학습모듈

① 물적자원의 개념

- **물적자원의 종류**
  - 세상에 존재하는 모든 물체 포함. 크게 자연자원과 인공자원으로 구분
    - 자연자원 : 석유, 석탄, 나무 등 자연 상태에 있는 그대로의 자원
    - 인공자원 : 시설이나 장비 등 사람들이 인위적으로 가공하여 만든 것

- **물적자원관리의 중요성**
  - 물적자원을 얼마나 확보하고 활용할 수 있느냐가 큰 경쟁력이 되므로 물적자원관리는 매우 중요
  - 보유하고 있는 물적자원을 잘 관리하지 못한다면 필요한 활동을 하지 못하고, 물적자원을 확보하는 데 많은 시간을 소요하기 때문에 개인 및 조직에 필요한 물적자원을 확보하고 적절히 관리하는 것은 매우 중요

② 물적자원 활용의 방해 요인

- **보관 장소를 파악하지 못하는 경우**
  - 한 번 활용한 물건을 정리하지 않고 아무렇게나 보관하게 되면 추후 그 물건이 필요할 때 찾기 어려워져 제때 활용할 수 없는 문제가 발생

- **훼손된 경우**
  - 보유하고 있는 물건을 적절히 관리해 고장나거나 훼손되지 않도록 해야 필요한 때에 잘 활용할 수 있고, 새로 구입해야 하는 경제적 손실 방지

- **분실한 경우**
  - 물품을 분실하는 것은 훼손된 경우와 마찬가지로 다시 그 물품을 구입해야 하므로 경제적 손실 초래

- **활용 및 구입 목적이 불명확한 경우**
  - 분명한 목적 없이 물건을 구입한 경우 관리를 소홀하게 하는 문제 발생

③ 효과적인 물적자원관리 과정과 기법

■ **사용품과 보관품의 구분**
- 물품을 앞으로 계속 사용할 것인지, 그렇지 않은지 먼저 구분

■ **동일 및 유사 물품의 분류**
- 동일성과 유사성의 원칙을 따르면 특정 물품의 정확한 위치를 모르더라도 대략적인 위치를 알게 되어 찾는 시간 단축 가능
  - 동일성의 원칙 : 같은 품종은 같은 장소에 보관
  - 유사성의 원칙 : 유사품은 인접한 장소에 보관

■ **물품의 특성에 맞는 보관 장소 선정**
- 위와 같은 과정을 거쳐 물품을 분류했다면, 해당 물품을 적절하게 보관할 수 있는 장소 선정
- 중요한 것은 개별 물품의 특성(형상, 소재 등)을 고려해 보관 장소를 선정해야 하는 것
  - 종이류와 유리, 플라스틱 등은 그 재질의 차이로 인해 보관 장소를 다르게 하는 것이 적당하며, 물품의 무게와 부피에 따라서도 보관 장소를 다르게 선정

■ **물품 정리**
- 회전대응 보관의 원칙
  - 입·출하의 빈도가 높은 품목은 출입구 가까운 곳에 보관하면 활용뿐만 아니라 활용 후 편리하게 다시 보관 가능

■ **다량의 물적자원 관리 기법**
- 물품을 기호화하여 관리하는 방법
  - 바코드(bar code) : 컴퓨터가 쉽게 판독하고 데이터를 빠르게 입력하기 위하여 굵기가 다른 검은 막대와 하얀 막대를 조합시켜 문자나 숫자를 코드화한 것
  - QR 코드(Quick Response Code) : 흑백 격자무늬 패턴으로 정보를 나타내는 매트릭스 형식의 바코드. 기존 바코드에 비해 넉넉한 용량을 강점으로 다양한 정보를 담을 수 있으며, 스마트폰 보급 확산에 따라 활용도 증대

- 기호화된 물품 목록을 작성함으로써 현재 보유하고 있는 물품의 종류를 파악하고 기호를 통해 물품의 위치를 쉽게 파악 가능
- 물품의 구입 및 상태를 정리해둠으로써 물품 관리의 효율성 증대

● 필기전형

- ■ NCS 직업기초능력 평가 문항 예시 및 해설

> 직업기초능력명 : 자원관리능력
> 하위영역명 : 물적자원관리능력(모듈형)

1 A기업은 독일에서 전자기기를 수입하며, 매월 수입품과 관련 제품을 창고에 보관하고 있다. 그런데 최근 물품의 개수와 종류가 모두 많아져 물품을 찾는 것이 어려워질 뿐만 아니라 물품의 훼손과 분실이 우려되는 상황이다. 창고 보관을 담당하는 오 대리는 효과적으로 물품을 관리하기 위한 방안을 동기와 의논하고자 한다. 다음 중 적절하지 <u>않은</u> 방안은 무엇인가?

① 반복 작업을 방지하고 물품을 편리하게 활용하기 위해서 사용 물품과 보관 물품을 구분해야겠군.

② 물품을 찾는 시간을 줄이기 위해서는 동일품과 유사품을 구분해야겠군. 특정 물품의 정확한 위치를 모르더라도 쉽게 찾을 수 있어.

③ 효율적인 보관을 위해 개별 물품의 특성보다는 초기 물품 분류에 따라 일괄적으로 같은 장소에 보관하는 것이 좋겠어.

④ 입출고가 잦은 물품은 출입구 가까운 곳에 보관해야겠군. 이렇게 회전대응 보관을 하면 활용도 편리하고 이후 보관도 편리하겠어.

⑤ 요즘에는 매트릭스 형식의 바코드인 QR 코드 방식으로 다량의 물품을 관리할 수 있어. 기존 바코드 방식보다 용량이 넉넉하다는 강점이 있어.

> **출제 의도** 물적자원관리의 중요성을 인식하여 물적자원 활용의 방해 요인, 물적자원관리 기법을 파악하고 있는지를 평가하고자 하였다.
>
> **정답** ③
>
> **해설** 물품 분류에 따라 일괄적으로 같은 장소에 보관하는 것보다 개별 물품의 특성을 고려하여 보관 장소를 선정해야 한다. 물품의 재질, 무게, 부피 등에 따라 보관 장소의 차이를 두어야 파손의 위험을 줄일 수 있다.

직업기초능력명 : 자원관리능력
하위영역명 : 물적자원관리능력(PSAT형)

2 B기업의 교육팀 최 대리는 리더십 교육을 앞두고 외부 세미나룸을 예약하고자 한다. 아래 자료에 근거하여 최 대리가 예약할 세미나룸으로 적합한 곳은 어디인가?

> - 교육 인원은 총 100명이며, 모두 참석한다.
> - 최 대리는 기관 A~E에 대해 각 항목별 점수를 매겨 총점이 가장 높은 기관과 예약한다.
>   - 거리가 가깝고 총 대관료가 저렴한 순서대로 각각 5점부터 1점까지 부여
>   - 이용자 평점은 그대로 반영
>   - Wi-Fi와 케이터링을 제공하는 경우 가점으로 각각 2점과 1점 부여
> - 각 기관의 세미나룸 최대 수용 인원을 초과하는 경우에는 해당 세미나룸을 복수로 예약해야 한다.
> - 만약 총점이 동일한 경우에는 이용자 평점이 높은 기관을 선정한다.

기관	거리	이용자 평점	Wi-Fi 제공	케이터링 제공	대관료 및 최대 수용 인원 (세미나룸 1개)
A	1.5km	3.6점	○	○	• 250만 원 • 최대 50명 수용
B	1.6km	4.2점	×	○	• 350만 원 • 최대 100명 수용
C	0.8km	3.2점	×	×	• 400만 원 • 최대 125명 수용
D	1.3km	4.9점	○	×	• 300만 원 • 최대 75명 수용
E	1.9km	4.7점	○	○	• 450만 원 • 최대 150명 수용

① A   ② B
③ C   ④ D
⑤ E

출제 의도 주어진 조건과 물적자원에 근거하여 적합한 기관을 선정할 수 있는지를 평가하고자
하였다.

정답 ②

해설 세미나룸의 점수와 총 대관료를 산출하면 다음과 같다.

기관	거리	이용자 평점	Wi-Fi 제공	케이터링 제공	총 대관료	총점
A	3점	3.6점	2점	1점	250×2=500만 원 (2점)	11.6점
B	2점	4.2점	–	1점	350만 원 (5점)	12.2점
C	5점	3.2점	–	–	400만 원 (4점)	12.2점
D	4점	4.9점	2점	–	300×2=600만 원 (1점)	11.9점
E	1점	4.7점	2점	1점	450만 원 (3점)	11.7점

따라서 최 대리는 총점이 12.2점으로 가장 높은 B, C 중 이용자 평점이 더 높은 B를 예약할
것이다.

● 자가진단

■ 진단 체크리스트

각 문항과 관련하여 자신의 행동 수준, 강도에 따라 평정하여 주시기 바랍니다.

문항	매우 미흡	미흡	보통	우수	매우 우수
1. 나는 물적자원의 종류를 설명할 수 있다	1	2	3	4	5
2. 나는 물적자원관리의 중요성을 이해하고 있다	1	2	3	4	5
3. 나는 물적자원 활용의 방해 요인을 설명할 수 있다	1	2	3	4	5
4. 나는 효과적인 물적자원관리 계획을 수립할 수 있다	1	2	3	4	5
5. 나는 다양한 기법을 활용하여 물적자원을 관리할 수 있다	1	2	3	4	5

■ 평정 결과

- 평균 3.0점 미만 : 물적자원관리능력을 발휘하는데 다소 어려움이 예상된다. 가용한 물적자원을 확인하고, 필요한 물적자원을 확보하고, 물적자원을 효과적으로 관리하기 위한 구체적인 계획을 수립하기 위한 노력을 기울여여 한다.
- 평균 3.0점 이상~3.5점 미만 : 물적자원관리능력을 보유하고 있으나, 제한된 물적자원으로 업무를 처리해야 하는 상황에서 어려움이 예상된다. 제한된 물적자원을 효과적으로 사용하기 위한 방안을 체계적으로 수립하여 실행하기 위한 노력을 기울여야 한다.
- 평균 3.5점 이상~4.0점 미만 : 물적자원관리능력을 발휘할 수 있으나, 보다 우수한 수준의 물적자원관리능력을 발휘하기 위해서는 약점 중심으로 개발해 나가야 한다
- 평균 4.0점 이상 : 업무 수행 시 우수한 수준의 물적자원관리능력을 발휘할 수 있다.

4 인적자원관리능력

● 학습모듈

① 인적자원과 인적자원관리의 중요성

- **인적자원관리의 의미**
  - 산업 발달로 생산 현장이 첨단화, 자동화되었더라도 물적자원, 예산 등의 생산요소를 효율적으로 결합시켜 가치를 창조하는 일을 하는 것은 사람
  - 기업은 목적달성을 위해 필요 인적자원을 조달, 확보, 유지, 개발함
  - 인적자원관리를 통해 경영조직 내에서 구성원들의 능력을 최고로 발휘하게 하는 것 가능
  - 근로자 스스로 자기만족을 얻게 하는 동시에 경영 목적을 효율적으로 달성하게 하는 등 사용자와 근로자 간 협력 체계가 이루어지도록 관리하는 활동

- **효율적이고 합리적인 인사관리 원칙**
  - **적재적소 배치의 원칙** : 해당 직무수행에 가장 적합한 인재를 배치
  - **공정 보상의 원칙** : 근로자의 인권을 존중하고, 공헌도에 따라 노동의 대가를 공정하게 지급
  - **공정 인사의 원칙** : 직무 배당, 승진, 상벌, 근무 성적의 평가, 임금 등을 공정하게 처리
  - **종업원 안정의 원칙** : 직장에서 신분이 보장되고 계속해서 근무할 수 있다는 믿음을 갖게 하여 근로자의 안정된 회사 생활 보장
  - **창의력 계발의 원칙** : 근로자가 창의력을 발휘할 수 있도록 새로운 제안, 건의 등의 기회를 마련하고 적절한 보상을 제공
  - **단결의 원칙** : 직장 내에서 구성원들이 소외감을 갖지 않도록 배려하고, 서로 유대감을 가지고 협동, 단결하는 체제 구축

- **개인차원에서의 인적자원관리(인맥관리)**
  - 인맥은 사전적 의미로 정계, 재계, 학계 따위에서 형성된 사람들의 유대 관계라고 하지만 이에 국한하지 않고 자신이 알고 있거나 관계를 형성하고 있는 가족, 친구, 직장 동료, 선후배, 동호회 등 다양한 사람들을 포함

- 핵심 인맥 : 자신과 직접적인 관계에 있는 사람들

- 파생 인맥 : 핵심 인맥으로부터 알게 된 사람이나 우연한 자리에서 서로 알게 된 사람 등

- 인맥 활용의 장점 : 인맥을 통해 각종 정보와 정보의 소스를 획득하고 참신한 아이디어와 해결책을 도출하며 취업, 승진, 창업, 고객확보 차원 등 유사 시 필요한 도움을 받을 수 있는 관계. 관계를 통해 나 스스로를 알게 되는 계기가 되며 삶이 탄력적으로 변할 수 있음

■ **조직차원에서의 인적자원관리**

- 인적자원은 능동성, 개발 가능성, 전략적 자원의 특성을 가지며, 이에 대한 관리가 조직 성과에 큰 영향을 미침

- 능동성 : 능동적이고 반응적이며, 그로 인한 성과는 인적자원의 욕구와 동기, 태도와 행동, 만족감 여하에 따라 결정

- 개발 가능성 : 자연적인 성장과 성숙은 물론 추후 개발될 수 있는 많은 잠재능력과 자질 보유. 특히 환경변화에 따른 조직변화가 심할수록 현대조직에서 차지하는 중요성 증대

- 전략적 중요성 : 조직의 성과는 인적자원, 물적자원 등을 효과적·능률적으로 활용하는데 달려있으며, 이를 활용하는 것이 사람이기 때문에 다른 자원보다 전략적으로 중요

② **나의 인맥관리**

■ **인맥관리가 자신의 성공을 위한 첫걸음이라는 생각을 갖고 효과적인 방법을 활용한다면 보다 넓은 인맥 구축 가능**

- 명함관리

- 명함은 자신의 신분을 증명하고 개인정보를 교류할 수 있으며 자기 PR, 대화의 실마리 제공, 후속 교류를 위한 도구로 사용

- 명함을 보관 목적이 아닌 인맥의 도구로 활용하기 위해서는 상대의 개인 신상이나 특징 등 자신이 참고할 수 있는 정보들 메모 필요(언제 어디서 만났는지, 소개자의 이름, 학력·경력, 상대의 업무내용·취미·기타 독특한 점, 전근·전직 등의 변동사항, 가족사항, 거주지와 기타 연락처, 대화를 나눈 느낌·성향 등)

- 스마트폰이나 태블릿 PC를 이용한 명함 관련 앱 사용

- 인맥관리카드
  - 자신의 주변 인맥을 관리하기 위해 이름, 관계, 직장 및 부서, 학력, 출신지, 연락처, 친한 정도 등 기입
  - 핵심 인맥과 파생 인맥을 구분, 자신이 중요하게 생각하는 점을 중심으로 작성해 주변에 어떤 사람들이 있는지 파악하여 도움 필요 시 활용 가능
- 소셜네트워크(SNS)
  - 정보통신기술이 발달하면서 사람, 정보, 사물 등을 네트워크로 촘촘하게 연결한 사회를 말하는 초연결사회(hyper-connected society)에서는 직접 대면하지 않고 시공간을 초월해 네트워크상에서 인맥을 형성하고 관리 가능
  - 기존 SNS와 더불어 인맥 구축과 채용에 도움이 되는 비즈니스 특화 인맥관리서비스(BNS, Business social Network Service)로 관심 증대
  - 세계 최대 BNS 링크트인과 같이 다양한 프로그램을 이용하거나 자신이 효과적으로 활용할 수 있는 방법을 사용하는 것이 바람직

③ 팀원관리

- **효과적인 인력배치를 위한 3가지 원칙**
  - **적재적소주의** : 팀원의 능력, 성격 등과 가장 적합한 위치에 배치하여 팀원 개개인의 능력을 최대로 발휘해 줄 것을 기대하는 것. 배치는 작업·직무가 요구하는 요건과 개인이 보유하고 있는 조건이 서로 균형있고 적합하게 대응해야 성공 가능
  - **능력주의** : 개인에게 능력을 발휘할 수 있는 기회와 장소를 부여한 뒤, 그 성과를 바르게 평가하고 평가된 능력과 실적에 대해 상응하는 보상을 하는 원칙. 능력은 개인이 가진 기존의 능력에만 한정하지 않고, 미래에 개발 가능한 능력도 있기 때문에 이를 개발하고 양성하는 측면 고려 필요
  - **균형주의** : 모든 팀원에 대한 평등한 적재적소를 고려. 팀 전체의 능력향상, 의식개혁, 사기양양 등을 도모하는 의미에서 전체와 개체가 균형을 이룰 필요

- **인력배치의 3가지 유형**
  - **양적 배치** : 부문의 작업량과 조업도, 여유·부족 인원을 감안해 소요인원을 결정 및 배치하는 것
  - **질적 배치** : 적재적소의 배치
  - **적성 배치** : 팀원의 적성 및 흥미에 따라 배치

- 이러한 모든 원칙들은 적절히 조화하여 운영. 양적 배치를 하지만 팀원의 능력·적성 등에 맞게 조율하는 것이 가장 효과적. 다양한 관점과 방법을 바탕으로 인력을 배치할 때 효과 극대화

- 팀원들에게 할당된 일을 적절히 관리하기 위해서는 과업세부도를 활용하고 할당된 과업에 따른 책임자와 참여자를 명시해 관리함으로써 업무 추진에 차질이 생기는 것 방지

● 필기전형

- **NCS 직업기초능력 평가 문항 예시 및 해설**

> 직업기초능력명 : 자원관리능력
> 하위영역명 : 인적자원관리능력(모듈형)

1 효율적인 인적자원관리의 사례로 적절하지 <u>않은</u> 것은 무엇인가?

① 재무 지식이 뛰어난 김 대리와 데이터 분석 능력이 우수한 박 대리를 각각 경리팀과 마케팅팀으로 배치시켰다.

② 안 과장은 인맥관리카드를 통해 핵심 인맥과 파생 인맥을 구분하여 승진, 고객 확보 차원에서 도움을 받았다.

③ 오 부장은 이 대리에게 회사 규정을 크게 위반하지 않는 한 안정적으로 근무할 수 있다고 격려했다.

④ 최 사장은 최고의 성과를 창출한 팀워크를 포상하고자 해당 팀원들에게 균등한 보상이 아닌, 능력과 실적에 상응하는 보상을 지급했다.

⑤ 우 사원은 거래처 담당자와 명함을 받을 때, 차후 분실할 수 있는 경우를 고려해 가급적 2장 이상의 명함을 요청했다.

출제의도 인적자원관리의 중요성을 인식하여 효율적인 인적자원관리의 방법과 원칙을 파악하고 있는지를 평가하고자 하였다.

정답 ⑤

해설 분실을 우려해서 상대방에게 2장 이상의 명함을 요청하는 것은 적절하지 않은 비즈니스 매너를 나타내는 것이자 명함을 부주의하게 관리하는 것에 해당한다.

직업기초능력명 : 자원관리능력
하위영역명 : 인적자원관리능력(PSAT형)

2 C기업은 신입사원 선발을 위해 온라인 리크루팅을 기획하고 있다. 아래 자료에 근거하여 온라인 리크루팅 MC로 참여 가능한 인원의 조합은 무엇인가?

> • 온라인 리크루팅의 MC는 총 3명이다. 서로 부서와 직급이 달라야 하며, 남녀 조합을 이루어야 한다.
> • 원활한 진행을 위해 PT 경험이 있는 인사팀 직원 1명, 3개월 이상의 영상편집 경험이 있는 직원 1명, 신입사원 1명이 필요하다.

이름	부서	직급	성별	PT 경험 여부	영상편집 경험 기간
이자인	영업팀	과장	여성	O	2개월
박나은	마케팅팀	사원	여성	×	3개월
최인성	인사팀	사원	남성	×	–
김소라	마케팅팀	과장	여성	O	4개월
임지호	재무팀	사원	남성	×	–
조영석	영업팀	대리	남성	O	1개월
황지영	인사팀	대리	여성	O	2개월

① 이자인, 임지호, 황지영
② 박나은, 김소라, 조영석
③ 이자인, 박나은, 황지영
④ 김소라, 임지호, 황지영
⑤ 박나은, 최인성, 조영석

출제 의도 주어진 조건과 자료를 조합하여 이용 가능한 인적자원을 할당할 수 있는지를 평가하고자 하였다.

정답 ④

해설 PT 경험이 있는 인사팀 직원에는 황지영 대리만 해당된다. 따라서 같은 팀 직원인 최인성 사원, 같은 직급인 조영석 대리는 제외된다. 다음으로 3개월 이상의 영상편집 경험이 있는 직원에는 박나은 사원, 김소라 과장을 고려할 수 있다. 만약 박나은 사원을 MC에 포함시키면 나머지 한 자리에는 남성 과장이 반드시 할당되어야 하지만, 해당 조건을 만족하는 직원은 존재하지 않는다. 따라서 김소라 과장을 MC에 포함시키고, 나머지 한 자리에는 남성인 임지호 사원이 할당된다.

● 자가진단

■ 진단 체크리스트

각 문항과 관련하여 자신의 행동 수준, 강도에 따라 평정하여 주시기 바랍니다.

문항	매우 미흡	미흡	보통	우수	매우 우수
1. 나는 인적자원관리의 중요성을 이해하고 있다	1	2	3	4	5
2. 나는 가용한 인적자원을 파악할 수 있다	1	2	3	4	5
3. 나는 필요한 인적자원을 파악할 수 있다	1	2	3	4	5
4. 나는 업무 및 인력 특성을 고려하여 인적자원을 적 절히 할당할 수 있다	1	2	3	4	5
5. 나는 팀 작업에서 효과적으로 인적자원을 관리할 수 있다	1	2	3	4	5

■ 평정 결과

- 평균 3.0점 미만 : 인적자원관리능력을 발휘하는데 다소 어려움이 예상된다. 가용한 인적자원을 확인하고, 필요한 인적자원을 확보하고, 인적자원을 효과적으로 관리하기 위한 구체적인 계획을 수립하기 위한 노력을 기울여여 한다.

- 평균 3.0점 이상~3.5점 미만 : 인적자원관리능력을 보유하고 있으나, 제한된 인적자원으로 업무를 처리해야 하는 상황에서 어려움이 예상된다. 제한된 인적자원을 효과적으로 사용하기 위한 방안을 체계적으로 수립하여 실행하기 위한 노력을 기울여야 한다.

- 평균 3.5점 이상~4.0점 미만 : 인적자원관리능력을 발휘할 수 있으나, 보다 우수한 수준의 인적자원관리능력을 발휘하기 위해서는 약점 중심으로 개발해 나가야 한다.

- 평균 4.0점 이상 : 업무 수행 시 우수한 수준의 인적자원관리능력을 발휘할 수 있다.

05

정보능력

[1] 컴퓨터활용능력
[2] 정보처리능력

학습에 들어가기 전에...

정보능력의 하위능력인 컴퓨터활용능력은 주로 서류전형의 입사지원서 자격 사항에서 검증한다. 이에 따라 컴퓨터활용능력의 경우 서류전형, 필기전형, 면접전형의 평가 방안 및 준비 방안에 대해 다루지 않았다.

정보처리능력의 경우 서류전형, 필기전형, 면접전형의 평가 방안 및 준비 방안에 대해 기술하였다.

| Chapter 01 | Chapter 02 | Chapter 03 | Chapter 04 | Chapter 05 |

정보능력

● 학습모듈

① 정보, 자료 및 지식의 차이

- **정보, 자료 및 지식의 구분**
  - 고전적으로 정보와 지식, 자료는 McDonough의 '정보경제학' 정의에 따라 구분됨
  - 자료와 정보, 지식과의 관계 : '자료⊇지식⊇정보'의 포함관계

- **자료(data)**
  - 정보 작성을 위하여 필요한 데이터
  - 아직 특정의 목적에 대하여 평가되지 않은 상태의 숫자나 문자들이 단순하게 나열된 것

- **정보(Information)**
  - 자료를 일정한 프로그램에 따라 컴퓨터가 처리·가공함으로써 특정한 목적을 달성하는 데 필요하거나, 특정한 의미를 가진 것으로 다시 생산된 것

- **지식(Knowledge)**
  - 어떤 특정의 목적을 달성하기 위해 과학적 또는 이론적으로 추상화되거나 정립되어 있는 일반화된 정보
  - 어떤 대상에 대하여 원리적·통일적으로 조직되어 객관적 타당성을 요구할 수 있는 판단 체계 제시

- **정보처리(Information Processing)**
  - 자료를 가공하여 이용 가능한 정보로 만드는 과정
  - 자료처리(data processing)라고도 하며 일반적으로 컴퓨터가 담당

- **정보의 가치**
  - 정보의 가치는 우리의 요구, 사용 목적, 활용 시기와 장소에 따라 다르게 평가

- 정보는 우리가 원하는 시간에 제공되어야 하며, 원하는 시간에 제공되지 못할 경우 정보로서의 가치 소멸
- 정보는 아무리 중요한 내용이라도 공개 후에는 일반적으로 그 가치가 급격하게 하락
- 정보는 공개 정보보다는 반공개 정보가, 반공개 정보보다는 비공개 정보가 더 큰 가치 보유
- 비공개 정보는 정보의 활용이라는 면에서 경제성이 떨어지고, 공개 정보는 경쟁성이 떨어지는 특성을 지님
- 정보는 공개 정보와 비공개 정보를 적절히 구성함으로써 경제성과 경쟁성을 동시에 추구해야 함

② 빠르게 변화하는 정보화 사회의 속도

■ 정보화 사회의 의미

- 미래학자 앨빈 토플러가 "제3의 물결"이라는 책에서 처음 언급한 용어
- 개인 생활을 비롯하여 정치, 경제, 문화, 교육, 스포츠 등 거의 모든 분야의 사회생활에서 정보에 의존하는 경향 증대
- 세상에서 필요로 하는 정보가 사회의 중심이 되는 사회, 컴퓨터 기술과 정보통신 기술을 활용하여 사회 각 분야에서 필요로 하는 가치 있는 정보를 창출하고, 보다 유익하고 윤택한 생활을 영위하도록 발전시켜 나가는 사회
- 컴퓨터와 전자통신 기술의 결합인 정보통신 기술의 발전과 이와 관련된 다양한 소프트웨어의 개발로 네트워크화가 이루어져, 전 세계를 하나의 공간으로 여기는 수평적 네트워크 커뮤니케이션이 가능한 사회
- 경제 활동의 중심이 상품의 정보나 서비스, 지식의 생산으로 옮겨 감. 즉, 지식정보와 관련된 산업이 부가가치를 높일 수 있는 사회

■ 정보화의 필요성

- 지금 우리나라 경제가 발달했다고 하나, 중요기술은 선진국에 종속되어 있음
- 우리나라 경제가 선진국의 영향에서 독립하기 위해서는 기초 기술을 개발해야 함

■ 미래 사회의 특징

- 토지, 자본, 노동에서 지식 및 정보 생산 요소로 부가가치 창출 요인 전환
  - 미래 사회에서는 지식 · 정보가 부가가치 창출의 3/4을 차지할 것

- 차세대 대표 주력 산업은 6T

- 정보기술(IT, Information Technology)산업의 주류를 이루고 있는 컴퓨터가 경제 체제에 미치는 영향은 막대

- 정보기술 분야 외 생명공학(BT, Bio Technology), 나노(NT, Nano Technology) 분야, 환경보전을 위한 환경공학(ET, Environmental Technology), 문화산업 (CT, Cultural Technology, 우주항공기술(ST, Space Technology) 중요

- 6T는 미래를 이끌어 갈 주요 산업으로 미래 사회에서는 토지, 노동, 자본보다는 새로운 지식과 기술을 개발·활용·공유·저장할 수 있는 지식근로자를 요구할 것

• 세계화의 진전

- 세계화의 의미 : 모든 국가의 시장이 국경 없는 하나의 세계 시장으로 통합됨

- 세계화의 대상 : 실물 상품뿐 아니라 노동, 자본, 기술 등의 생산 요소와 교육과 같은 서비스의 국제 교류도 모두 포함

- 세계화의 예 : 세계무역기구(WTO), 자유무역협정(FTA) 등에 의한 무역 개방화, 국가 간의 전자 상거래(electronic commerce: EC), 가상은행, 사이버 백화점, 사이버 대학교, 한국 기업의 외국 공장 설립, 다국적 기업의 국내 설치 및 산업 연수생들의 국내 산업체 근무, 외국 대학 및 학원의 국내 설치 등

• 지식의 폭발적인 증가

- 미래 사회에서는 지식, 특히 과학적 지식이 폭발적으로 증가할 것

- 일부 미래학자 2050년경이 되면 지식이 급증하여 지금의 지식은 1% 밖에 사용할 수 없게 될 것이라고 전망

■ **정보화 사회에서 필수적으로 해야 할 일**

• **정보검색** : 수많은 정보검색 사이트를 통해 원하는 정보는 무엇이든지 검색

• **정보관리** : 검색한 내용을 파일로 만들어 보관하거나 프린터로 출력해 두어 언제든지 필요할 때 다시 볼 수 있도록 관리

• **정보전파** : 관리된 정보는 전자우편이나 여러 수단을 통해 전파

③ **컴퓨터활용분야와 정보처리과정**

정보를 활용하기 위한 수집과 분석, 처리, 저장 등의 모든 과정을 인간이 직접 하기에는 한계가 있어 기업, 행정, 산업, 가정, 교육 등의 여러 분야에서 IT기기를 활용하고 있다.

- **기업 경영 분야에서의 활용**
  - 생산에서부터 판매, 회계, 재무, 인사 및 조직관리는 물론 금융 업무까지도 컴퓨터를 널리 활용
  - 경영정보시스템(MIS : Management Information System)이나 의사결정지원시스템(DSS : Decision Support System) 등은 기업 경영에 필요한 정보의 효과적 활용을 지원하여 경영자의 신속한 의사결정 가능
  - 사무 자동화(OA : Office Automation)로 인해 문서 작성과 보관이 용이해졌으며, 전자 결재시스템의 도입으로 업무처리 효율성 증대
  - 인터넷과 모바일 기술이 발달하고 글로벌 시장이 성장함에 따라 국가와 지역, 고객 등 경계를 넘어서 플랫폼을 활용한 B2G(Business to Government, 기업과 정부 간 전자상거래), B2C(Business to Customer, 인터넷 소매업), B2B(Business to Business, 기업 간 거래) 활발한 거래

- **행정 분야에서의 활용**
  - 행정기관에서는 민원처리와 각종 행정 통계 등 여러 가지 행정에 관련된 정보를 데이터베이스로 구축하여 활용
  - 행정 업무의 사무 자동화(OA : Office Automation)가 이루어져 모든 민원서류를 원격지에서 정보 통신망을 이용해 발급받을 수 있을 뿐만 아니라 가까운 은행에서도 세금과 공과금 납부

- **산업 분야에서의 활용**
  - 공업 분야에서는 제품 수주에서부터 설계, 제조, 검사, 출하에 이르기까지 제품 공정의 모든 과정을 컴퓨터로 자동화하여 생산성을 높이고 원가를 절감하며 불량품을 줄이는 등 제품의 경쟁력 제고(예 : 컴퓨터 이용 설계(CAD : Computer Aided Design)
  - 컴퓨터를 이용한 생산(CAM : Computer Aided Manufacturing))
  - 산업현장에서 사람이 하기 힘든 위험한 일이나 비위생적인 작업, 정교한 일 등에 산업용 로봇 사용
  - 편의점이나 백화점 등에서 매출액 계산, 원가 및 재고 관리를 위해 사용하는 상품의 판매 시점관리(POS : Point Of Sales) 시스템에도 컴퓨터 활용

- **기타 분야에서의 활용**
  - 교육, 연구소, 출판, 가정, 도서관, 예술 분야 등에서도 널리 활용

- **IT기기를 활용한 정보처리 과정**
  - 1단계 정보의 기획 : 정보관리의 가장 중요한 단계, 보통 5W2H에 따라 기획
    - WHAT(무엇을) : 정보의 입수대상 명확화
    - WHERE(어디에서) : 정보의 소스(정보원) 파악
    - WHEN(언제까지) : 정보의 요구(수집)시점 고려
    - WHY(왜) : 정보의 필요 목적 고려
    - WHO(누가) : 정보활동의 주체 확정
    - HOW(어떻게) : 정보의 수집 방법 검토
    - HOW MUCH(얼마나) : 정보수집 비용성(효용성) 고려
  - 2단계 정보의 수집 : 다양한 정보원으로부터 목적에 적합한 정보를 입수하는 것
    - 정보수집의 최종 목적은 '예측'을 잘하는 것
    - 정보수집을 잘 하기 위해서는 정보를 접하는 기회를 꾸준히 많이 가지는 것이 매우 중요
  - 3단계 정보의 관리 : 수집된 다양한 형태의 정보를 어떤 문제해결이나 결론 도출에 사용하기 쉬운 형태로 바꾸는 일이며, 목적성, 용이성, 유용성 고려
    - 목적성 : 사용 목적을 명확히 설명해야 함
    - 용이성 : 쉽게 작업할 수 있어야 함
    - 유용성 : 즉시 사용할 수 있어야 함
  - 4단계 정보의 활용
    - 정보기기에 대한 이해나 최신 정보기술이 제공하는 주요 기능, 특성에 대한 지식을 알아야 정보 활용 가능
    - 정보가 필요하다는 문제 상황을 인지할 수 있어야 정보 활용 가능
    - 문제해결에 적합한 정보를 찾고 선택할 수 있어야 정보 활용 가능
    - 찾은 정보를 문제해결에 적용
    - 윤리의식을 가지고 합법적으로 정보 활용

● 적용사례

■ 컴퓨터활용능력 발휘 사례

> 신입사원 A는 평소에 업무 보고서를 작성할 일이 많다. A가 담당하는 업무는 주로 관련 문헌을 찾아 정리하는 일이므로 보고서를 작성하기 위해서는 사내 도서를 많이 구입할 수밖에 없다. 인터넷에 올라온 출처가 불분명하고 사실 여부가 확실하지 않은 정보들을 바탕으로 보고서를 작성할 수는 없다. A는 보고서를 쓰기 위한 책을 저자와 출판일, 제목, 출판사 순으로 기술한 후 저자의 가나다순으로 배열을 하여 엑셀파일로 저장하였다. 또한, 주제별로도 구분하여 유사한 주제의 업무지시가 있을 경우 바로 관련 문헌을 찾을 수 있게 정리해 놓았다. 이렇게 찾은 정보를 1년 간 계속 정리해 놓았더니, 새로운 업무가 있어도 관련 문헌을 찾는데 시간을 허비하지 않게 되었다.

■ 정보처리능력 발휘 사례

> K은행의 신입사원 B는 30~40대를 타겟으로 한 신규 금융상품 기획안을 작성해야 한다. B는 기획안을 작성하기 위해 어떠한 정보가 필요한지를 생각해 보았다. B는 30~40대의 취향을 먼저 파악할 필요가 있었다. 따라서 B는 30~40대가 주로 가입한 금융 상품, 금융 상품에 대한 니즈, 기존 상품에 대한 불만 사항 등에 관한 정보가 필요함을 인식하였다. B는 이러한 정보를 기존의 고객 DB로부터 얻을 수 있다고 판단하였으며, 다음 주까지 기획안을 제출하여야 하기 때문에 이번 주까지 이러한 정보를 수집하기 위한 계획을 수립하였다. 특히 B가 원하는 정보는 30~40대의 금융상품에 대한 니즈이기 때문에 고객 DB로부터 30~40대 것을 선별하였다. B가 선택한 정보 수집 방법은 고객 DB로부터 필요한 정보를 얻을 경우 별도의 비용이 들지 않는다는 것이 큰 장점이었다.

1 컴퓨터활용능력

● 학습모듈

① 인터넷 서비스 활용 및 정보 찾기

- **인터넷 서비스의 종류 및 특징**
  - 이메일(e-mail) : 인터넷을 통해 편지나 정보를 주고받는 서비스
    - 일반우편은 사람에 의해 전달되지만, 이메일은 정보통신망을 통하여 전달되므로 빠르고 정확하게 전달 가능
  - 메신저(messenger) : 인터넷에서 실시간으로 메시지와 데이터를 주고받을 수 있는 소프트웨어
    - 응답이 즉시 이루어져서 전자우편보다 훨씬 빠른 속도
    - 컴퓨터로 작업을 하면서 메시지 송수신 가능
    - 여러 사람과의 문자채팅과 음성채팅도 지원, 대용량의 동영상 파일은 물론 이동전화에 문자 메시지 송신 가능
    - 뉴스나 증권, 음악 정보 등의 서비스 제공
  - 인터넷 디스크(Internet Harddisk)/웹 하드(Web Hard)
    - 인터넷 디스크(Internet Harddisk), 웹 디스크(Web-disk), 웹 하드(Web Hard), 파일 박스, 피디 박스 등 다양한 용어 사용
    - 현재 네티즌들 사이에서 가장 많이 사용하는 용어는 웹 하드(Web Hard)와 웹 디스크
    - 인터넷 디스크(Internet Harddisk) : 웹 서버에 대용량의 저장 기능을 갖추고 사용자가 개인용 컴퓨터(PC)의 하드디스크와 같은 기능을 인터넷을 통하여 이용할 수 있게 하는 서비스
      - ✓ 파일 올리고 내리기, 파일 및 폴더의 생성 · 변경 · 이동 · 삭제 · 복사, 메모장 작성, 간편한 자동 백업 따위의 다양하고 편리한 기능 제공
  - 클라우드
    - 사용자들이 복잡한 정보를 보관하기 위해 별도의 데이터 센터를 구축하지 않고도, 인터넷을 통해 제공되는 서버를 활용해 정보를 보관하다가 필요할 때 꺼내 쓰는 기술

    – 작업한 컴퓨터에서만 자료를 불러올 수 있는 것이 아니라, 마치 여러 장소에서 동일한 구름을 관찰할 수 있듯 언제 어디서나 필요한 자료 확인 가능

    – 클라우드의 핵심은 데이터의 저장 · 처리 · 네트워킹 및 다양한 애플리케이션 사용 등 IT 관련 서비스를 인터넷과 같은 네트워크를 기반으로 제공하는 것

    – 사용자가 웹 하드 등 저장 공간에 개인과 관련된 콘텐츠를 저장해 두고 장소와 시간에 관계없이 다양한 단말기를 통해 사용 가능

- SNS(Social Networking Service)

    – 온라인 인맥 구축을 목적으로 개설된 커뮤니티형 웹사이트(예 : 트위터, 페이스북, 인스타그램 등)

    – 많은 사람이 다른 사람과 의사소통을 하거나 정보를 공유 · 검색하는 데 SNS를 일상적으로 이용

    – 현재 SNS는 1990년대 이후 월드와이드웹(www)의 발전에 기인한 것

- 전자상거래(인터넷을 통해 물건 사고팔기)

    – 협의 : 인터넷이라는 전자 매체를 통하여 상품을 사고팔거나, 재화나 용역을 거래하는 사이버 비즈니스

    – 광의 : 소비자와의 거래뿐만 아니라 거래와 관련된 공급자, 금융기관, 정부기관, 운송기관 등과 같이 거래에 관련되는 모든 기관과의 관련 행위 포함

    – 물리적 상품(전자부품, 컴퓨터, 의류, 책 등)과 디지털 상품(주식 정보, 음원 및 영상파일, 전자책(e-Book), 보험 정보, 재테크 정보, 소프트웨어 등) 거래

■ 인터넷을 이용한 정보검색

- 정보검색 단계

    – 여러 곳에 분산되어 있는 수많은 정보 중에서 특정 목적에 적합한 정보만을 신속하고 정확하게 찾아내어 수집, 분류, 축적하는 과정

    – 검색주제 선정 → 정보원 선택 → 검색식 작성 → 결과출력

    – 검색 시 고려사항

        ✓ 뉴스 정보인가?

        ✓ 인터넷 정보원을 활용해야 하는가?

        ✓ 논문자료에서 찾을 수 있지 않을까?

        ✓ 해당 주제와 관련 있는 학회나 관공서 사이트에서 찾을 수 있지 않을까?

– 찾고자 하는 정보가 존재할 수 있는 위치(knowwhere)에 대하여 많은 관심과 사전 지식 필요

- 검색 엔진의 유형
  - 키워드 검색 방식
    ✓ 의미 : 찾고자 하는 정보와 관련된 핵심 언어인 키워드를 직접 입력하여 이를 검색 엔진에 보내어 검색 엔진이 키워드와 관련된 정보검색
    ✓ 장점 : 사용자 입장에서는 키워드만을 입력하여 정보검색 가능
    ✓ 단점 : 키워드가 불명확하게 입력된 경우에는 검색 결과가 너무 많아 효율적인 검색의 어려움
  - 주제별 검색 방식
    ✓ 의미 : 인터넷상에 존재하는 웹 문서들을 주제별, 계층별로 정리하여 데이터베이스를 구축한 후 이용하는 방식
    ✓ 특징 : 사용자는 단지 자신이 원하는 정보를 찾을 때까지 상위 주제부터 하위 주제까지 분류되어 있는 내용을 선택하여 검색
  - 자연어 검색 방식
    ✓ 의미 : 검색 엔진에서 문장 형태의 질의어에 대한 형태소 분석을 거쳐 언제(when), 어디서(where), 누가(who), 무엇을(what), 왜(why), 어떻게(how), 얼마나(How much)에 해당하는 5W2H를 읽어 내고 분석하여 각 질문에 답이 들어 있는 사이트를 연결해 주는 검색 방식
  - 통합형 검색 방식
    ✓ 의미 : 사용자가 입력하는 검색어들이 연계된 다른 검색 엔진에게 보내고, 이를 통하여 얻어진 검색 결과를 사용자에게 보여 주는 방식
    ✓ 특징 : 키워드 검색 방식과 매우 유사

- **인터넷 정보검색을 할 때의 주의사항**
  - 적합한 키워드 선택
    – 키워드는 구체적이고 자세하게 만들 것
    – 특정한 키워드에 대하여 검색 결과가 너무 많이 나오는 경우에는 검색 엔진에서 결과 내 재검색 기능을 사용할 것

- 웹 검색외 다른 방법의 활용
  - 웹 검색 이외에도 각종 전자게시판(BBS)이나 뉴스 그룹, 메일링 리스트도 이용하고, 도서관 자료와 정보를 가지고 있는 사람에게 직접 전자우편으로 부탁하는 등의 다른 방법들도 적극 활용
- 웹 검색 결과에 대한 지나친 신뢰 경계
  - 검색 엔진 나름대로 정확성이 높다고 판단되는 데이터를 화면의 상단에 표시하지만 실제 그렇지 않은 경우가 많이 발생하므로 사용자 자신이 직접 보면서 검색한 자료가 자신이 원하는 자료인지 판단

② 업무에 필요한 소프트웨어 활용

- **워드프로세서(wordprocessor)**
  - 의미 : 여러 형태의 문서를 작성, 편집, 저장, 인쇄할 수 있는 프로그램
  - 특징 : 워드프로세서는 글이나 그림을 입력하여 편집하고, 작업한 문서를 저장하고 인쇄 가능
  - 주요 기능
    - 입력기능 : 키보드나 마우스를 통하여 한글, 영문, 한자 등 각국의 언어, 숫자, 특수문자, 그림, 사진, 도형 등을 입력할 수 있는 기능
    - 표시기능 : 입력한 내용을 표시 장치를 통해 화면에 나타내주는 기능
    - 저장기능 : 입력된 내용을 저장하여 필요할 때 사용할 수 있는 기능
    - 편집기능 : 문서의 내용이나 형태 등을 변경해 새롭게 문서를 꾸미는 기능
    - 인쇄기능 : 작성된 문서를 프린터로 출력하는 기능

- **스프레드시트(spread sheet)**
  - 의미 : 전자 계산표 또는 표 계산 프로그램으로 워드프로세서와 같이 문서를 작성하고 편집하는 기능 이외에 수치나 공식을 입력하여 그 값을 계산해 내고, 계산 결과를 차트로 표시하는 프로그램
  - 구성단위 : 셀, 열, 행, 영역 등. 가로행과 세로행이 교차하면서 셀이라는 공간이 구성되는데, 이 셀은 정보를 저장하는 단위를 의미
  - 기능
    - 파일 간을 서로 연결시켜 내용 복사, 이동, 연산 가능
    - 메모리가 허용하는 한도의 파일을 동시에 불러들여 한꺼번에 확인 가능

- 2차원과 3차원 그래프 등 다양한 형태의 그래프 작성 가능
- 대표 프로그램 : 엑셀

■ **프레젠테이션(Presentation)**
- 의미 : 컴퓨터나 기타 멀티미디어를 이용하여 그 속에 담겨 있는 각종 정보를 사용자 또는 대상자에게 전달하는 행위
- 기능 : 보고, 회의, 상담, 교육 등에서 정보의 효과적 전달
- 대표 프로그램 : 파워포인트, 프리랜스 그래픽스 등

■ **데이터베이스(Database)**
- 의미 : 대량의 자료를 관리하고 내용을 구조화하여 검색이나 자료 관리 작업을 효과적으로 실행하는 프로그램
- 기능 : 테이블, 질의, 폼, 보고서 등의 작성
- 대표 프로그램 : 오라클(Oracle), 액세스(Access) 등

■ **그래픽 소프트웨어(Graphic Software)**
- 의미 : 새로운 그림을 그리거나 그림 또는 사진 파일을 불러와 편집하는 프로그램
- 기능 : 그림 확대, 그림 축소, 필터 기능
- 대표 프로그램 : 포토샵(PhotoShop), 3DS MAX, 코렐드로(Coredraw) 등

■ **유틸리티 프로그램**
- 의미 : 사용자가 컴퓨터를 좀 더 쉽게 사용할 수 있도록 여러 가지 작업을 도와주는 소프트웨어(프로그램). 통상 줄여서 '유틸리티'
- 특징 : 본격적인 응용 소프트웨어와 비교하여 크기가 작고 기능이 단순함
- 종류
  - 파일 압축 유틸리티
    - ✓ 주요 기능 : 파일의 크기를 압축하거나 줄여 주는 것
    - ✓ 특징 : 파일을 압축하면 하드 디스크 또는 플로피 디스크의 저장 용량을 적게 차지하므로 디스크의 저장 공간을 넓혀 주고, 파일을 전송하거나 내려받을 때 걸리는 시간 단축
    - ✓ 대표 프로그램 : 파일 압축 유틸리티 프로그램으로는 ALzip, 밤톨이, Winzip 등

- 바이러스 백신 프로그램
  - ✓ 주요 기능 : 컴퓨터 바이러스를 찾아내고 기능을 정지시키거나 제거하여 손상된 파일 치료
    - → 컴퓨터 바이러스 : 컴퓨터 프로그램이나 실행 가능한 부분을 변형하여, 여기에 자기 자신 또는 자신의 변형을 복제하여 컴퓨터 작동에 피해를 주는 명령어들의 조합
  - ✓ 특징 : 사전에 바이러스 프로그램의 감염을 막지는 못함. 항상 새로운 바이러스 프로그램이 나타나면 이를 치료하는 기능을 추가하는 것 반복
  - ✓ 대표 프로그램 : V3, V3+Neo, 다잡아, 터보백신, 바이로봇, 안티바이러스 등
- 화면 캡처 프로그램
  - ✓ 주요 기능 : 모니터 화면에 나타나는 영상을 사용자가 원하는 크기, 모양 등을 선택하여 이미지 파일 생성
  - ✓ 특징 : 프로그램 마다 나름대로 특징이 달라 작업의 성격에 알맞은 프로그램을 적절하게 선택하여 사용
  - ✓ 대표 프로그램 : 스태그잇(snagit), 캡순이, 안카메라 등
- 이미지 뷰어 프로그램
  - ✓ 주요 기능 : 그림 파일이나 디지털카메라로 찍은 이미지 파일들 볼 수 있게 하는 프로그램
  - ✓ 특징 : bmp, jpg, tif, gif, wmf 등의 확장자 가진 파일 확인 가능
- 동영상 재생 프로그램
  - ✓ 주요 기능 : 느린 속도와 빠른 속도로 선택 재생이 가능하고 재생 시점을 임의로 조정 가능. 볼륨과 이퀄라이저를 조절하여 각자의 취향에 맞는 사운드를 즐길 수 있도록 많은 기능을 지원
  - ✓ 특징 : 각종 영화나 애니메이션, 음악 감상 가능

③ 데이터베이스 구축의 필요성

■ 파일과 데이터베이스

- 파일과 파일 관리시스템
  - 파일 : 독립적이며, 업무를 처리하는 데 필요한 모든 정보. 데이터의 집합
  - 파일 관리시스템 : 한 번에 한 개의 파일에 대해서 생성, 유지, 검색을 할 수 있는 소프트웨어

- **데이터베이스와 데이터베이스 관리시스템**
  - 데이터베이스 : 서로 연관된 여러 개의 파일을 의미함. 여러 개의 파일이 서로 연관되어 있으므로 사용자는 정보를 한 번에 검색 가능
  - 데이터베이스 관리시스템 : 데이터와 파일, 그들의 관계 등을 생성하고, 유지하고 검색할 수 있게 해주는 소프트웨어

■ 데이터베이스의 필요성

- **데이터 중복 이슈 감소**
  - 데이터의 중복이 현저하게 줄어들며, 여러 곳에서 이용되는 데이터를 한 곳에서만 가지고 있으므로 데이터 유지비용 감소 가능
- **데이터의 무결성 제고**
  - 데이터가 중복되지 않고 한 곳에만 기록되어 있으므로 데이터의 무결성, 즉 결함이 없는 데이터를 유지하는 것이 훨씬 용이함
- **검색의 용이성**
  - 한 번에 여러 파일에서 데이터를 찾아내는 기능은 원하는 검색이나 보고서 작성 등을 쉽게 할 수 있다는 것을 의미
- **데이터의 안정성 제고**
  - 대부분의 데이터베이스 관리시스템은 사용자가 정보에 대한 보안등급을 정할 수 있음
- **프로그램 개발기간 단축**
  - 데이터가 훨씬 조직적으로 저장되어 있으므로 이러한 데이터를 이용하는 프로그램의 개발이 훨씬 쉽고 기간도 단축 가능

■ 데이터베이스의 기능

- **입력 기능** : 형식화된 폼 사용하여 내용 편리하게 입력
- **검색 기능** : 필터나 쿼리 기능 이용하여 데이터를 빠르게 검색하고 추출
- **데이터의 일괄 관리** : 테이블을 사용하여 데이터를 관리하기 쉬우며, 많은 데이터를 종류별로 분류하여 일괄적으로 관리
- **보고서 기능** : 데이터베이스에 있는 데이터로 청구서나 명세서 등의 서류 손쉽게 작성

■ 데이터베이스의 작업 순서

데이터베이스 만들기 → 자료 입력 → 저장 → 자료 검색 → 보고서 인쇄

● 자가진단

■ 진단 체크리스트

각 문항과 관련하여 자신의 행동 수준, 강도에 따라 평정하여 주시기 바랍니다.

문항	매우 미흡	미흡	보통	우수	매우 우수
1. 나는 업무생활에 필요한 인터넷 서비스(컴퓨터 프로그램)의 종류 및 특징을 설명할 수 있다	1	2	3	4	5
2. 나는 업무를 효과적으로 하기 위해 다양한 인터넷 서비스(컴퓨터 프로그램)를 활용할 수 있다	1	2	3	4	5
3. 나는 업무 수행에 필요한 응용 소프트웨어의 특징 및 종류를 설명할 수 있다	1	2	3	4	5
4. 나는 응용 소프트웨어를 활용하여 필요한 문서를 작성할 수 있다	1	2	3	4	5
5. 나는 데이터베이스를 효과적으로 구축할 수 있다	1	2	3	4	5

■ 평정 결과

• 평균 3.0점 미만 : 컴퓨터활용능력을 발휘하는데 다소 어려움이 예상된다. 기초 및 기본 지식 습득을 위한 노력이 필요하다.

• 평균 3.0점 이상~3.5점 미만 : 컴퓨터활용능력을 보유하고 있으나, 난이도 높은 업무 수행 시 어려움이 예상된다. 일정한 추가 보수 교육이 필요하다.

• 평균 3.5점 이상~4.0점 미만 : 컴퓨터활용능력을 발휘할 수 있으나, 보다 우수한 수준의 컴퓨터활용능력을 발휘하기 위해서는 약점 중심으로 개발해 나가야 한다.

• 평균 4.0점 이상 : 업무 수행 시 효과적으로 컴퓨터활용능력을 발휘할 수 있다.

2 정보처리능력

● **학습모듈**

① **정보의 수집 및 분석과 가공**

■ **정보의 필요성**

- 의사결정을 하거나 문제의 답을 알아내고자 할 때 가지고 있는 정보로는 부족함을 인식하면 새로운 정보의 필요성 인식

- 필요한 정보와 필요하지 않은 정보를 가려내는 것이 중요

- 필요한 정보가 무엇인지 구체적으로 인식하게 되면 찾고자 하는 정보를 어디서 수집할 수 있을지 탐색

■ **정보원(sources)**

- 필요한 정보를 수집할 수 있는 원천은 크게 1차 자료와 2차 자료로 구분됨

구분	의미	예시
1차 자료	원래의 연구 성과가 기록된 자료	단행본, 학술지와 학술지 논문, 학술회의자료, 연구보고서, 학위논문, 특허정보, 표준 및 규격자료, 레터, 출판 전 배포자료, 신문, 잡지, 웹 정보자원 등
2차 자료	1차 자료를 효과적으로 찾아보기 위한 자료 혹은 1차 자료에 포함되어 있는 정보를 압축·정리해서 읽기 쉬운 형태로 제공하는 자료	사전, 백과사전, 편람, 연감, 서지데이터베이스 등

■ **정보수집 시 유의사항**

- 단순한 인포메이션(information)을 수집할 것이 아니라 직접적으로 도움이 되는 인텔리젼스(intelligence) 수집

    - 인포메이션(information)

        ✓ 의미 : 하나하나의 개별적인 정보

        ✓ 예 : 한국경제 주가가 3000포인트라던가, 한국의 수도가 서울이라던가 하는 식의 단순한 정보

- 인텔리전스(intelligence)
  - ✓ 의미 : 무수히 많은 인포메이션 중에 몇 가지를 선별해 그것을 연결시켜 뭔가 판단하기 쉽게 도와주는 하나의 정보 덩어리
  - ✓ 예 : 한국의 주가가 3000포인트라는 인포메이션은 단순한 정보에 불과하지만, 앞으로 주가가 오를지 내릴지를 어느 정도 예측한다면 이는 인텔리전스에 해당함
- **선수필승(先手必勝)** : 다른 사람보다 1초라도 빨리 정보를 쥔 사람이 우위에 설 수 있다는 것을 염두해 두어야 함
- 머릿속에 서랍을 만들어 자기 나름대로 정리를 해둘 것
- **정보수집용 하드웨어 활용** : 세세한 정보들은 컴퓨터 파일 폴더, 정리 박스, 스크랩 등을 활용하여 수집하는 것 필요

■ **정보분석의 절차 및 중요성**

- **정보분석의 의미** : 여러 정보를 상호 관련지어 새로운 정보를 생성해 내는 활동으로, 하나의 메커니즘을 그려낼 수 있고, 동향과 미래를 예측할 수 있는 것
- **일반적 정보분석의 절차**

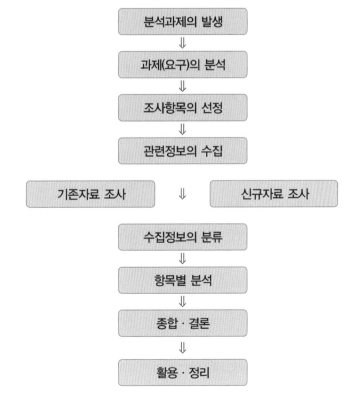

■ **정보의 가공**

- 1차 정보분석하고 압축·가공하여 2차 정보 작성
- 1차 정보가 포함하는 내용을 몇 개의 설정된 카테고리로 분석하여 각 카테고리의 상관관계 확정
- 1차 정보가 포함하는 주요 개념을 대표하는 용어(key word)를 추출하며, 이를 간결하게 서열화 및 구조화

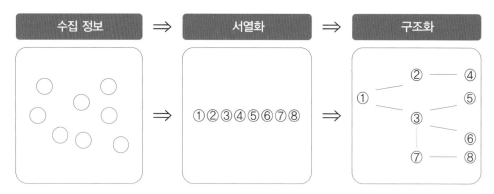

출처 : 정보능력 학습자용 직업기초능력 가이드북(2021), 한국산업인력공단

② **정보의 효율적 관리 및 효과적인 활용**

한 번 이용했던 정보를 버리지 않고 정보관리를 잘 하는 것은 중요하며, 정보를 수집·관리하였다고 하여 모두 활용할 수 있는 것은 아니며, 매우 다양한 형태로 활용할 수 있다.

■ **목록을 이용한 정보관리**

- 정보목록은 정보에서 중요한 항목을 찾아 기술한 후 정리하면서 생성
- 워드프로세서, 엑셀 등과 같은 소프트웨어들의 찾기 기능을 이용하면 목록에서 특정 용어를 이용하여 검색 가능
- 정보 내에 포함되어 있는 키워드나 단락과 같은 세부적인 요소나 정보의 주제, 사용했던 용도로 정보를 찾고자 할 때 목록만으로는 찾는 게 쉽지 않은 상황 발생 가능

■ **색인을 이용한 정보관리**

- 주요 키워드나 주제어를 가지고 소장하고 있는 정보원(sources)을 관리하는 방식이 색인을 이용한 정보관리
- 목록은 한 정보원에 하나만 만드는 것이지만, 색인은 여러 개를 추출하여 한 정보원에 여러 색인어를 부여

- 색인은 정보를 찾을 때 쓸 수 있는 키워드인 색인어와 색인어의 출처인 위치정보로 구성
- 디지털 파일에 색인을 저장할 경우 추가와 삭제, 변경이 쉽다는 점에서 정보관리에 효율적

■ **분류를 이용한 정보관리**

- 개인이 가지고 있는 정보를 유사한 것끼리 모아 나름의 기준에 따라 분류하여 체계화하여 관리
- 나중에 저장해 놓은 정보를 찾을 때 검색시간을 단축할 수 있고 관련 정보를 한 번에 탐색 가능
- 분류 방법

구분	내용
시간	정보의 발생 시간별로 분류 예) 2020년 가을, 107월 등
주제	정보의 내용에 따라 분류 예) 정보사회, 4차 산업혁명 등
기능 · 용도	정보가 이용되는 기능이나 용도에 따라 분류 예) 참고자료용, 보고용, 공유용 등
유형	정보의 유형에 따라 분류 예) 도서, 동영상, 한글 파일, 파워포인트 파일 등

■ **정보의 활용 방안**

- 수집된 정보를 목적에 맞게 관리하고 활용
- 정보 활용 형태
  - 수집한 정보 그대로 활용
  - 수집한 정보 그대로 활용하되 일정한 형태로 표현하여 활용
  - 수집한 정보 정리, 분석, 가공하여 활용
  - 수집한 정보 정리, 가공하여 활용하되 일정한 형태로 표현하여 활용
  - 생산된 정보 일정한 형태로 재표현하여 활용
  - 일정한 형태로 표현한 정보, 한 번 이용한 정보를 보존, 정리하여 장래에 활용

• 동적 정보와 정적 정보

구분	내용
동적 정보	• 상황변화에 따라 수시로 변하는 정보 • 변화하는 정보이기 때문에 유통기한 존재 • 밀려와서 쌓이기만 하는 대부분의 정보 • 동적 정보 예시 : 신문이나 텔레비전의 뉴스
정적 정보	• 보존되어 멈추어 있는 정보(저장 정보) • 잡지나 책에 있는 정보는 정적 정보 • 정적 정보 예시 : CD-ROM이나 USB 등에 수록되어 있는 영상 정보, 일정한 형태로 보존되어 언제든지 동일한 상태로 재생 가능

• 시의적절하게 동적 정보를 수집·관리하고 활용하는 것 중요

③ 사이버 공간에서의 예절 및 개인정보 유출 방지법

컴퓨터와 정보통신기술의 비약적인 발전으로 조성된 인터넷 환경은 기존 사회의 질서와 비교하여 긍정적인 것도 있고 부정적인 것도 있다. 자신도 모르는 사이에 개인정보가 정당하지 못한 목적에 사용될 위협은 더욱 늘어나고 있다.

■ 사이버 공간에서 지켜야 할 예절

• 네티켓은 사이버 공간에서 지켜야 하는 예절, 비공식적인 규약

• 네트워크와 예절을 뜻하는 에티켓의 합성어

• 네티켓은 법적인 제재에 의존하는 타율적 해결보다는 네티즌이 자율적으로 사이버 공간의 문제를 미리 방지하고 이성적으로 해결해 나가자는 적극적 의미

  – 전자우편(E-mail)을 사용할 때의 네티켓

    ✓ 메시지는 가능한 한 짧게 요점만 작성

    ✓ 메일을 보내기 전에 주소가 올바른지 다시 한 번 확인

    ✓ 제목은 메시지 내용을 함축해 간략하게 작성

    ✓ 가능한 메시지 끝에 서명(signature : 성명, 직위, 단체명, 메일주소, 전화번호 등)을 포함시키되, 너무 길지 않도록 작성

    ✓ 메일은 쉽게 전파될 수 있기 때문에 메일로 타인에 대해 말할 때는 정중하게 말할 것

    ✓ 타인에게 피해를 주는 언어(비방이나 욕설)는 쓰지 않을 것

- 온라인 대화(채팅)를 할 때의 네티켓

  ✓ 마주보고 이야기하는 마음가짐으로 임할 것

  ✓ 대화방에 들어가면 지금까지 진행된 대화의 내용과 분위기를 경청할 것

  ✓ 엔터키를 치기 전에 한 번 더 생각해볼 것

  ✓ 광고, 홍보 등을 목적으로 악용하지 말 것

  ✓ 유언비어와 속어, 욕설은 삼가고, 상호비방의 내용은 금할 것

- 게시판을 사용할 때의 네티켓

  ✓ 글의 내용은 간결하게 요점만 작성

  ✓ 제목에는 글의 내용을 파악할 수 있는 함축된 단어 사용

  ✓ 글의 내용 중에 잘못된 점이 있으면 빨리 수정하거나 삭제

  ✓ 타인의 의견에 대한 무조건적인 비판 및 비방, 유언비어를 남기지 않을 것

  ✓ 게시판의 주제와 관련 없는 내용은 올리지 않을 것

- 공개 자료실에서의 네티켓

  ✓ 음란물을 올리지 않을 것

  ✓ 상업용 소프트웨어를 올리지 않을 것

  ✓ 공개 자료실에 등록한 자료는 가급적 압축할 것

  ✓ 프로그램을 올릴 때에는 사전에 바이러스 감여 여부를 점검할 것

  ✓ 유익한 자료를 받았을 때는 올린 사람에게 감사의 편지를 보낼 것

- 인터넷 게임을 할 때의 에티켓

  ✓ 상대방을 존중하며, 경어를 사용할 것

  ✓ 인터넷 게임에 너무 집착하지 말 것

  ✓ 온라인 게임은 온라인상의 오락으로 끝나도록 할 것

  ✓ 게임 중에 일방적으로 퇴장하는 것은 무례한 일임을 명심할 것

  ✓ 게이머도 일종의 스포츠맨이므로 스포츠맨십 발휘할 것

  ✓ 이겼을 때는 상대를 위로하고 졌을 때는 깨끗하게 물러설 것

■ **인터넷의 역기능과 유의할 사항**

• 불건전한 정보의 유통 : 음란 사이트, 엽기 사이트, 도박 사이트, 폭력 사이트, 반사회적 사이트 등 우리에게 유해한 불건전 정보 유통

- 컴퓨터 바이러스 : 컴퓨터 내부에 침투하여 자료를 손상시키거나 다른 프로그램들을 파괴시키는 컴퓨터 프로그램의 일종. 호기심이나 악의를 가진 프로그래머에 의해 제작되어 사용자 몰래 유포

  - 출처가 불분명한 전자 우편의 첨부파일은 백신 프로그램으로 바이러스 검사 후 사용
  - 실시간 감시 기능이 있는 백신 프로그램을 설치하고 정기적으로 업데이트 실시
  - 바이러스가 활동하는 날에는 시스템을 사전에 미리 검사
  - 정품 소프트웨어를 구입하여 사용
  - 중요한 파일은 습관적으로 별도의 보조 기억 장치에 미리 백업 실시
  - 프로그램을 복사할 때는 바이러스 감염 여부를 확인

- 사이버 언어폭력 : 인터넷 공간에서는 서로 얼굴을 볼 수 없기 때문에 언어폭력이 많이 일어나고 있으며, 사이버 언어폭력의 유형으로는 욕설, 비방(명예 훼손), 도배, 성적 욕설(음담패설), 유언비어, 악성 댓글 등

- 인터넷 중독 : 인터넷 이용이 보편화되면서 인터넷에 지나치게 빠져 생활의 곤란을 겪게 되는 경우도 많이 발생

- 저작권 침해 : 불법으로 복제된 소프트웨어 파일 등을 배포하거나 저작권자의 동의 없이 공개

- 해킹(hacking) : 해킹(hacking)은 다른 시스템에 불법으로 침입하여 시스템에 저장된 정보를 임의로 변경, 삭제 또는 절취하는 행위

- 개인정보 유출 : 해킹이나 바이러스 감염 등으로 개인정보가 누출되어 사생활 침해

[개인정보의 형태]

구분	내용
일반 정보	이름, 주민등록번호, 운전면허정보, 주소, 전화번호, 생년월일, 성별, 국적 등
가족 정보	가족의 이름, 직업, 생년월일, 주민등록번호, 출생지 등
교육 및 훈련 정보	최종학력, 성적, 기술자격증·전문면허증, 이수훈련 프로그램, 상벌사항 등
병역 정보	군번 및 계급, 제대유형, 주특기, 근무부대 등
부동산 및 동산 정보	소유주택 및 토지, 자동차, 저축현황, 현금카드, 주식 및 채권, 수집품 등
소득 정보	연봉, 소득의 원천, 소득세 지불 현황 등
기타 수익 정보	보험가입현황, 수익자, 회사의 판공비 등

구분	내용
신용 정보	대부상황, 저당, 신용카드, 담보설정 여부 등
고용 정보	고용주, 회사주소, 상관의 이름, 직무수행 평가 기록, 훈련기록, 상벌기록 등
법적 정보	전과기록, 구속기록, 이혼기록 등
의료 정보	가족병력기록, 과거 의료기록, 신체장애, 혈액형 등
조직 정보	노조가입, 정당가입, 클럽회원, 종교단체 활동 등

- **개인정보 유출방지 방안**

  - **회원가입 시 이용 약관 확인** : 이용 약관에 기재된 항목 중 개인정보보호와 이용자 권리에 대한 조항은 유심히 읽어야 하며, 혹 3자에게 정보를 제공할 수 있다고 명시된 부분이 있는지 재확인

  - **이용 목적에 부합하는 정보를 요구하는지 확인** : 정보를 수집할 때에는 수집 및 이용 목적을 제시. 특별한 설명없이 학력, 결혼여부, 월급 등을 요구한다면 가입여부 재고

  - **비밀번호의 정기적 교체** : 비밀번호는 주기적 교체. 대부분의 경우 동일한 ID와 비밀번호를 몇 년씩 사용하는 경우가 많은데 이럴수록 비밀번호와 ID가 쉽게 노출

  - **정체불명의 사이트 가입 유의** : 수많은 사이트에서 경품 이벤트를 통해 회원가입 권유. 정체가 불분명한 사이트에서 지나치게 개인정보를 요구하면 가입여부 재고

  - **가입 해지 시 정보 파기 여부 확인** : 가입만 해지해선 소용이 없고, 개인정보도 탈퇴 즉시 해지하는지 여부 확인. 일부 사이트는 해지 후에도 몇 개월 간 개인정보를 파기하지 않는다는 조항이 있을 수 있으므로 반드시 확인 필요

  - **뻔한 비밀번호 사용 지양** : 생년월일이나 전화번호 등 남들이 쉽게 유추할 수 있는 비밀번호, 동일한 번호를 연속으로 사용하는 것 지양

● 서류전형

■ 주요 평가 방안

팀 프로젝트, 동아리 활동, 인턴, 아르바이트 등을 통해 효과적이고 체계적으로 정보처리를 하기 위해 어떤 상황에서 어떤 역할을 맡아 구체적으로 어떤 노력 행동을 했는지를 평가한다.

■ 준비 방안

- 정보처리능력의 세부요소인 정보 수집, 분석, 관리, 활용 각각의 측면과 관련하여 본인이 기울인 노력을 구체적으로 명시해야 한다.
- 추가적인 질문을 하지 않더라도 알 수 있도록 자신이 맡았던 역할, 본인이 실제로 했던 노력 행동, 결과 등을 명확히 언급해야 한다.
- 어떤 정보를 어떻게 수집하고 분석했는지, 정보를 어떻게 관리, 활용했는지에 대해 구체적으로 작성해야 한다.
- 효과적이고 효율적으로 정보를 처리하기 위해 본인이 기울였던 노력 행동을 강조해야 한다.

■ 자기소개서 사례

[자기소개서 문항 1]

> 최근 3년 이내 자신의 정보처리능력을 잘 발휘했던 경험에 대해 기술하시오. 어떤 상황에서 어떤 역할을 맡아 어떤 노력 행동을 했는지 구체적으로 작성해주시기 바랍니다.

- GOOD 사례 ❶

> 대학교 2학년 때 학교 내 모의 투자 공모전에 참여해 가장 많은 투자를 받은 경험이 있습니다. 저희 팀은 스마트폰 살균기를 제작하기로 결정해 기계 제작, 정보 수집 및 연구, 회계, 영업과 같은 4가지 과업을 추진했습니다. 저는 정보 수집 및 연구를 담당했습니다. 먼저 저는 국내외 시장에서 기존 살균기의 수익성, 판매량, 기술성을 파악하고, 이를 바탕으로 국내외 논문에서 다룬 기술을 분석했습니다. 또한 스마트폰 살균기의 필요성을 파악하기 위해 일반인을 대상으로 구글독스를 이용한 설문조사를 실시하였습니다. 그 결과, 63%의 사람들이 스마트폰 살균기가 출시되면 사용한다고 답하여 시장에서의 가치, 사업성을 확보해 스마트폰 살균기술을 연구했습니다. 미국대학의 논문을 분석하며 살균기술로 자외선이 적합하다는 사실을 파악한 후, 국내외 논문을 통해 자외선의 파장, 강도, 안전성, 효율성 등을 조사

하였고 교수님과 대학원생에게 피드백을 받으며 연구를 진행했습니다. 그 결과, 모의 투자 공모전에서 교수님들 및 학생들로부터 가장 많은 투자를 받은 프로젝트로 선정되었습니다.

■GOOD POINT 본인이 맡은 역할과 구체적인 노력 행동을 명시하였다. 일의 추진 과정과 결과에 대해 구체적으로 제시하였다. 정보 수집 및 연구를 담당하여 필요한 정보를 다양한 방법을 통해 수집하고, 수집한 정보들을 적절히 분석하여 결론을 도출한 과정이 잘 드러나 있다.

• BAD 사례 ❶

> 지난 학기에 '학교 구내 식당 이용자 만족도 개선'이라는 주제로 팀 프로젝트를 수행하였습니다. 다양한 학과 학생들이 참여하여 다양한 방법으로 자료를 수집하고 분석하여 보고서를 작성하였습니다. 그런데 학교 구내 식당 이용자 만족도에 영향을 주는 원인을 수치화하고 핵심 요인을 선별해 내는 과정에서 어려움을 겪었습니다. 브레인스토밍을 통해 학교 구내 식당 이용자 만족도에 영향을 미치는 요인을 자유롭게 이야기하였습니다. 이용자 만족도에 영향을 미치는 요인을 규명한 후에는 이용자 만족도 개선 방안 도출을 위해 다른 학교 사례를 찾아보고 우리 학교에 적합한 방안을 적용하였습니다.

■BAD POINT 정보 수집, 분석, 활용 과정에서 자신의 역할, 자신이 제시한 아이디어가 무엇이었는지가 모호하며, 구체적으로 효과적이고 체계적인 정보처리를 위해 어떤 노력을 기울였는지가 명확히 드러나지 않았다.

[자기소개서 문항 2]

> 자신이 맡은 과업을 수행하는 과정에서 정보를 체계적으로 수집하고 분석하여 유의미한 결과를 도출했던 경험에 대해 구체적으로 작성해주시기 바랍니다.

• GOOD 사례 ❷

> A공사에서 인턴으로 근무할 때의 일입니다. 앱을 통해 제공되는 서비스의 질을 개선하기 위해 빅데이터를 분석하는 프로젝트에 참여하게 되었습니다. 저는 제 사수 대리님과 함께 대용량의 데이터를 사업별 목적에 따라 분류하고 가공 및 분석하는 일을 맡게 되었습니다. 사내 빅데이터 전문가와 협업하여 4만여 건이 넘는 설문조사 응답 결과를 분석하였으며,

excel과 python을 이용한 데이터 모델링 작업을 수행했습니다. 대용량의 데이터를 다루는 일이어서 여러 차례 오류를 점검하며 꼼꼼하게 데이터를 정리하고 분석하였습니다. 제가 작업한 게 맞는지 수시로 사수와 사내 빅데이터 전문가에게 검토를 받았습니다. 당시 기한은 촉박한 데 투입된 인력이 적은 상황이어서 한 달 내내 야근을 해야 하는 상황이어서 힘들긴 했지만, 대용량의 데이터 집합으로부터 유용한 정보가 시각화되기까지의 과정을 명확하게 이해할 수 있는 소중한 경험이었습니다. 다행히 기한 내에 데이터 분석을 완료하여 앱 서비스 제공이 원활하게 이루어져 뿌듯함을 느꼈습니다.

GOOD POINT 본인이 직접 수행했던 업무 내용, 정보의 수집 및 분석 과정에 대해 구체적으로 명시했다. 어떤 방식으로 데이터를 수집 및 정리하고, 어떤 프로그램을 이용하여 데이터를 분석했는지를 언급하였다. 또한 보다 더 좋은 결과를 얻기 위해 노력했던 사항과 일을 통해 얻은 교훈에 대해 구체적으로 언급하였다.

• BAD 사례 ❷

저는 대학교 4학년 1학기 때 B기관에서 인턴으로 환경영향평가가 주요 업무인 부서에서 인턴으로 근무했습니다. 저는 수질 환경질 측정 자료를 정리하거나, 사후환경조사 결과를 시스템에 입력하는 등의 업무를 맡았습니다. 수질 환경질 측정 자료에는 정량적인 정보뿐만 아니라 정성적인 정보도 많이 담겨있어 정확하게 정리하는 것이 매우 중요합니다. 또한, 사후환경조사 결과를 시스템에 입력하는 과정에서도 수치 정보를 정확하게 입력하는 것이 매우 중요합니다. 저는 업무를 수행하는 과정에서 수집된 정보를 정확하게 관리하기 위해 두 번씩 정보들을 점검하여 정리했습니다.
또한, 직원분이 방대한 수질 환경질 측정 자료에서 유의미한 결과를 도출하는 과정을 지원했습니다.
결과적으로 상사분들로부터 꼼꼼하게 자료를 정리한다는 칭찬을 받았으며, 점점 더 중요하고 다양한 자료를 정리하는 일을 시키셨습니다.

BAD POINT 정보를 처리하는 과정에서 자신이 맡았던 업무 내용과 결과에 대해 언급하였으나, 보다 효과적이고 효율적으로 정보를 처리하기 위해 어떤 노력 행동을 했는지에 대해 구체적으로 언급하지 않았다. 어떻게 방대한 정보를 정리하였는지, 정확하게 정보를 관리하기 위한 점검은 어떻게 했는지, 오류 발생을 줄이기 위해서는 구체적으로 어떤 노력을 기울였는지 등에 대해 구체적으로 작성해야 한다.

● 필기전형

- **■ NCS 직업기초능력 평가 문항 예시 및 해설**

> 직업기초능력명 : 정보능력
> 하위영역명 : 정보처리능력(모듈형)

1 A기업의 김 대리는 자사에 재택근무를 도입하기 위해 관련 정보를 수집하려고 한다. 효과적으로 정보를 수집하기 위한 방법의 설명으로 적절하지 <u>않은</u> 것은 무엇인가?

① 세세한 정보는 정리 박스, 스크랩 등을 활용하여 수집하는 것이 좋다.

② 정보를 수집하기 위해서는 비대면보다 우선적으로 얼굴을 마주하고 신뢰관계를 형성하는 것이 전제되어야 한다.

③ 단기간에 획득한 정보는 신뢰성이 떨어질 수 있으므로 제3의 전문가가 인정한 정보 위주로 수집해야 한다.

④ 머릿속에 중요한 범주를 두고 수집된 정보는 구분하고 정리하는 습관을 길러야 한다.

⑤ 개별적인 인포메이션보다는 직접적으로 도움을 얻을 수 있는 인텔리전스를 구축할 필요가 있다.

> **출제 의도** 효율적으로 정보를 관리하기 위해 정보수집 시 고려해야 하는 사항을 이해하고 있는지를 평가하고자 하였다.
>
> **정답** ③
>
> **해설** 급변하는 시대에는 새로운 정보를 먼저 포착하는 것이 중요하다. 상황에 따라 질이나 내용보다는 정보를 신속하게 획득하는 것 자체만으로도 큰 가치를 가질 수 있다.

직업기초능력명 : 정보능력
하위영역명 : 정보처리능력(PSAT형)

2 아래 사례와 보기를 참고하여 송 과장이 정보분석의 절차에 따라 수행해야 할 순서로 나열한 것은 무엇인가?

> B기업의 인사팀 송 과장은 최근 2개년의 개발 직군 신규 입사자의 이직이 심각하다는 것을 파악했다. 이와 관련하여 여러 정보를 활용하여 새로운 정보를 확인하고자 한다.

> ㉠ 이직의 주요 원인에 대한 해결 방안 도출
> ㉡ 직원들의 잦은 이직 방지
> ㉢ 직원 대상의 인터뷰 실시
> ㉣ 이직 방지를 위한 방안의 실제 적용 구체화
> ㉤ 인터뷰 결과의 객관적 분석

① ㉠-㉡-㉢-㉣-㉤ ② ㉡-㉢-㉤-㉠-㉣
③ ㉡-㉣-㉢-㉤-㉠ ④ ㉢-㉤-㉣-㉠-㉡
⑤ ㉢-㉣-㉤-㉠-㉡

출제 의도 주어진 자료를 바탕으로 정보분석 절차를 정확하게 파악하여 구분할 수 있는지를 평가하고자 하였다.

정 답 ②

해 설 ㉡은 분석 과제의 발생 단계, ㉢은 관련 정보의 수집 단계, ㉤은 항목별 분석 단계, ㉠은 종합 및 결론 단계, ㉣은 활용 및 정리 단계에 해당한다. 따라서 정보분석의 절차에 따라 순서대로 나열하면 ㉡-㉢-㉤-㉠-㉣이다.

● 면접전형

■ 주요 평가 방안

학교 전공 관련 팀 프로젝트, 아르바이트, 인턴 등의 경험을 통해 정보를 효과적으로 처리했던 경험 또는 정보를 체계적으로 수집, 분석, 관리, 활용했던 경험에 대한 질의 응답을 통해 정보처리능력의 수준을 평가한다.

■ 준비 방안

- 평소 학업 및 학과외 활동을 하면서 체계적이고 효과적으로 정보를 처리하기 위한 고민과 노력 행동을 하는 것이 가장 중요하다.
- 언제 있었던 일이고, 어떤 상황이었는지, 자신의 역할은 무엇이었고, 다른 구성원들의 역할은 무엇이었는지 구체적으로 이야기할 수 있어야 한다.
- 어떤 점을 고려하여 어떻게 정보를 수집했는지, 어떻게 정보를 분석했는지, 왜 그렇게 정보를 분석했는지, 그 결과는 어떠했는지 등에 대해 구체적으로 이야기할 수 있어야 한다.
- 유사한 다른 경험에 대해 질문하는 경우도 있으므로, 2개 이상 준비할 수 있어야 한다.

■ 경험면접 사례

[면접 질문 1]

> 어떤 목적을 달성하기 위해 관련 정보 및 자료들을 수집, 분석, 활용했었던 경험에 대해 이야기해 주십시오.

- GOOD 사례 ❶

A. 대학교 4학년 때 영상마케팅 수업에서 한국 관광객 유치를 위한 홍보 영상을 제작하는 팀 프로젝트를 수행하면서 다양한 정보들을 수집하고 분석했던 경험이 있습니다.

Q. 그 상황에서 본인은 어떤 역할을 맡았으며, 동료들은 어떤 역할을 맡았습니까?

A. 당시 4명이 한 조였고 저는 조장을 맡았습니다. 제가 주로 정보를 수집하고 분석하고 정리하는 문서 작업을 맡았고, 다른 친구 세 명은 영상을 제작하고 발표하는 역할을 맡았습니다.

GOOD POINT 본인이 직접 정보를 수집하고 정리하는 역할을 맡은 경험을 이야기하였으며, 친구의 역할에 대해서도 명확히 이야기하였다.

Q. 효과적으로 정보를 수집하고 분석하기 위해 어떤 노력을 했습니까?

A. 저는 외국인들의 한국 관광에 대한 니즈를 파악하는 것이 먼저라고 생각하였습니다. 그래서 우리 학교 유학생들과 몇몇 외국인들에게 외국인들이 한국 관광 시 매력을 느꼈던 부분, 외국인 친구에게 알려주면 좋을 것 같은 정보 등에 대해 인터뷰를 하였습니다.

Q. 니즈를 파악하는 것이 먼저라고 생각한 건 본인의 생각이었나요?

A. 네, 그렇습니다.

Q. 인터뷰는 누가 한 거죠?

A. 저와 다른 친구 한 명이 했습니다.

Q. 몇 명을 인터뷰했습니까?

A. 세 명 인터뷰했습니다. 한 명은 미국인, 한 명은 중국인, 한 명은 독일인이었습니다. 하지만 인터뷰를 통해 얻은 정보는 다양성에 있어서 한계가 있었기 때문에 한국관광공사의 홈페이지를 이용하여 한국에 대해 알고 싶은 정보 및 한국에 대한 인식에 관한 정보를 더 수집하였습니다. 이렇게 수집한 정보는 국가별, 동서양별로 폴더를 만들어 구분하기 쉽게 저장하였습니다.

Q. 왜 그렇게 했습니까?

A. 국가별, 동서양별로 결과의 차이가 있을 것이라 생각했습니다. 별도로 분석을 할 필요가 있다고 생각했습니다.

Q. 인터뷰를 통해 정보를 수집할 때 어려움이 있었다면 무엇입니까?

A. 일단 깊이 있는 질문을 하고 깊이 있는 답변을 들으려면 한국어에 능숙한 외국인을 섭외하는 것이 중요하다고 생각했습니다. 그런데 한국어에 능숙한 외국을 섭외하는 것이 어려웠습니다. 다행히, 중국인은 한국 문화에 익숙하고 한류를 좋아해서 한국말에 능숙했습니다. 미국인의 경우, 영어로 인터뷰를 했는데 깊이 있는 질문을 하기가 어려웠습니다. 독일인의 경우, 한국어와 영어를 섞어 이야기했는데 인터뷰하기가 가장 어려웠습니다.

GOOD POINT 정보 수집 과정에서 발생했던 어려움에 대해 명확히 이야기하였다.

Q. 그런 상황에서 어떻게 대응했습니까?

A. 이미지와 동영상을 활용해서 설명을 많이 했고, 객관식 설문지를 활용하여, 한국 홍보와 관련한 외국인들의 니즈를 명확히 파악할 수 있었습니다.

Q. 그 다음에는 어떻게 했죠? 본인이 직접 했던 행동에 대해 이야기해주세요.

A. 인터뷰 결과, 홈페이지 조사 결과 등을 종합하여 가장 적합한 홍보 방법은 동영상 이라는 결론을 내렸고, 한국의 산이나 바다와 같은 여행 정보, 맛집 정보, 다양한 체험 프로그램 등에 대한 홍보와 역사를 알 수 있는 다양한 박물관을 홍보하는 것이 중요하다는 결론을 내릴 수 있었습니다. 그래서 최근 홍보나 정보를 수집하 는 가장 활발한 채널이고 이러한 동영상을 쉽게 업로드할 수 있는 유튜브를 통해 홍보하는 방안을 마련했습니다. 그리고 홍보영상 제작 방안과 관련된 정보를 수집 하기 위해 조회수가 높은 유튜브에서 홍보영상, 페이스북 및 인스타에서 유명한 동영상 등에서 홍보효과 높은 것을 선택하여 벤치마킹을 했습니다.

GOOD POINT 일이 발생한 과정 및 본인의 행동에 대해 구체적으로 이야기하 였다.

Q. 그 결과는 어땠습니까?

A. 교수님 뿐만 아니라 같이 수업을 들었던 외국인 학생들로부터 긍정적인 피드백을 들었고, 외국인 학생들로부터 입소문이 나서 유튜브 조회수도 비교적 높게 나왔습 니다.

• BAD 사례 ❶

A. 저는 대학교 시절 총학생회 임원으로 일을 하였습니다. 그 당시 학생들의 해외문화 탐방을 떠나기 위해 국가를 선정하고 해당 국가에 대한 정보를 수집하여 보고서를 학생처에 제출해야 했습니다.

Q. 해외 문화탐방 국가를 선정하기 위해 정보를 수집하고 분석했다는 건가요?

A. 예, 그렇습니다.

Q. 몇 명이 참여를 했습니까?

A. 세 명이 참여했습니다.

Q. 당시 본인의 역할은 무엇이었고, 동료들의 역할은 무엇이었습니까?

A. 저는 주로 의견을 내고, 정보 수집하고 정리하는 일을 총괄 관리했습니다.

 BAD POINT 본인이 직접 정보를 수집하고 정리하지 않은 경험을 이야기하였다.

Q. 다른 동료들은 어떤 역할을 맡았죠?

A. 제가 의견을 내면 실행하는 일을 했습니다.

Q. 그럼, 본인이 했던 일에 대해서 구체적으로 이야기해주세요.

A. 저는 전년도에 선배들이 갔던 곳을 알아보았습니다. 전년도에 갔던 곳은 호주로 호주에 대해서 조금 더 알아볼 필요가 있었습니다. 그래서 서점에 가서 호주에 관한 책을 구입하여 공부하였습니다. 동료들은 다른 학교에서 탐방갔던 국가들을 알아봤습니다. 그런데 저희 예산보다 적거나 너무 많았던 곳들이어서 다른 학교에서 탐방갔던 국가들을 가기에는 무리가 있었습니다.

 BAD POINT 적극적으로 다양한 측면을 고려하여 다양한 방식으로 정보를 수집하는 노력을 하지 않았다.

Q. 그래서 어떻게 했나요?

A. 전년도에 갔던 호주로 가되, 탐방 코스를 달리해서 가기로 했습니다. 호주와 관련된 책이나 영상을 보면서 세부 탐방 코스를 정했습니다.

Q. 책이나 영상을 보면서 세부 탐방 코스를 정한 것은 본인인가요?

A. 아니요, 저는 아이디어를 제시했고, 다른 친구들이 했습니다. 저는 다른 친구들이 조사해온 내용을 정리하여 학생처에 보고서 형태로 제출하였습니다.

Q. 그 외에 팀 프로젝트나 인턴, 아르바이트를 하면서 정보를 체계적으로 수집 및 분석했던 경험이 있으면 이야기해주세요.

A. 지금 당장 생각나는 경험이 없습니다.

 BAD POINT 본인이 직접 정보를 체계적으로 수집 및 분석했던 경험을 듣고 평가하기 위해 질문을 했는데, 유사한 다른 경험에 대해 이야기하지 못하였다.

[면접 질문 2]

> 최근 3년 이내 체계적으로 정보를 수집, 분석, 활용했었던 경험에 대해 이야기해 주십시오.

• GOOD 사례 ❷

A. 저는 4년 동안 봉사 동아리와 연이 닿아 계속해서 사회복지관에서 봉사활동을 해오고 있는데, 여러 가지 정보를 수집하고 분석해서 놀이 프로그램을 기획한 적이 있습니다.

Q. 봉사활동으로 주로 어떤 것을 했나요?

A. 아이들의 놀이 프로그램을 진행하는 것이었습니다.

Q. 놀이 프로그램을 직접 기획도 해야 했나요?

A. 그건 아닙니다. 그런데 봉사활동을 할 당시 프로그램이 체계적이지 않고 그때그때 맞추어서 진행하고 있어서 개선이 필요하다는 생각이 들었습니다. 그래서 제가 복지관 담당자분께 프로그램을 기획해보겠다고 말씀드렸습니다.

Q. 왜 그런 생각이 들었습니까?

A. 프로그램에 대한 아이들의 참여도와 집중도가 낮았기 때문입니다. 아이들의 니즈가 제대로 반영되지 않았다는 생각이 들었습니다.

Q. 그래서 어떻게 했습니까?

A. 먼저, 아이들의 집중도가 낮은 것은 아이들이 요구하는 놀이와 맞지 않는다는 판단에 아이들에게 어떤 놀이가 하고 싶은지 먼저 물어보았습니다. 그리고 잘 운영되고 있는 다른 시설에 양해를 구하고 우리 시설과 어떤 점에서 차이가 있는지를 관찰하였습니다. 그 결과 다른 시설은 아이들이 직접 참여하면서 여러 감각기관을 활용하여 활동할 수 있는 프로그램이 체계적으로 갖추어져 있다는 점을 발견할 수 있었습니다.

GOOD POINT 구체적으로 정보를 수집하고 분석했던 행동에 대해 이야기하였다.

Q. 본인이 직접 다 한 것이었나요?

A. 네, 그렇습니다. 봉사활동의 영역이 다양한데, 놀이 프로그램을 진행했던 것은 동아리에서는 저밖에 없었습니다. 제가 복지관 담당자분과 함께 놀이 프로그램을 진행했습니다. 그런데 복지관 담당자분은 워낙 바쁘셔서 기존에 있던 프로그램을 그대로 진행하고 계셨습니다. 제가 새로운 프로그램 아이디어를 냈고, 복지관 담당자분은 그런 아이디어가 실제로 반영될 수 있도록 힘써 주셨습니다.

GOOD POINT 본인이 직접한 행동을 구체적으로 이야기하고, 다른 사람이 했던 행동에 대해서도 솔직하게 이야기하였다.

Q. 다른 시설에 방문해서 정보를 수집하는 과정에서는 어떤 어려움을 겪었습니까?

A. 일단 복지관마다 프로그램이 비슷비슷하고 다소 형식적으로 운영되는 부분이 있어서, 효과적으로 프로그램을 잘 운영하고 있는 곳을 찾는 것이 어려웠습니다. 사전에 홈페이지를 통해서 어떤 프로그램을 운영하고 있는지 찾아봤습니다. 그런데 홈페이지를 통해서 봤을 때는 괜찮았는데 실제로 가보니 운영하고 있는 프로그램이 별로인 곳도 있었습니다.

GOOD POINT 정보를 수집하기 위해 많은 노력을 기울였으며, 그런 과정에서 발생한 어려움에 대해서도 잘 대처하였다.

Q. 몇 개의 시설에 방문했나요?

A. 총 세 개의 시설에 방문했는데, 한 개의 시설만 다양한 프로그램을 체계적으로 진행하고 있었습니다.

Q. 세 개의 시설을 방문해서 일을 진행하는데 시간은 얼마나 걸렸습니까?

A. 사전에 방문할 시설을 조사하고, 세 개의 시설을 방문하는 데까지 한 달 정도 걸렸습니다.

Q. 시설을 방문한 다음에는 무엇을 했죠?

A. 효과적이고 체계적인 놀이 프로그램을 운영하는 곳에서는 연령대별로 발달 상황에 따라 차등을 두어 놀이 프로그램을 운영한다는 사실을 발견할 수 있었습니다. 더불어 저는 유튜브 등에서 '아동놀이' 등의 키워드로 검색하여 여러 영상을 찾을 수 있었습니다. 제가 다니는 복지관의 아이들의 의견, 다른 복지관에 대한 벤치마

킹, 추가적인 조사를 통해 얻은 놀이 프로그램 정보들을 종합하여 3페이지 정도의 기획 보고서를 작성했습니다.

GOOD POINT 정보 수집, 정리, 분석을 위해 본인이 직접한 행동을 구체적으로 이야기하였다.

Q. 보고서를 직접 작성했습니까?

A. 네, 제가 작성했습니다. 아주 상세하게 작성하지는 못했습니다. 제가 작성한 3페이지 보고서를 바탕으로 복지관 담당자분이 상세한 보고서를 작성했습니다.

Q. 결과적으로 어떻게 되었습니까?

A. 제가 제안한 놀이 프로그램 아이디어를 받아들여 주셔서 실제로 프로그램을 운영하게 되었습니다. 물론, 제가 제시한 모든 아이디어가 받아들여진 건 아니었습니다. 복지관 담당자분들의 아이디어를 모아서 조금 더 나은 아이디어로 발전할 수 있었습니다.

Q. 실제로 운영했을 때, 아이들의 반응은 어땠습니까?

A. 아이들의 참여도와 호응도, 몰입도가 매우 높았습니다.

• BAD 사례 ❷

A. 대학 시절 동아리원들과 함께 자율로봇경진대회를 준비하면서 다양한 자료를 찾아보고 분석했던 경험이 있습니다.

Q. 당시 몇 명이 참여를 했던 건가요?

A. 총 네 명입니다.

Q. 본인은 어떤 역할을 했고, 다른 동료들은 어떤 역할을 했습니까?

A. 제가 팀장을 맡았습니다. 동료들은 아이디어를 냈고, 저는 주로 계획을 세웠습니다.

BAD POINT 구체적으로 본인이 맡았던 역할에 대해 이야기하지 않음. 두루뭉실하게 팀장 역할을 맡았다고 하였다.

Q. 다양한 자료를 찾아보고 분석했다고 했는데 구체적으로 어떻게 한 것입니까?

A. 경진대회는 원형 경기장에서 상대방의 로봇을 밀어내면 승리하는 방식의 경진대회였습니다. 하지만, 우리 팀원들은 모두 처음 참가하는 경진대회여서 모르는 것이 많았습니다. 그래서 모르는 것이 생길 때마다 책을 찾아보고 선배들한테 물어보면서 모르는 것을 해결할 수 있었습니다.

> **BAD POINT** 책을 찾아보고 선배들한테 물어보는 행동은 다양하게 정보를 수집하는 행동으로 보기는 어렵다.

Q. 본인이 직접 책을 찾아보고 선배들한테 물어본 거인가요?

A. 네, 다 같이 했습니다.

> **BAD POINT** 본인이 책을 찾아보고 선배들한테 물어봤는지, 동료들이 했는지 명확히 알 수 없다. 모호하게 대답하였다.

Q. 참고했던 책은 어떤 것이었습니까?

A. 책 제목은 정확히 생각나지 않지만, 교수님과 선배들이 추천해줬던 책이었습니다.

Q. 어떤 선배들한테 어떤 점을 물어봤습니까?

A. 한 학번 위의 선배들과 친해서 주로 그분들한테 물어봤습니다. 선배들은 로봇경진대회를 어떻게 준비했고, 좋은 결과를 내려면 어떻게 해야 할지에 대해 물어봤습니다.

Q. 선배들은 어떤 정보를 주었나요?

A. 지금 당장 정확히 생각나지는 않지만, 사례를 들어가면서 어떤 점을 고려해야 하고, 어떻게 하면 오류를 줄일 수 있는지, 다른 학교에서는 어떻게 했는 지 등에 대한 정보를 알려주었습니다.

> **BAD POINT** 답변의 사실 여부 확인을 위한 질문에 답변을 정확히 하지 못했다. 답변 사실 여부 확인을 위한 세부 정보 파악 질문에는 정확히 답변할 수 있어야 한다.

Q. 그런 과정에서 겪은 어려움이 있다면 이야기해주세요.

A. 특별한 어려움은 없었습니다.

Q. 그 외 자율로봇경진대회와 관련된 정보를 얻기 위해 노력한 부분이 있다면 무엇입니까?

A. 기존에 동아리 선배들이 정리해뒀던 자료를 참고하고, 분석했습니다.

Q. 그 결과는 어땠습니까?

A. 대회에서 예선 탈락을 했지만, 대회를 준비하면서 많은 것을 배울 수 있었던 시간이었다고 생각합니다.

Q. 예산 탈락을 한 이유는 무엇이라고 생각합니까?

A. 워낙 오랫동안 대회에 참여하여 노하우를 많이 쌓은 경쟁 동아리가 많았습니다. 저희 동아리는 아직 경험이나 노하우가 좀 부족하다는 생각이 들었습니다. 내년에는 보다 더 좋은 결과를 얻을 수 있을 거라고 생각합니다.

BAD POINT 로봇경진대회 우승을 위해 다양한 정보를 전략적으로 수집하고 분석하는 노력이 부족했을 수도 있는데 이와 관련된 성찰이 부족했다.

● 자가진단

■ 진단 체크리스트

각 문항과 관련하여 자신의 행동 수준, 강도에 따라 평정하여 주시기 바랍니다.

문항	매우 미흡	미흡	보통	우수	매우 우수
1. 나는 업무를 수행하는 데 필요한 정보를 수집하기 위한 정보원(sources)을 알고 있다	1	2	3	4	5
2. 나는 업무를 수행하는 데 필요한 정보를 효과적으로 수집하기 위한 방법을 설명할 수 있다	1	2	3	4	5
3. 나는 업무를 수행하는 데 필요한 정보를 효과적으로 분석하고 관리할 수 있다	1	2	3	4	5
4. 나는 업무 수행에 유용한 정보와 그렇지 않은 정보를 구분하여 효과적으로 정보를 활용할 수 있다	1	2	3	4	5
5. 나는 나의 개인정보를 보호하기 위한 방법을 알고 있다	1	2	3	4	5

■ 평정 결과

- 평균 3.0점 미만 : 정보처리능력을 발휘하는데 다소 어려움이 예상된다. 기초 및 기본 지식 습득을 위한 노력이 필요하다.

- 평균 3.0점 이상~3.5점 미만 : 정보처리능력을 보유하고 있으나, 난이도 높은 업무 수행 시 어려움이 예상됨. 일정한 추가 보수 교육이 필요하다.

- 평균 3.5점 이상~4.0점 미만 : 정보처리능력을 발휘할 수 있으나, 보다 우수한 수준의 정보처리능력을 발휘하기 위해서는 약점 중심으로 개발해 나가야 한다.

- 평균 4.0점 이상 : 업무 수행 시 효과적으로 정보처리능력을 발휘할 수 있다.

부록

01

직업기초능력 카드

기술 능력

업무를 수행함에 있어 도구, 장치 등을 포함하여 필요한 기술에는 어떠한 것들이 있는지 이해하고, 실제로 업무를 수행함에 있어 적절한 기술을 선택하여 적용하는 능력

하위능력	정의	세부요소
기술 이해 능력	업무 수행에 필요한 기술적 원리를 올바르게 이해하는 능력	기술의 원리와 절차 이해
		기술 활용 결과 예측
		활용 가능한 자원 및 여건 이해
기술 선택 능력	도구, 장치를 포함하여 업무 수행에 필요한 기술을 선택하는 능력	기술 비교, 검토
		최적의 기술 선택
기술 적용 능력	업무 수행에 필요한 기술을 업무 수행에 실제로 적용하는 능력	기술의 효과적 활용
		기술 적용 결과 평가
		기술 유지와 조정

문제 해결 능력	업무를 수행함에 있어 문제 상황이 발생하였을 경우, 창조적이고 논리적인 사고를 통하여 이를 올바르게 인식하고 적절히 해결하는 능력

하위능력	정의	세부요소
사고력	업무와 관련된 문제를 인식하고 해결함에 있어 창조적, 논리적, 비판적으로 생각하는 능력	창의적 사고
		논리적 사고
		비판적 사고
문제 처리 능력	업무와 관련된 문제의 특성을 파악하고, 대안을 제시, 적용하고 그 결과를 평가하여 피드백하는 능력	문제 인식
		대안 선택
		대안 적용
		대안 평가

수리 능력	업무를 수행함에 있어 사칙연산, 통계, 확률의 의미를 정확하게 이해하고, 이를 업무에 적용하는 능력

하위능력	정의	세부요소
기초 연산 능력	업무를 수행함에 있어 기초적인 사칙연산과 계산을 하는 능력	과제 해결을 위한 연산 방법 선택 연산 방법에 따라 연산 수행 연산 결과와 방법에 대한 평가
기초 통계 능력	업무 수행시 필요한 기초 수준의 백분율, 평균, 확률과 같은 통계 능력	과제 해결을 위한 통계 기법 선택 통계 기법에 따라 연산 수행 통계 결과와 기법에 대한 평가
도표 분석 능력	업무를 수행함에 있어 도표(그림, 표, 그래프 등)가 갖는 의미를 해석하는 능력	도표에서 제시된 정보 인식 정보의 적절한 해석 해석한 정보의 업무 적용
도표 작성 능력	업무를 수행함에 있어 자기가 뜻한 바를 말로 나타내는 능력	도표 제시방법 선택 도표를 이용한 정보 제시 제시 결과 평가

자원 관리 능력	업무를 수행하는데 시간, 자본, 재료 및 시설, 인적자원 등의 자원 가운데 무엇이 얼마나 필요한지를 확인하고, 이용 가능한 자원을 최대한 수집하여 실제 업무에 어떻게 활용할 것인지를 계획하고, 계획대로 업무 수행에 이를 할당하는 능력

하위능력	정의	세부요소
시간 관리 능력	업무 수행에 필요한 시간자원이 얼마나 필요한지를 확인하고, 이용 가능한 시간자원을 최대한 수집하여 실제 업무에 어떻게 활용할 것인지를 계획하고 할당하는 능력	시간자원 확인 시간자원 확보 시간자원 활용계획 수립 시간자원 할당
예산 관리 능력	업무 수행시 자본자원이 얼마나 필요한지를 확인하고, 이용 가능한 자본자원을 최대한 수집하여 실제 업무에 어떻게 활용할 것인지를 계획하고 할당하는 능력	예산 확인 예산 할당
물적자원 관리 능력	업무 수행시 재료 및 시설자원이 얼마나 필요한지를 확인하고, 이용 가능한 재료 및 시설자원을 최대한 수집하여 실제 업무에 어떻게 활용할 것인지를 계획하고 할당하는 능력	물적자원 확인 물적자원 할당
인적자원 관리 능력	업무 수행시 인적자원이 얼마나 필요한 지를 확인하고, 이용 가능한 인적자원을 최대한 수집하여 실제 업무에 어떻게 활용할 것인지를 계획하고 할당하는 능력	인적자원 확인 인적자원 할당

정보 능력	업무와 관련된 정보를 수집하고, 이를 분석하여 의미있는 정보를 찾아내며, 의미있는 정보를 업무 수행에 적절하도록 조직하고, 조직된 정보를 관리하며, 업무 수행에 이러한 정보를 활용하고, 이러한 제 과정에 컴퓨터를 사용하는 능력

하위능력	정의	세부요소
컴퓨터 활용 능력	업무와 관련된 정보를 수집, 분석, 조직, 관리, 활용하는데 있어 컴퓨터를 사용하는 능력	컴퓨터 이론
		인터넷 사용
		소프트웨어 사용
정보 처리 능력	업무관련 정보를 수집하고, 이를 분석하여 의미 있는 정보를 찾아내며, 의미 있는 정보를 업무수행에 적절하도록 조직 및 관리하며, 업무 수행에 정보를 활용하는 능력	정보 수집
		정보 분석
		정보 관리
		정보 활용

주요 공공기관 채용 현황 (2020년 기준)

2020년에 공공기관으로 지정된 340개 기관중, 기타 공공기관을 제외하고 주요 공기업 및 준정부기관 131개 기관의 채용 현황은 다음과 같다. 주요 채용 직무 분야와 필기전형 현황, 면접전형 현황을 제시하였다. 필기전형의 경우, NCS 직업기초능력 평가를 하는 기관은 평가요소와 문항 수를 표기하였다. 필기전형에서 NCS 직업기초능력 평가를 실시하지 않는 기관은 별도로 표기하지 않았다. NCS 직업기초능력 평가를 하지 않는 기관의 경우, NCS 직무수행능력만 평가할 가능성이 높으나 이에 대해서는 별도로 표기하지 않았다. 면접전형의 경우, 면접 전형시 활용되는 면접 방식에 대해서만 간략히 표기하였다.

표에 제시되어 있지 않는 기타 공공기관 또한 대부분 블라인드 채용을 실시하고 있으며, 이 기관들의 자세한 채용 현황은 각 기관의 홈페이지를 통해서 확인할 수 있다.

(*기타 공공기관의 경우, 주무부처, 소재지만 표기함)

1. 경찰청 산하 기관

기관명	채용 직무분야	요구 직업기초 능력	필기전형											문항수	면접전형 기법
			평가요소												
			기술	문제 해결	수리	자원 관리	정보	대인 관계	의사 소통	자기 개발	조직 이해	직업 윤리		
도로 교통 공단	경영/회계/사무 교육/자연/사회과학 보건/의료 운전/운송 전기/전자 정보통신 환경/에너지/안전 연구	의사소통 수리 문제해결 정보		O	O		O		O				80	• 개별 발표 면접 • 그룹 경험/ 상황면접

2. 고용노동부 산하 기관

기관명	채용 직무분야	요구 직업기초 능력	필기전형											문항수	면접전형 기법
			평가요소												
			기술	문제 해결	수리	자원 관리	정보	대인 관계	의사 소통	자기 개발	조직 이해	직업 윤리		
근로 복지 공단	보험사업(일반직/재 활직/전산직/기술직) 의료사업 (일반직/전산직)	의사소통 수리 문제해결 자기개발 자원관리 대인관계 정보 조직이해 기술 직업윤리		O	O	O			O				70	• 1인 집중면접 (직업기초 및 직무수행능력 평가)

기관명	채용 직무분야	요구 직업기초 능력	필기전형										문항수	면접전형 기법
			평가요소											
			기술	문제해결	수리	자원관리	정보	대인관계	의사소통	자기개발	조직이해	직업윤리		
한국고용정보원	일반직5급(경영사무/정보화) 연구직3급(진로직업/노동시장/빅데이터)	의사소통 문제해결 조직이해 자원관리 대인관계		O	O	O			O		O		100	• 일반직 (인성/ 경험면접) • 연구직 (연구실적 발표/인성/ 경험면접)
한국산업안전보건공단	산업안전 산업보건 경영	의사소통 수리 문제해결 정보 기술 대인관계 자기계발 직업윤리		O		O			O		O		20	• 상황/경험 • 토론면접 • 직무역량
한국산업인력공단	일반행정 기록물관리 정보기술	의사소통 조직이해 수리 문제해결 자기개발 자원관리 정보 대인관계 기술 직업윤리		O	O	O			O		O	O	40	• 직무수행 능력면접
한국장애인고용공단	일반직5급(업무전반/법노무/정보기술개발) 일반직6급(사무행정) 연구직4급(연구) 교사직(기계/정보기술/발달장애인훈련) 직업평가직(직업평가) 별정직(산업안전보건/수어통역)	의사소통 수리 문제해결 자기개발 자원관리 대인관계 정보 조직이해 기술 직업윤리		O	O	O			O		O	O	50	• 직무능력 기반면접

3. 공정거래위원회 산하 기관

기관명	채용 직무분야	요구 직업기초능력	필기전형										문항수	면접전형 기법
			평가요소											
			기술	문제해결	수리	자원관리	정보	대인관계	의사소통	자기개발	조직이해	직업윤리		
한국소비자원	시험연구직(안전관리) 연구직 (법학/소비자학/경제학/경영학/행정학/정책학) 일반직 (이공계/변호사/보훈·안전관리/일반/장애인)	의사소통 문제해결 수리 조직이해 기술 대인관계	O	O	O				O		O		미공개	• 실무면접 • 최종면접

4. 과학기술정보통신부 산하 기관

기관명	채용 직무분야	요구 직업기초능력	필기전형										문항수	면접전형 기법
			평가요소											
			기술	문제해결	수리	자원관리	정보	대인관계	의사소통	자기개발	조직이해	직업윤리		
(재) 우체국 금융 개발원	부동산 개발, 기획 보험수익검증 펀드판매 전략수립/교육 금융마케팅 전략기획 보험심사, 조사 회관관리직(미화/방호) 우체국예금 외국환 업무 우체국예금 홍보디자인 우체국보험 회계결산 선임계리사 지원 외환사업 운영업무 지원	문제해결 정보 의사소통 대인관계 자기개발 직업윤리	O				O	O	O	O		O	310	• 일반 질의 응답형 면접 • 상호토론 면접
(재) 우체국 물류 지원단	사무직 신입(사무행정) 운전직 물류직	의사소통 조직이해 정보 문제해결 수리 기술 직업윤리 자원관리	사무직에 한해 직업기초능력평가 및 인적성검사 시행 (구체적인 평가요소 및 문항수 미공개)										미공개	• 직무능력 검증 실무면접

기관명	채용 직무분야	요구 직업기초 능력	필기전형										면접전형 기법
			평가요소									문 항 수	
			기술	문제 해결	수리	자원 관리	정보	대인 관계	의사 소통	자기 개발	조직 이해	직업 윤리		
(재) 한국 우편 사업 진흥원	일반직 연구직 전문직(사무/상담) 계약직(휴직대체) 체험형인턴 등	의사소통 대인관계 수리 정보 문제해결 자기개발 조직이해 자원관리 직업윤리	O	O	O		O		O				50	• 토론면접 • 경험면접
연구 개발 특구 진흥 재단	경영지원(일반/기간제) 기술사업화 (일반/데이터 분석)	기술 문제해결 의사소통 자원관리 대인관계	O	O			O		O	O			미 공 개	• 직무역량 면접 (토의) • 공통역량 면접
정보 통신 산업 진흥원	사무지원 (서무/기술지원/전시 안내)	의사소통 정보 문제해결 조직이해 자원관리 자기개발 대인관계 직업윤리					직업기초능력평가 필기시험 부재							• AI면접 • 역량면접
한국 과학 창의 재단	위촉직 및 체험형 청년 인턴(사업관리/경영 회계/사무/교육/자연 /사회과학/정보통신/ 연구) 기록물관리전문요원	의사소통 자원관리 문제해결 대인관계 정보 수리 직업윤리 조직이해											미 공 개	• 역량면접 (직무역량 /조직적 합성) • 종합면접 (직무전문성 /인성)
한국 방송 통신 전파 진흥원	경력 (기금관리/방송통신 기획) 신입 (무선국검사/시설관리)	의사소통 조직이해 수리 문제해결 데이터분석 자원관리 정보 대인관계 직업윤리 성과관리 조직적합					직업기초능력평가 필기시험 부재							• 구술면접 (직무별 상이)

기관명	채용 직무분야	요구 직업기초 능력	필기전형										문항수	면접전형 기법
			평가요소											
			기술	문제 해결	수리	자원 관리	정보	대인 관계	의사 소통	자기 개발	조직 이해	직업 윤리		
한국 연구 재단	경력연구직(연구윤리 /소재부품장비) 사무지원직	의사소통 문제해결 자원관리 대인관계 조직이해		O		O		O	O		O		50	• 개별 또는 조 별 면접
한국 인터넷 진흥원	서무 민원 시설관리(전기/방재)	의사소통 정보 문제해결 대인관계 기술 조직이해 직업윤리	직업기초능력평가 필기시험 부재 (인성검사만 실시)											• Q&A면접 (인성/태도/ 역량 등)
한국 지능 정보 사회 진흥원	일반직 (경영일반/사업관리/ 기술지원/기능급) 중계직(수어중계) 상담직(스마트폰과의존) 육아 및 병역휴직 대체 계약직 (일반직/상담직/운영직) 보훈특별고용 (경비/지원)	의사소통 정보 조직이해 문제해결 수리 대인관계 수어 자기개발 직업윤리 기술 자원관리	직업기초능력평가 필기시험 부재											• 역량면접 • 발표면접 (정규직 1차 면접)

5. 교육부 산하 기관

기관명	채용 직무분야	요구 직업기초 능력	필기전형										문항수	면접전형 기법
			평가요소											
			기술	문제 해결	수리	자원 관리	정보	대인 관계	의사 소통	자기 개발	조직 이해	직업 윤리		
사립 학교 교직원 연금 공단	신입직(경영행정사무 /안전/정보보안/전산) 경력직(회계/연금제도)	의사소통 수리 문제해결 자기개발 자원관리 대인관계 정보 기술 조직이해 직업윤리		O	O				O		O		미 공 개	• 신입(개별 /토론/임원 면접) • 경력 (개별면접)

기관명	채용 직무분야	요구 직업기초 능력	필기전형										문항수	면접전형 기법
			평가요소											
			기술	문제해결	수리	자원관리	정보	대인관계	의사소통	자기개발	조직이해	직업윤리		
한국 교육 학술 정보원	경영관리 안전관리 재무회계 데이터 기반 교육정보 서비스 기획 및 R&D 교육행정정보시스템 구축 및 운영 교육부 사이버안전센터 (ECSC) 운영	의사소통 수리 문제해결 정보 자원관리 조직이해 대인관계 직업윤리		O	O	O	O		O				미공개	• 발표면접 • 직업기초 능력면접 • 직무수행 능력면접
한국 장학 재단	신입직(일반행정/금융 여신/IT/국제협력 및 유학관리/안전관리/ 개인정보보호) 경력직(시설관리)	문제해결 수리 자원관리 의사소통 조직이해		O	O	O			O		O		50	• 실무면접 (발표면접) • 심층면접 (역량면접)

6. 국가보훈처 산하 기관

기관명	채용 직무분야	요구 직업기초 능력	필기전형										문항수	면접전형 기법
			평가요소											
			기술	문제해결	수리	자원관리	정보	대인관계	의사소통	자기개발	조직이해	직업윤리		
독립 기념관	사무직 (행정/안전관리/정보 보안) 학예직(교육기획) 연구직 (연구 및 연구사업) 공무직 (교육운영/전시관 운영 /연구 및 연구지원)	의사소통 문제해결 대인관계 정보 기술 자원관리 조직이해 직업윤리		O				O	O				20	• 경험행동면접 • 상황면접
한국 보훈 복지 의료 공단	사무직 (법, 행정/경영, 경제, 회계/사회복지, 보건행 정/전산/공인노무사/ 기록물관리/안전/건축)	문제해결 자원관리 대인관계 의사소통 조직이해		O		O		O	O		O		40	• AI면접 • 발표면접 • 인성면접

7. 국토교통부 산하 기관

기관명	채용 직무분야	요구 직업기초 능력	필기전형										문항수	면접전형 기법
			평가요소											
			기술	문제해결	수리	자원관리	정보	대인관계	의사소통	자기개발	조직이해	직업윤리		
국가 철도 공단	사무 토목 건축 전기 통신 기계	의사소통 수리 문제해결 자원관리 기술 조직이해	O	O	O	O			O		O		미공개	• 직업기초 능력면접 • 직무수행 능력면접
국가 교통 과학 기술 진흥원	R&D 기획 및 사업관리 항공분야PD 연구관리지원 행정관리지원	의사소통 문제해결 자원관리 대인관계 정보 직업윤리 조직이해 수리		O	O	O			O		O		40	• 개별 심층면접
국토 안전 관리원	행정직 (법/회계/통계/경영) 기술직(토목/건축) 사무운영직	의사소통 수리 문제해결 자원관리 정보 대인관계 기술 조직이해 직업윤리		O	O		O		O		O		50	• 발표면접 • 인성, 직무역량 구술면접
인천 국제 공항 공사	사무 기술(건축/기계/전기 /전산/통신전자/토목 /조경/환경) 전문(교통/도시계획/ 문화예술)	의사소통 수리 문제해결 자원관리 정보 기술		O	O	O	O		O				미공개	• 1차(직무역량 면접) • 2차(심층발표 면접)
재단 법인 대한 건설 기계 안전 관리원	비파괴검사 책임자 감사 자산관리 및 계약 안전관리자 T/C 안전본부 건설기계 조종사교육 건설기계 검사업무 지원 고객 만족 지원 재무관리	문제해결 의사소통 자기개발 직업윤리	직업기초능력평가 필기시험 부재											• 역량면접

기관명	채용 직무분야	요구 직업기초 능력	필기전형										면접전형 기법
			평가요소										문항수	
			기술	문제해결	수리	자원관리	정보	대인관계	의사소통	자기개발	조직이해	직업윤리		
제주 국제 자유 도시 개발 센터	회계(공인회계사) 세무(세무사) 토목(일반/항만) 보건관리 국제협력(영어) 전산(시스템, 정보보안 /빅데이터)	의사소통 수리 문제해결 자원관리 정보 조직이행 대인관계 기술 직업윤리		O	O		O		O				30	• 경험면접 • 상황면접 • 영어구술 면접(국제협력 에 한함)
주식 회사 에스알	기록물관리 SRT앱 보건관리 정보보안 역무 기술관리	의사소통 수리 문제해결 정보 자원관리		O	O	O	O		O				40	• AI면접 (인성 및 적성) • 심층면접
주택 도시 보증 공사	관리직(경영/경제/법 /전산) 경영지원직(그래픽디 자이너, 콜센터)	의사소통 조직이해 수리 문제해결 대인관계	직업기초능력평가 필기시험 부재											• 구조화 역량면접 (직무/PT/토의) • 구조화 심층면접 (경험/상황)
한국 공항 공사	행정 (경영/회계/항공교통) 전산 시설 (토목/건축/기계/조경) 기술(전기/통신전자)	의사소통 수리 문제해결 자원관리 정보 기술	O	O	O	O	O		O				50	• 1차(직무역량 능력) • 2차(인성 및 조 직적응력 등 심 층평가)
한국 교통 안전 공단	행정직 (노무사/일반/전산) 기술직(자동차검사 /CNG검사/궤도/기기 정도/기계식주차장/ 산업안전/철도) 연구교수직 (기계, 자동차/교통/ 체험교육/항공) 실무직(사무/검사/시 설/상담/보안/환경)	문제해결 의사소통 정보 수리 자원관리 조직이해 기술 의사소통 대인관계	O	O	O	O	O		O		O		60	• PT면접 • 토론면접 • 경험면접

기관명	채용 직무분야	요구 직업기초 능력	필기전형										문항수	면접전형 기법
			평가요소											
			기술	문제해결	수리	자원관리	정보	대인관계	의사소통	자기개발	조직이해	직업윤리		
한국 국토 정보 공사	기획경영직(기획행정 /경영회계/건축행정) 국토정보직(지적측량 /공간정보/국토조사)	의사소통 문제해결 자원관리 조직이해 수리 정보 기술 직업윤리	O			O			O			O	60	• 경험면접 • 상황면접
한국 도로 공사	행정직(경영/법정) 기술직 (토목일반/토목교통/ 건축/전기/조경/기계 /설비/전산/전자)	문제해결 정보 조직이해 자원관리 의사소통 대인관계 직업윤리 기술 수리	O	O	O	O	O		O		O		미 공 개	• 실무진면접 (발표/토론) • 경영진면접 (역량/인성)
한국 부동 산원	일반직 (건축/경영/부동산/ 전산) 전문직(변호사/부동 산연구/회계, 사무) 업무지원직(서무보조)	의사소통 수리 문제해결 정보 조직이해		O	O		O		O		O		미 공 개	• 구조화된 면접 (직업기초능력, 직무수행 능력 평가)
한국 철도 공사	사무영업 (일반/수송/IT) 운전(일반/전동차) 차량(기계/전기) 토목 건축(일반/설비) 전기통신	의사소통 수리 문제해결 정보 조직이해 자원관리 자기개발 대인관계 기술 직업윤리		O	O				O				50	• 경험면접 • 직무 상황면접
한국 토지 주택 공사	사무직(일반행정/법 률/회계/전산/문화재) 기술직(토목/도시계 획/조경/환경/교통/ 건축/기계/전기)	의사소통 수리 문제해결 대인관계 조직이해 직업윤리		O	O				O				50	• 직무면접 • 인성면접

8. 금융위원회 산하 기관

기관명	채용 직무분야	요구 직업기초 능력	필기전형												면접전형 기법
				평가요소										문항 수	
			기술	문제 해결	수리	자원 관리	정보	대인 관계	의사 소통	자기 개발	조직 이해	직업 윤리			
신용 보증 기금	일반전형 (수도권/비수도권) 특별전형(ICT 및 데이터 전문인력/기술평가/금융시장분석) 고교전형 (수도권/비수도권)	의사소통 문제해결 정보 수리 조직이해 대인관계 기술		O	O				O				20	• 과제수행 • 실무면접 • 심층면접
예금 보험 공사	금융일반(경영/경제) 금융통계 회수조사 IT	의사소통 문제해결 수리 정보 직업윤리 자원관리 대인관계 기술		O			O		O				60	• 직무수행 능력면접 • 인성면접
한국 자산 관리 공사	5급 금융일반 (경영/경제/법) 5급 건축 5급 전산 5급 기록물관리 6급 금융일반	의사소통 수리 문제해결 정보 조직이해 기술 자원관리 직업윤리		O	O		O		O		O		90	• 심층면접 • PT면접 • 상황면접 • AI면접 • 인성면접
한국 주택 금융 공사	일반전형 (수도권/비수도권) 특별전형(보훈/안전관리) 시간선택제 (본사 및 각 지사) 고교전형 (수도권/비수도권)	의사소통 문제해결 대인관계 수리 직업윤리 자원관리 정보		O	O				O				50	• PT면접 • 심층면접 • 상황면접

9. 기상청 산하 기관

기관명	채용 직무분야	요구 직업기초 능력	필기전형											면접전형 기법
			평가요소										문항수	
			기술	문제해결	수리	자원관리	정보	대인관계	의사소통	자기개발	조직이해	직업윤리		
한국 기상 산업 기술원	일반직 (경영관리/사업관리/표준인증/회계관리) 전산자원관리 기상관측망운영 기상정보제공 기상정보품질관리	의사소통 문제해결 대인관계 자원관리 기술 정보 조직이해 직업윤리		O		O			O		O		80	• 발표면접 • 역량면접

10. 기획재정부 산하 기관

기관명	채용 직무분야	요구 직업기초 능력	필기전형											면접전형 기법
			평가요소										문항수	
			기술	문제해결	수리	자원관리	정보	대인관계	의사소통	자기개발	조직이해	직업윤리		
한국 재정 정보원	경력일반(전산/행정) 신입일반(전산/행정) 연구직(재정통계) 운영직(행정지원)	의사소통 문제해결 조직이해 자원관리 수리 정보		O		O			O		O		50	• 직무면접 • 토론면접 • 종합역량면접
한국 조폐 공사	행정사무 인쇄, 기계, 전자기술 제지기술	문제해결 수리 자원관리 의사소통 직업윤리	O	O	O				O				80	• 직무역량면접 • 조직적합성 면접

11. 농림축산식품부 산하 기관

기관명	채용 직무분야	요구 직업기초 능력	필기전형										문항수	면접전형 기법
			평가요소											
			기술	문제해결	수리	자원관리	정보	대인관계	의사소통	자기개발	조직이해	직업윤리		
농림수산식품교육문화정보원	정보화(일반) 사무행정(일반/농업) 재무/출납	의사소통 문제해결 수리 정보 조직이해		O	O		O		O		O		60	• 직무면접 • 인성면접
농림식품기술기획평가원	R&D기획관리	기술 문제해결 조직이해 의사소통 대인관계 자원관리		O		O		O	O				50	• 역량면접
축산물품질평가원	축산물품질평가직	자기개발 문제해결 대인관계 조직이해 직업윤리 수리 의사소통 자원관리		O	O	O			O	O			50	• 경험면접 • 상황면접
한국농수산식품유통공사	신입 (행정/어학/공조냉동) 경력(산업안전/금융/빅데이터)	의사소통 문제해결 자원관리 조직이해		O		O			O		O		미공개	• 역량면접 • 인성면접
한국농어촌공사	행정(경상/법정/농학) 토목 (토목일반/조경/도시계획) 지질 기전(기계/전기/건축) 전산 환경	의사소통 문제해결 수리 정보 자원관리 기술	O	O	O	O	O		O				50	• 직무수행 능력 면접 • 직업기초 능력 면접
한국마사회	경마지원직 출발보조	의사소통 직업윤리 기술 정보 대인관계	직업기초능력평가 필기시험 부재											• 구술면접

12. 농촌진흥청 산하 기관

기관명	채용 직무분야	요구 직업기초 능력	필기전형												면접전형 기법
				평가요소										문항수	
			기술	문제해결	수리	자원관리	정보	대인관계	의사소통	자기개발	조직이해	직업윤리			
농업기술실용화재단	전산기획/전산운영 기술평가 글로벌사업/배출권 거래 제운영 종자생산/종자유통/종자품질관리/종묘생산 스마트팜사업/농기계 검정/스마트팜 기자재 검정 잔류농약분석/농식품 분석/유전자분석	기술 의사소통 문제해결 조정 조직이해 대인관계 수리 자원관리 정보 직업윤리		O	O				O	O	O		50	• 발표면접 • 인성면접

13. 문화체육관광부 산하 기관

기관명	채용 직무분야	요구 직업기초 능력	필기전형												면접전형 기법
				평가요소										문항수	
			기술	문제해결	수리	자원관리	정보	대인관계	의사소통	자기개발	조직이해	직업윤리			
국제방송교류재단	보도기자 예산, 재무 해외 채널 배급	의사소통 수리 문제해결 자원관리 정보 조직이해 자기개발 대인관계 직업윤리												미공개	• 직무수행능력 심층 인터뷰 • 종합역량면접
그랜드코리아레저(주)	체험형 청년인턴(오퍼레이션팀/머신영업팀/CS팀/경리팀/멤버십마케팅팀/혁신경영본부/마케팅본부/부산마케팅2팀 매스멤버십 파트)	미공개	직업기초능력평가 필기시험 부재												• 구술면접

기관명	채용 직무분야	요구 직업기초 능력	필기전형											면접전형 기법
			평가요소										문항 수	
			기술	문제 해결	수리	자원 관리	정보	대인 관계	의사 소통	자기 개발	조직 이해	직업 윤리		
서울 올림픽 기념 국민 체육 진흥 공단	체험형 청년인턴 (사무/체육/기술/전산)	의사소통 문제해결 자원관리 대인관계 정보 조직이해 직업윤리	직업기초능력평가 필기시험 부재											• 직무수행능력, 인성 및 조직 적합성 면접
아시아 문화원	경력(인사노무/국제교류/문화예술교육) 신입(융복합콘텐츠사업지원/전시기획행정/무대기술/홍보마케팅/관람서비스)	의사소통 문제해결 정보 자원관리 조직이해 직업윤리 대인관계	직업기초능력평가 필기시험 부재											• 직무역량면접 • 인성면접
한국 관광 공사	한국관광진흥직 (일반/이전지역인재/취업지원대상자/장애인/회계/IT)	조직이해 의사소통 수리 문제해결 자기개발 자원관리 정보 대인관계 직업윤리	O	O	O				O				40	• 직무면접 • 외국어면접 • 역량면접

14. 방송통신위원회 산하 기관

기관명	채용 직무분야	요구 직업기초 능력	필기전형											면접전형 기법
			평가요소										문항 수	
			기술	문제 해결	수리	자원 관리	정보	대인 관계	의사 소통	자기 개발	조직 이해	직업 윤리		
시청자 미디어 재단	시청자권익증진 (방송, 미디어)	의사소통 문제해결 자원관리 대인관계 조직이해		O		O		O	O		O		50	• 구술면접

기관명	채용 직무분야	요구 직업기초 능력	필기전형											면접전형 기법
			평가요소										문항수	
			기술	문제해결	수리	자원관리	정보	대인관계	의사소통	자기개발	조직이해	직업윤리		
한국 방송 광고 진흥 공사	마케팅,조사 일반행정(경영) ICT사업수행, 빅데이터 분석 안전보건관리	의사소통 문제해결 자원관리 정보 조직이해 직업윤리 대인관계 수리 기술	O	O	O	O	O	O	O		O	O	미공개	• 직무능력면접 • 창의성면접 • 종합적 직업능력 평가 면접

15. 보건복지부 산하 기관

기관명	채용 직무분야	요구 직업기초 능력	필기전형											면접전형 기법
			평가요소										문항수	
			기술	문제해결	수리	자원관리	정보	대인관계	의사소통	자기개발	조직이해	직업윤리		
건강 보험 심사 평가원	행정직(사무행정) 심사직(약사/간호사) 전산직(시스템운영)	의사소통 문제해결 대인관계 정보 조직이해 직업윤리 수리		O	O		O		O		O		40	• 직무역량 • 조직적합성 • 인성 • 기술면접 (*전산직)
국민 건강 보험 공단	행정직(6급갑/6급을) 건강직(6급갑) 요양직(6급갑) 전산직(6급갑)*	의사소통 수리 문제해결 대인관계 정보 조직이해 자원관리 직업윤리 자기개발 기술		O	O				O				60 (*40)	• 경험행동면접 • 집단토론면접

기관명	채용 직무분야	요구 직업기초 능력	필기전형										문항수	면접전형 기법
			평가요소											
			기술	문제해결	수리	자원관리	정보	대인관계	의사소통	자기개발	조직이해	직업윤리		
국민 연금 공단	사무직 심사직 전산직 기술직(전기)	의사소통 문제해결 수리 자원관리 조직이해 대인관계 기술 직업윤리 정보	O	O	O	O	O		O		O		60	• 경험면접 • 상황면접 • 집단토론면접 • 발표면접
한국 건강 증진 개발원	건강증진사업일반 공무직(변호사/공인 노무사/언론, 공보/건 축설계/전산, 정보화/ 홍보 커뮤니케이션/그 래픽 디자이너/보건통 계/감사)	의사소통 문제해결 자원관리 조직이해 직업윤리 대인관계 정보 수리 위기관리		O		O			O		O	O	미 공 개	• 역량면접
한국 노인 인력 개발원	연구직 체험형 청년인턴	정보수집 및 분석 의사소통 문제해결 조직이해 자기개발 대인관계 직업윤리 연구윤리 정보 자원관리 수리 기술	직업기초능력평가 필기시험 부재											• 역량면접
한국 보건 복지 인력 개발원	체험형인턴(일반/사 회형평/고졸청년) 공무직(일반행정직/ 사회복지직/보건의료직)	수리 의사소통 자원관리 직업윤리 문제해결 대인관계 정보	직업기초능력평가 필기시험 부재											• 구술면접

기관명	채용 직무분야	요구 직업기초 능력	필기전형										문 항 수	면접전형 기법
			평가요소											
			기술	문제 해결	수리	자원 관리	정보	대인 관계	의사 소통	자기 개발	조직 이해	직업 윤리		
한국 보건 산업 진흥원	경영관리 (경영관리/회계관리/ 정보화기획관리) 보건산업정책 (보건산업혁신정책개 발/바이오빅데이터사 업기획관리/의료서비 스혁신정책개발) 보건의료R&D (보건의료R&D사업기획 관리/정보화기획관리) 보건산업지원 (기술평가 및 사업화/ 제약바이오산업기획) 국제의료지원 (국제의료사업기획관리)	의사소통 문제해결 자원관리 대인관계 정보		O		O			O				미 공 개	• 직무면접 • 인성면접
한국 보육 진흥원	전산 경영, 경제 아동, 보육	의사소통 문제해결 수리 대인관계 정보 조직이해											미 공 개	• 토론면접 • 발표면접 • 경험면접 • 상황면접
한국 사회 보장 정보원	행정 전산	문제해결 정보 의사소통 대인관계 조직이해 기술 자원관리 수리		O	O	O		O	O				미 공 개	• 토론면접 • 발표면접 • 경험면접 • 상황면접

16. 산림청 산하 기관

기관명	채용 직무분야	요구 직업기초 능력	필기전형											문항수	면접전형 기법
			평가요소												
			기술	문제 해결	수리	자원 관리	정보	대인 관계	의사 소통	자기 개발	조직 이해	직업 윤리			
한국 산림 복지 진흥원	산림교육 산림치유 시설관리(전기/건축) 일반행정 정보화 안전관리	의사소통 문제해결 정보 대인관계 조직이해 직업윤리 자원관리 기술		O			O	O	O		O		40	• 경험면접 • 상황면접
한국 수목원 관리원	일반직(경영평가/인사 노무/재무회계/인사총 무/분재관리) 전시직(산림동물관리/ 정원관리)	의사소통 문제해결 대인관계 조직이해	직업기초능력평가 필기시험 부재											• 경력 발표 심사 • 경험면접 • 상황면접
한국 임업 진흥원	일반직(임업, 임산/상경 /원예, 조경/정보화) 공무직(일반사무)	의사소통 문제해결 수리 대인관계 정보 직업윤리		O	O		O		O				미 공 개	• 역량면접

17. 산업통상자원부 산하 기관

기관명	채용 직무분야	요구 직업기초 능력	필기전형											문항수	면접전형 기법
			평가요소												
			기술	문제 해결	수리	자원 관리	정보	대인 관계	의사 소통	자기 개발	조직 이해	직업 윤리			
(주) 강원 랜드	체험형인턴 채용 사무행정 (기획/회계/인사/IT/ 마케팅/홍보 등) 리조트영업 (호텔,콘도/카지노/레저)	의사소통 수리 문제해결 대인관계 조직이해 직업윤리 기술 자원관리 정보	직업기초능력평가 필기시험 부재												• AI면접

기관명	채용 직무분야	요구 직업기초 능력	필기전형										문항수	면접전형 기법
			평가요소											
			기술	문제해결	수리	자원관리	정보	대인관계	의사소통	자기개발	조직이해	직업윤리		
(주)한국가스기술공사	일반직(사무/정비/설계/플랜트, 신성장/연구) 별정직(경비/청소/시설관리/임원운전/세탁) 지원직(전산/기계/전기/중장비) 경력직(정비/설계)	대인관계 문제해결 수리 의사소통 자원관리 정보 조직이해 기술 직업윤리	O	O	O	O					O		50	• 경험면접 • 토론면접
대한무역투자진흥공사	통상직 인사(노무) 정보보안 정보 콘텐츠 포털관리	의사소통 조직이해 자원관리 정보 수리 문제해결 직업윤리 대인관계		O		O			O				60	• 역량면접
대한석탄공사	전기기능원(갱내근로자)	의사소통 수리 문제해결 기술 직업윤리	직업기초능력평가 필기시험 부재											• 인성면접 • 역량면접
한국가스공사	사무6급(경영지원/마케팅/해외사업) 기술6급(설비운영/건설/경영정보) 사무5급(경영관리) 기술5급(안전품질환경) 별정직(운영/총무)	의사소통 수리 문제해결 자원관리 정보		O	O	O	O		O				미공개	• 직무PT면접 • 직업기초면접
한국가스안전공사	경영지원(법/행정/경영/회계) 검사점검(화학공학/기계공학/안전공학/전기, 전자) 비서	의사소통 문제해결 자원관리 정보 대인관계		O		O	O	O	O				미공개	• 발표면접 • 토론면접

기관명	채용 직무분야	요구 직업기초 능력	필기전형 — 평가요소: 기술	문제해결	수리	자원관리	정보	대인관계	의사소통	자기개발	조직이해	직업윤리	문항수	면접전형 기법
한국광물자원공사	시설물청소(본사) 시설물관리(전기) GIS시스템 보조 지질도 작성(CAD) 조리, 청소(태백) 시설물청소(태백)	의사소통 문제해결 대인관계 직업윤리 정보관리 조직이해	직업기초능력평가 필기시험 부재											• 구술면접
한국광해관리공단	전산SW 도시계획 경영일반 광해조사복원(지질, 지원/토목, 환경/분석) 산업안전 산업보건	의사소통 수리 문제해결 자기개발 자원관리 대인관계 정보 기술 조직이해 직업윤리			O	O	O						30	• 역량면접 • 인성면접
한국남동발전(주)	신입직(사무법정/사무상경/기계/전기/화학/토목/건축/ICT) 경력직(안전관리/보건관리)	의사소통 문제해결 자원관리		O		O			O				45	• 인성역량면접 • 토론면접 • 상황면접 • 발표면접 (경력직)
한국남부발전(주)	사무 ICT 기계 전기 화학 토목 건축	의사소통 조직이해 대인관계 자원관리 수리 문제해결 기능수행 직업윤리 기술 정보	O	O		O		O	O			O	미공개	• PT면접 • GD면접 • 실무역량면접 • 인성면접
한국동서발전(주)	안전(보건관리) 발전기계 발전전기 화학 토목 건축 IT	의사소통 수리 문제해결 자원관리 정보 기술		O	O				O				미공개	• 직무PT면접 • 인성면접

기관명	채용 직무분야	요구 직업기초 능력	필기전형											면접전형 기법
			평가요소										문항수	
			기술	문제해결	수리	자원관리	정보	대인관계	의사소통	자기개발	조직이해	직업윤리		
한국디자인진흥원	경영관리(인사기획, 관리) 사업관리(창업사업기획, 관리/전시큐레이팅/상품기획MD) 디자인산업R&D(디자인산업육성/서비스경험디자인/공간, 환경디자인) R&D연구(통계조사(빅데이터 분석)) 정보화(AI개발/데이터베이스DB 기획, 관리)	의사소통 대인관계 자원관리 조직이해 정보 문제해결 직업윤리 자기개발 수리 기술		O	O		O		O		O		50	• 그룹토론 • PT발표 • 역량면접 • 인성면접
한국무역보험공사	조사, 인수 법무, 보상, 채권관리 IT	직업윤리 의사소통 정보 문제해결 기술 자원관리 수리 자기개발 대인관계 조직이해		O	O				O				미공개	• 역량면접
한국산업기술진흥원	사업관리(일반직)	의사소통 문제해결 자원관리 대인관계 조직이해		O		O		O	O		O		50	• 발표면접 • 토론면접 • 경험면접
한국산업기술평가관리원	정책기획 분석 기계, 금속(수송) 전기, 전자 (신)소재, 재료 화학, 고분자 바이오, 생명	기술 문제해결 의사소통 자원관리 조직이해 수리 자기개발 정보 대인관계 직업윤리	O	O	O	O	O	O	O	O	O	O	미공개	• PT면접 • 역량면접

기관명	채용 직무분야	요구 직업기초 능력	필기전형										문항수	면접전형 기법
			평가요소											
			기술	문제해결	수리	자원관리	정보	대인관계	의사소통	자기개발	조직이해	직업윤리		
한국산업단지공단	신입 (재경/변호사/빅데이터) 경력(빅데이터) 고졸(세무회계)	의사소통 문제해결 수리 자원관리 정보처리		O	O	O	O		O				50	• 발표면접 • 직무역량면접 • 경험면접
한국서부발전 (주)	사무 기계 전기 화학 토목 건축	의사소통 수리 문제해결 자원관리 정보 기술 조직이해 직업윤리	O	O	O	O	O		O		O	O	미공개	• 인성면접 (개별) • 직무상황면접 (그룹)
한국석유공사	경력직(공인회계사) 신입직6급(세무사/기록물/러시아어/자원공학/지질/재난, 안전/기계/전산/법학/경영/기계) 신입직8급(기계/전기) 지원직(부서행정/전산)	의사소통 수리 문제해결 자원관리 정보 대인관계 조직이해 직업윤리 자기개발 기술	O	O	O	O	O	O	O	O	O	O	미공개	• 직무면접 • 종합면접
한국석유관리원	일반5급(사무직/기술직) 고졸6급(기술직)	의사소통 수리 문제해결 자원관리 대인관계 정보 조직이해 직업윤리		O	O	O			O				50	• 발표면접 • 직무/인성면접
한국수력원자력 (주)	사무 원자력 화학 수자원 신재생(에너지) 토목 건축 통신 전산	의사소통 수리 문제해결 자원관리 조직이해 기술 정보	O	O	O	O			O		O		미공개	• 직업기초 능력면접 • 직무수행 능력면접 • 관찰면접

기관명	채용 직무분야	요구 직업기초 능력	필기전형										문항수	면접전형 기법
			평가요소											
			기술	문제해결	수리	자원관리	정보	대인관계	의사소통	자기개발	조직이해	직업윤리		
한국 에너지 공단	사무(변호사/노무사) 기술(열수송관 구조해석/열수송관 안전관리/자동차연비/전력계통해석/지리데이터 분석)	의사소통 문제해결 자원관리 대인관계 조직이해 직업윤리		O	O	O		O	O		O	O	미공개	• 상황(발표)면접 • 경험면접
한국 에너지 기술 평가원	전력전자 에너지자원/효율, 재생에너지 경제성분석 기술가치평가 정보화 업무지원직 (사무행정, 업무지원 등) 안내데스크 총무 R&D기획/평가/관리 사무보조	의사소통 수리 문제해결 대인관계 기술 조직이해 자원관리 자기개발 정보 직업윤리		O	O				O				50	• 토론면접 • 역량면접 (발표면접/영어면접/상황면접)
한국 원자력 환경 공단	일반직(경영/기계/산업안전/산업보건/기록물관리/원자력) 연구직(원자력/방폐물 특성분석)/부지특성분석)	자원관리 정보 기술 의사소통 대인관계 정보 조직이해 직업윤리 수리 문제해결		O	O		O		O				45	• 경험면접 • 상황면접 • 과제면접
한국 전기 안전 공사	경영관리 기술 연구/재료공학 연구/전기공학	직업윤리 자기개발 대인관계 의사소통 자원관리 정보 수리 조직이해		O	O	O	O		O		O		미공개	• 구술면접
한국 전력 거래소	사무(상경) 기술(전기)	의사소통 문제해결 수리 조직이해 자원관리		O	O	O			O		O	O	미공개	• 직무면접 (PT면접/전공면접) • 종합면접 (조직/직무 적합성)

기관명	채용 직무분야	요구 직업기초 능력	필기전형											면접전형 기법
			평가요소										문항수	
			기술	문제해결	수리	자원관리	정보	대인관계	의사소통	자기개발	조직이해	직업윤리		
한국 전력 공사	사무직 기술직(전기/ICT/토목/건축/기계/원자력)*	의사소통 수리 문제해결 자원관리 기술 정보		O	O	O	O		O				50 (*40)	• 직무면접 • 종합면접 (인성/조직적 합도)
한국 전력 기술 주식 회사	사무직 기술, 연구직(기계/계측/원자력/전기/전산/토목/건축/공정/환경/기록관리/지질/화공)	의사소통 수리 문제해결 자원관리 정보 기술 조직이해	O	O	O	O	O		O		O		미 공 개	• 직무역량면접 • 인성면접
한국 중부 발전 (주)	기계 전기 화학	의사소통 문제해결 자원관리 기술 대인관계 수리 자기개발 직업윤리	O	O	O	O			O				80	• PT면접 • 토론면접 • 인성면접
한국 지역 난방 공사	사무직(상경/법정) 기술직(기계/전기/전자/토목/건축/화공/안전/고객설비)	의사소통 수리 문제해결 자기개발 자원관리 대인관계 정보 조직이해 직업윤리 기술	O	O	O	O	O		O		O		50	• 인성면접 • 직무역량 면접(IB)
한전 KDN	사무 건축 전산 통신(통신일반/통신공사관리/전기/정보보호/안전관리)	수리 의사소통 문제해결 대인관계 정보 조직이해 직업윤리		O	O		O	O	O		O	O	50	• AI화상면접 • PT/대면면접

기관명	채용 직무분야	요구 직업기초 능력	필기전형										문 항 수	면접전형 기법
			평가요소											
			기술	문제 해결	수리	자원 관리	정보	대인 관계	의사 소통	자기 개발	조직 이해	직업 윤리		
한전 KPS (주)	경영회계사무 (법정/상경/전산) 발전설비운영(기계/전기 /송전/용접/중기/비파괴)	의사소통 문제해결 수리 자원관리 정보 조직이해 기술	O	O	O	O	O		O		O		미 공 개	• 개별면접 • 토론면접

18. 소방청 산하 기관

기관명	채용 직무분야	요구 직업기초 능력	필기전형										문 항 수	면접전형 기법
			평가요소											
			기술	문제 해결	수리	자원 관리	정보	대인 관계	의사 소통	자기 개발	조직 이해	직업 윤리		
한국 소방 산업 기술원	사무직 (산업안전/경영관리) 기술직(시험검사) 특정업무직(시설관리) 사무지원직(행정사무)	의사소통 수리 문제해결 기술 대인관계	O	O	O				O				40	• 토론면접 • 경험/인성면접

19. 식품의약품안전처 산하 기관

기관명	채용 직무분야	요구 직업기초 능력	필기전형										문 항 수	면접전형 기법
			평가요소											
			기술	문제 해결	수리	자원 관리	정보	대인 관계	의사 소통	자기 개발	조직 이해	직업 윤리		
한국 식품 안전 관리 인증원	심사분야 행정분야	의사소통 수리 문제해결 자원관리 정보 기술	직업기초능력평가 필기시험 부재											• 직무역량면접

20. 여성가족부 산하 기관

기관명	채용 직무분야	요구 직업기초능력	필기전형											면접전형 기법
			평가요소										문항수	
			기술	문제해결	수리	자원관리	정보	대인관계	의사소통	자기개발	조직이해	직업윤리		
한국건강가정진흥원	감사 경영관리 가족사업 정보화	의사소통 문제해결 수리 대인관계 조직이해 직업윤리 자원관리 정보		O	O			O	O			O	미공개	• 경험면접 • 상황면접
한국청소년상담복지개발원	청소년상담복지 회계/감사 일반행정 정보기술	의사소통 조직이해 수리 문제해결 자기개발 자원관리 정보 대인관계 기술 직업윤리	한국수산자원공단											• 직무능력면접
한국청소년활동진흥원	안전관리 (산업안전/건축안전) 시설관리(건축, 시설관리) 빅데이터(디지털서비스) 청소년활동 (비대면, 융합/물리, 우주항공/해양과학, 생태) 정보보안 경영관리 (구매, 계약/총무)	의사소통 문제해결 자원관리 조직이해 대인관계 수리 기술 직업윤리 자기개발 정보						O	O		O		미공개	• 경험면접 • 토론면접

21. 외교부 산하 기관

기관명	채용 직무분야	요구 직업기초 능력	필기전형											면접전형 기법
			평가요소										문항수	
			기술	문제해결	수리	자원관리	정보	대인관계	의사소통	자기개발	조직이해	직업윤리		
한국국제협력단	일반직신입 (일반/정보화운영/보건/비수도권지역인재) 사회형평적채용(보훈/장애인/시간선택제/정보보안/사무행정)	수리 자원관리 기술 조직이해 자기개발 대인관계 직업윤리		O	O	O	O		O				미공개	• 영어면접 • 토론면접 • 역량면접 • 실무면접

22. 인사혁신처 산하 기관

기관명	채용 직무분야	요구 직업기초 능력	필기전형											면접전형 기법
			평가요소										문항수	
			기술	문제해결	수리	자원관리	정보	대인관계	의사소통	자기개발	조직이해	직업윤리		
공무원연금공단	사무 전산 건축 전기 기계	의사소통 수리 문제해결 자원관리 대인관계 정보		O	O	O	O	O	O				60	• 직무수행능력 • 직업기초능력 • 종합인성

23. 중소벤처기업부 산하 기관

기관명	채용 직무분야	요구 직업기초 능력	필기전형											면접전형 기법
				평가요소									문항 수	
			기술	문제 해결	수리	자원 관리	정보	대인 관계	의사 소통	자기 개발	조직 이해	직업 윤리		
기술 보증 기금	기술보증 및 기술평가 (일반/이공계/박사/보훈) 전산 채권관리	의사소통 수리 문제해결 대인관계 정보 조직이해 직업윤리		O	O		O		O		O		미 공 개	• 조직적합성 면접 • 직무적합성 면접 • 토론면접 • AI역량검사
소상 공인 시장 진흥 공단	행정사무 여신심사/채권관리 전산	문제해결 의사소통 정보 수리 조직이해 대인관계 자원관리		O	O		O	O	O		O		60	• PT면접 • 토론면접 • 실무인성면접
중소 기업 기술 정보 진흥원	홍보전략 안전관리 스마트제조혁신 (사업관리/정책연구) R&D평가관리	문제해결 의사소통 정보 수리 조직이해 대인관계 자원관리 직업윤리		O		O	O		O				40	• 발표면접 • 토론면접 • 심층경험면접
중소 벤처 기업 진흥 공단	행정 (일반행정/채권관리 /VC투자/대체투자/해 외사업/법무/회계, 세무) 기술(혁신성장기술/IT)	의사소통 수리 문제해결 자기개발 자원관리 정보 대인관계		O	O	O	O		O				50	• 집단토론 • 직무역량평가 • 경험면접
창업 진흥원	전산(일반/개인정보보 호 및 정보보안) 일반행정 조사연구 공무직(시설직/경비직)	의사소통 문제해결 자원관리 조직이해 수리 정보 직업윤리 기술		O	O				O				미 공 개	• 토론면접 • 구술면접

24. 특허청 산하 기관

기관명	채용 직무분야	요구 직업기초 능력	필기전형										문 항 수	면접전형 기법
			평가요소											
			기술	문제 해결	수리	자원 관리	정보	대인 관계	의사 소통	자기 개발	조직 이해	직업 윤리		
한국 특허 전략 개발원	예산, 회계, 인사 정보화 사업, 행정	의사소통 수리 문제해결 정보 직업윤리 대인관계 조직이해 자원관리		O	O		O		O			O	50	• 발표면접 • 역량면접

25. 해양수산부 산하 기관

기관명	채용 직무분야	요구 직업기초 능력	필기전형										문 항 수	면접전형 기법
			평가요소											
			기술	문제 해결	수리	자원 관리	정보	대인 관계	의사 소통	자기 개발	조직 이해	직업 윤리		
부산 항만 공사	사무(일반/전산/법무/ 회계, 세무) 기술(토목/건축)	의사소통 자원관리 수리 조직이해 문제해결		O	O	O			O		O		50	• 토론면접 • 역량면접
여수 광양 항만 공사	행정(세무/노무/일반) 기술(토목일반/토목안 전/기계/전기)	의사소통 자원관리 수리 조직이해 문제해결		O	O	O			O		O		50	• 토론면접 • 역량면접
울산 항만 공사	사무행정 정보, 통신	의사소통 자원관리 수리 조직이해 문제해결		O	O	O			O		O		50	• 토론면접 • 역량면접

기관명	채용 직무분야	요구 직업기초 능력	필기전형										문항수	면접전형 기법
			평가요소											
			기술	문제 해결	수리	자원 관리	정보	대인 관계	의사 소통	자기 개발	조직 이해	직업 윤리		
인천 항만 공사	사무(일반행정/회계사 /기록물관리전문요원) 건설(건축) 시설 (기계/전기/전자통신)	의사소통 자원관리 대인관계 조직이해 문제해결 정보 직업윤리 수리 기술		O	O	O			O		O		50	• 토론면접 • 역량면접
한국 수산 자원 공단	행정직(법무/재무, 회계 /급여, 세무/일반행정/ 인사, 노무) 기술직(IT/분자생물/ 자원조성, 관리) 조사직(수산자원조사원)	조직이해 직업윤리 문제해결 의사소통 자원관리	직업기초능력평가 필기시험 부재											• 직업기초 능력 면접 • 직무수행 능력 면접
한국 해양 교통 안전 공단	행정직 (일반행정/홍보업무) 검사직(선체검사원/기 관검사원) 운항관리직(운항관리원) 실무직(민원업무) 연구직(해양환경/검사 제도/해양교통정보체 계구축, 데이터분석/프 로그래밍/정책연구/전 산/국제협력/해상교통 안전진단/기상예보/해 상교통상황관리/안전 점검, 해양사고조사)	의사소통 문제해결 정보 조직이해 직업윤리		O			O		O		O	O	50	• 직무능력면접 • 인성면접
한국 해양 수산 연수원	안전교육 상선항해 국제교육 어선기관 항해사 일반행정/일반사무 시설일반/시설책임/ 시설전문 공무직(미화전문)	의사소통 수리 문제해결 자원관리 대인관계 정보 조직이해 직업윤리 자기개발 기술	직업기초능력평가 필기시험 부재											• 구술면접

기관명	채용 직무분야	요구 직업기초능력	필기전형											면접전형 기법
			평가요소										문항수	
			기술	문제해결	수리	자원관리	정보	대인관계	의사소통	자기개발	조직이해	직업윤리		
해양수산과학기술진흥원	R&D기획 및 사업관리 기술사업화	의사소통 문제해결 자원관리 대인관계 조직이해		O		O		O	O		O		50	• AI면접 • 상황면접 • 경험면접
해양환경공단	일반직 (해양미세플라스틱/항만대기통합관리/산업안전관리/기획예산/재무회계/해양정화/선박관리, 행정/일반행정) 기술직(환경)	의사소통 문제해결 조직이해 직업윤리 정보		O			O		O		O	O	50	• AI면접 • 대면면접 • 토론면접

26. 행정안전부 산하 기관

기관명	채용 직무분야	요구 직업기초능력	필기전형											면접전형 기법
			평가요소										문항수	
			기술	문제해결	수리	자원관리	정보	대인관계	의사소통	자기개발	조직이해	직업윤리		
한국승강기안전공단	기술분야 행정분야 전산 기록물관리	의사소통 수리 문제해결 대인관계 기술 직업윤리 조직이해 정보관리	O	O	O		O	O	O		O	O	미공개	• 경험면접

27. 환경부 산하 기관

기관명	채용 직무분야	요구 직업기초 능력	필기전형										문항수	면접전형 기법
			평가요소											
			기술	문제해결	수리	자원관리	정보	대인관계	의사소통	자기개발	조직이해	직업윤리		
국립 공원 공단	레인저(교육해설/환경/안전보건/대피소관리) 자원조사(식물/동물/역사문화/해양생물) 기술, 안전(건축/토목) 공원행정(회계/홍보/IT) 공원시설보수 연구(지형지질) 선박(기관)	기술 문제해결 수리 의사소통 정보 직업윤리		O		O	O		O				40	• 경험면접 • 상황면접
국립 생태원	연구직(생물분류, 생태/외래생물/LMO/국제협력/포유류/양서파충류/동물간호 및 수의연구/곤충, 어류 연구/식물연구/교육 기획 및 운영) 관리직(동물병원 운영/안전보건/인사, 총무, 기획, 홍보, 시설/생태전시 기획운영/생태교육운영/전산/동물관리/식물관리/멸종위기종DB구축)	의사소통 수리 문제해결 자원관리 대인관계 정보 조직이해 직업윤리		O	O	O	O		O				60	• 발표면접 • 직무경험면접
한국 수자원 공사	행정 토목 전기 기계 전자통신 환경 건축 전산 조경 지질	의사소통 수리 문제해결 자기개발 자원관리 대인관계 조직이해 직업윤리 기술		O	O	O			O				80	• 개별PT면접 • 경험역량면접

기관명	채용 직무분야	요구 직업기초 능력	필기전형											문 항 수	면접전형 기법
			평가요소												
			기술	문제 해결	수리	자원 관리	정보	대인 관계	의사 소통	자기 개발	조직 이해	직업 윤리		
한국 환경 공단	사무직6급(법정/상경/ 회계/장애인) 기술직6급 (환경/화공/기계/전산 /환경분석/안전) 사무기술원 (환경/화공/전산)	자원관리 수리 기술 정보 문제해결 조직이해 의사소통 직업윤리 대인관계 자기개발	O	O					O		O		50	• PT면접 • 인성면접
한국 환경 산업 기술원	일반직(환경일반/장애 인/보건의료) 전문직(회계, 세무/특허) 행정직(환경행정) 운영직 (보안/행정지원/비서) 기간제(녹색금융)	의사소통 문제해결 정보 자원관리 수리 직업윤리	O	O	O	O			O				미 공 개	• 발표면접 • 인성면접 • AI면접

28. 기타 공공기관

기관명	주무부처	소재지
건설근로자공제회	고용노동부	서울특별시
노사발전재단	고용노동부	서울특별시
학교법인한국폴리텍	고용노동부	인천광역시
한국기술교육대학교	고용노동부	충청남도
한국사회적기업진흥원	고용노동부	경기도
한국잡월드	고용노동부	경기도
한국공정거래조정원	공정거래위원회	서울특별시
(재)우체국시설관리단	과학기술정보통신부	서울특별시
고등과학원	과학기술정보통신부	서울특별시
과학기술일자리진흥원	과학기술정보통신부	서울특별시
광주과학기술원	과학기술정보통신부	광주광역시
국가과학기술연구회	과학기술정보통신부	세종특별자치시
국가과학기술인력개발원	과학기술정보통신부	충청북도

기관명	주무부처	소재지
국가수리과학연구소	과학기술정보통신부	대전광역시
국립광주과학관	과학기술정보통신부	광주광역시
국립대구과학관	과학기술정보통신부	대구광역시
국립부산과학관	과학기술정보통신부	부산광역시
기초과학연구원	과학기술정보통신부	대전광역시
나노종합기술원	과학기술정보통신부	대전광역시
녹색기술센터	과학기술정보통신부	서울특별시
대구경북과학기술원	과학기술정보통신부	대구광역시
동남권원자력의학원	과학기술정보통신부	부산광역시
세계김치연구소	과학기술정보통신부	광주광역시
소프트웨어정책연구소	과학기술정보통신부	경기도
안전성평가연구소	과학기술정보통신부	대전광역시
울산과학기술원	과학기술정보통신부	울산광역시
재단법인 한국여성과학기술인지원센터	과학기술정보통신부	서울특별시
정보통신기획평가원	과학기술정보통신부	대전광역시
한국건설기술연구원	과학기술정보통신부	경기도
한국과학기술기획평가원	과학기술정보통신부	충청북도
한국과학기술연구원	과학기술정보통신부	서울특별시
한국과학기술원	과학기술정보통신부	대전광역시
한국과학기술정보연구원	과학기술정보통신부	대전광역시
한국과학영재학교	과학기술정보통신부	부산광역시
한국기계연구원	과학기술정보통신부	대전광역시
한국기초과학지원연구원	과학기술정보통신부	대전광역시
한국나노기술원	과학기술정보통신부	경기도
한국뇌연구원	과학기술정보통신부	대구광역시
한국데이터산업진흥원	과학기술정보통신부	서울특별시
한국생명공학연구원	과학기술정보통신부	대전광역시
한국생산기술연구원	과학기술정보통신부	충청남도
한국식품연구원	과학기술정보통신부	전라북도
한국에너지기술연구원	과학기술정보통신부	대전광역시
한국원자력연구원	과학기술정보통신부	대전광역시
한국원자력의학원	과학기술정보통신부	서울특별시

기관명	주무부처	소재지
한국전기연구원	과학기술정보통신부	경상남도
한국전자통신연구원	과학기술정보통신부	대전광역시
한국지질자원연구원	과학기술정보통신부	대전광역시
한국천문연구원	과학기술정보통신부	대전광역시
한국철도기술연구원	과학기술정보통신부	경기도
한국표준과학연구원	과학기술정보통신부	대전광역시
한국한의학연구원	과학기술정보통신부	대전광역시
한국항공우주연구원	과학기술정보통신부	대전광역시
한국화학연구원	과학기술정보통신부	대전광역시
(재)국제원산지정보원	관세청	경기도
강릉원주대학교치과병원	교육부	강원도
강원대학교병원	교육부	강원도
경북대학교병원	교육부	대구광역시
경북대학교치과병원	교육부	대구광역시
경상대학교병원	교육부	경상남도
국가평생교육진흥원	교육부	서울특별시
동북아역사재단	교육부	서울특별시
부산대학교병원	교육부	부산광역시
부산대학교치과병원	교육부	경상남도
분당서울대학교병원	교육부	경기도
서울대학교병원	교육부	서울특별시
서울대학교치과병원	교육부	서울특별시
전남대학교병원	교육부	광주광역시
전북대학교병원	교육부	전라북도
제주대학교병원	교육부	제주특별자치도
충남대학교병원	교육부	대전광역시
충북대학교병원	교육부	충청북도
한국고전번역원	교육부	서울특별시
한국사학진흥재단	교육부	대구광역시
한국학중앙연구원	교육부	경기도
88관광개발(주)	국가보훈처	경기도
KDI국제정책대학원	국무조정실	세종특별자치시

기관명	주무부처	소재지
경제인문사회연구회	국무조정실	세종특별자치시
과학기술정책연구원	국무조정실	세종특별자치시
국토연구원	국무조정실	세종특별자치시
대외경제정책연구원	국무조정실	세종특별자치시
산업연구원	국무조정실	세종특별자치시
에너지경제연구원	국무조정실	울산광역시
육아정책연구소	국무조정실	서울특별시
정보통신정책연구원	국무조정실	충청북도
통일연구원	국무조정실	서울특별시
한국개발연구원	국무조정실	세종특별자치시
한국교육개발원	국무조정실	충청북도
한국교육과정평가원	국무조정실	충청북도
한국교통연구원	국무조정실	세종특별자치시
한국노동연구원	국무조정실	세종특별자치시
한국농촌경제연구원	국무조정실	전라남도
한국법제연구원	국무조정실	세종특별자치시
한국보건사회연구원	국무조정실	세종특별자치시
한국여성정책연구원	국무조정실	서울특별시
한국조세재정연구원	국무조정실	세종특별자치시
한국직업능력개발원	국무조정실	세종특별자치시
한국청소년정책연구원	국무조정실	세종특별자치시
한국해양수산개발원	국무조정실	부산광역시
한국행정연구원	국무조정실	서울특별시
한국형사정책연구원	국무조정실	서울특별시
한국환경정책평가연구원	국무조정실	세종특별자치시
국방전직교육원	국방부	경기도
전쟁기념사업회	국방부	서울특별시
한국국방연구원	국방부	서울특별시
(주)한국건설관리공사	국토교통부	경상북도
새만금개발공사	국토교통부	전라북도
주택관리공단(주)	국토교통부	경상남도
코레일관광개발(주)	국토교통부	서울특별시

기관명	주무부처	소재지
코레일네트웍스(주)	국토교통부	서울특별시
코레일로지스(주)	국토교통부	경기도
코레일유통(주)	국토교통부	서울특별시
코레일테크(주)	국토교통부	대전광역시
한국해외인프라도시개발지원공사	국토교통부	서울특별시
항공안전기술원	국토교통부	인천광역시
서민금융진흥원	금융위원회	서울특별시
중소기업은행	금융위원회	서울특별시
한국산업은행	금융위원회	서울특별시
한국예탁결제원	금융위원회	부산광역시
(재)APEC기후센터	기상청	부산광역시
한국수출입은행	기획재정부	서울특별시
한국투자공사	기획재정부	서울특별시
(재)축산환경관리원	농림축산식품부	세종특별자치시
(재)한식진흥원	농림축산식품부	서울특별시
가축위생방역지원본부	농림축산식품부	세종특별자치시
국제식물검역인증원	농림축산식품부	부산광역시
농업정책보험금융원	농림축산식품부	서울특별시
한국식품산업클러스터진흥원	농림축산식품부	전라북도
한국문화재재단	문화재청	서울특별시
(재)예술경영지원센터	문화체육관광부	서울특별시
게임물관리위원회	문화체육관광부	부산광역시
국립박물관문화재단	문화체육관광부	서울특별시
대한장애인체육회	문화체육관광부	서울특별시
대한체육회	문화체육관광부	서울특별시
세종학당재단	문화체육관광부	서울특별시
영상물등급위원회	문화체육관광부	부산광역시
영화진흥위원회	문화체육관광부	부산광역시
예술의전당	문화체육관광부	서울특별시
재단법인 국악방송	문화체육관광부	서울특별시
태권도진흥재단	문화체육관광부	전라북도
한국공예디자인문화진흥원	문화체육관광부	서울특별시

기관명	주무부처	소재지
한국도박문제관리센터	문화체육관광부	서울특별시
한국문학번역원	문화체육관광부	서울특별시
한국문화관광연구원	문화체육관광부	서울특별시
한국문화예술교육진흥원	문화체육관광부	서울특별시
한국문화예술위원회	문화체육관광부	전라남도
한국문화정보원	문화체육관광부	서울특별시
한국문화진흥주식회사	문화체육관광부	경기도
한국영상자료원	문화체육관광부	서울특별시
한국예술인복지재단	문화체육관광부	서울특별시
한국저작권보호원	문화체육관광부	서울특별시
한국저작권위원회	문화체육관광부	경상남도
한국체육산업개발(주)	문화체육관광부	서울특별시
한국출판문화산업진흥원	문화체육관광부	전라북도
국방과학연구소	방위사업청	대전광역시
국방기술품질원	방위사업청	경상남도
대한법률구조공단	법무부	경상북도
정부법무공단	법무부	서울특별시
한국법무보호복지공단	법무부	경상북도
국가생명윤리정책원	보건복지부	서울특별시
국립암센터	보건복지부	경기도
국립중앙의료원	보건복지부	서울특별시
국민건강보험공단 일산병원	보건복지부	경기도
대구경북첨단의료산업진흥재단	보건복지부	대구광역시
대한적십자사	보건복지부	강원도
서울요양원	보건복지부	서울특별시
아동권리보장원	보건복지부	서울특별시
오송첨단의료산업진흥재단	보건복지부	충청북도
의료기관평가인증원	보건복지부	서울특별시
재단법인 한국공공조직은행	보건복지부	서울특별시
재단법인 한국자활복지개발원	보건복지부	서울특별시
재단법인 한국장기조직기증원	보건복지부	서울특별시
한국국제보건의료재단	보건복지부	서울특별시

기관명	주무부처	소재지
한국보건의료연구원	보건복지부	서울특별시
한국보건의료인국가시험원	보건복지부	서울특별시
한국사회복지협의회	보건복지부	서울특별시
한국의료분쟁조정중재원	보건복지부	서울특별시
한국장애인개발원	보건복지부	서울특별시
한국한의약진흥원	보건복지부	경상북도
한국등산 · 트레킹지원센터	산림청	대전광역시
(재)한국스마트그리드사업단	산업통상자원부	서울특별시
재단법인 한국에너지재단	산업통상자원부	서울특별시
전략물자관리원	산업통상자원부	서울특별시
한국로봇산업진흥원	산업통상자원부	대구광역시
한국산업기술시험원	산업통상자원부	경상남도
한국세라믹기술원	산업통상자원부	경상남도
한국에너지정보문화재단	산업통상자원부	서울특별시
한국전력국제원자력대학원대학교	산업통상자원부	울산광역시
한전원자력연료주식회사	산업통상자원부	대전광역시
식품안전정보원	식품의약품안전처	서울특별시
한국의료기기안전정보원	식품의약품안전처	서울특별시
한국의약품안전관리원	식품의약품안전처	경기도
한국양성평등교육진흥원	여성가족부	서울특별시
한국여성인권진흥원	여성가족부	서울특별시
재외동포재단	외교부	제주특별자치도
한국국제교류재단	외교부	제주특별자치도
한국원자력안전기술원	원자력안전위원회	대전광역시
한국원자력안전재단	원자력안전위원회	경기도
한국원자력통제기술원	원자력안전위원회	대전광역시
(재)중소기업연구원	중소벤처기업부	서울특별시
(주)공영홈쇼핑	중소벤처기업부	서울특별시
신용보증재단중앙회	중소벤처기업부	대전광역시
재단법인 장애인기업종합지원센터	중소벤처기업부	서울특별시
중소기업유통센터	중소벤처기업부	서울특별시
한국벤처투자	중소벤처기업부	서울특별시

기관명	주무부처	소재지
(사)남북교류협력지원협회	통일부	서울특별시
북한이탈주민지원재단	통일부	서울특별시
특허정보진흥센터	특허청	대전광역시
한국발명진흥회	특허청	서울특별시
한국지식재산보호원	특허청	서울특별시
한국지식재산연구원	특허청	서울특별시
한국특허정보원	특허청	대전광역시
국립해양박물관	해양수산부	부산광역시
국립해양생물자원관	해양수산부	충청남도
극지연구소	해양수산부	인천광역시
선박해양플랜트연구소	해양수산부	대전광역시
한국어촌어항공단	해양수산부	서울특별시
한국항로표지기술원	해양수산부	세종특별자치시
한국해양과학기술원	해양수산부	부산광역시
한국해양조사협회	해양수산부	서울특별시
한국해양진흥공사	해양수산부	부산광역시
(재)일제강제동원피해자지원재단	행정안전부	서울특별시
민주화운동기념사업회	행정안전부	경기도
(주)워터웨이플러스	환경부	경기도
국립낙동강생물자원관	환경부	경상북도
수도권매립지관리공사	환경부	인천광역시
한국상하수도협회	환경부	서울특별시
한국수자원조사기술원	환경부	경기도
환경보전협회	환경부	서울특별시